beck'sche reihe

bsr

Lutz Raphael bietet in seinem Buch einen fundierten Überblick über die wichtigsten Strömungen und Tendenzen der modernen Geschichtswissenschaft. Die Darstellung führt von den Anfängen einer Professionalisierung um 1900 bis hinein in die unmittelbare Gegenwart und nimmt dabei keineswegs nur die europäische und amerikanische Geschichte des Faches in den Blick, sondern immer wieder auch außereuropäische Entwicklungen. Konkrete Beispiele charakterisieren die Leistungen und Besonderheiten etwa der „New History", der Annales-Schule oder der modernen Sozialgeschichte. Ein besonderes Augenmerk legt diese grundlegende Einführung schließlich auf die Sozial- und Institutionengeschichte der Geschichtswissenschaft im 20. Jahrhundert.

Lutz Raphael, geb. 1955, ist Professor für Neuere und Neueste Geschichte an der Universität Trier. Er ist Spezialist für die Geschichte der Geschichtswissenschaft und u. a. mit einer großen Studie über „Die Erben von Bloch und Febvre" (1994) hervorgetreten.

Lutz Raphael

Geschichtswissenschaft im Zeitalter der Extreme

Theorien, Methoden, Tendenzen
von 1900
bis zur Gegenwart

Verlag C. H. Beck

Gesamtherstellung: Druckerei C. H. Beck, Nördlingen
Umschlagentwurf: + malsy, Bremen
Printed in Germany
ISBN 3 406 49472 2

www.beck.de

Inhalt

Vorwort

Dieser Überblick über eine riesige Forschungslandschaft wäre ohne die Aufforderung von Studierenden und Mitarbeitern der Universität Trier gar nicht zustande gekommen. Sie hielten das, was sie in einer Vorlesung im Sommersemester 1997 hörten, für so interessant und nützlich, dass sie für eine Publikation plädierten. Den Weg dahin begleiteten berechtigte Zweifel, ob das Ziel, die internationalen Perspektiven einzufangen, erreicht werden könnte. Mit Kritik, Hinweisen und Anregungen unterstützt haben mich insbesondere Gabriele Lingelbach, Olaf Blaschke, Jürgen Osterhammel, Andreas Eckert und Anselm Doering-Manteuffel. Sie haben das gesamte Manuskript oder einzelne Kapitel gelesen, ihr kritischer Blick hat viele Fehler entdeckt. Frau Collet schließlich hat immer wieder dafür gesorgt, dass aus den vielen Entwürfen und Überarbeitungen das vorliegende Buch entstanden ist. Ihnen allen sei an dieser Stelle für ihre Mitarbeit und Hilfe ganz herzlich gedankt.

I
Konzepte, Probleme und Gegenstände einer Geschichte der Geschichtswissenschaft im 20. Jahrhundert

Jeder Leser historischer Fachliteratur kennt die Beobachtung: Er wird von der ersten Seite an Zeuge von Auseinandersetzungen, die der Autor mit älteren oder jüngeren Forschungsthesen und Berufskollegen führt. Ohne die Kenntnis der zugrundeliegenden Fragestellungen und Probleme bleiben selbst «schlichte» Darstellungen historischer «Tatsachen» rätselhaft und unverständlich. Wissenschaftliche Geschichtsschreibung führt einen ständigen Dialog mit sich selbst. Der zeitliche Horizont dieser Dialoge reicht dabei über die unmittelbare Gegenwart weit zurück in die Forschungsgeschichte. Häufig markiert der Beginn von Professionalisierung und Verwissenschaftlichung der Historiographie die zeitliche Grenze dieser Rückbezüge und Dialoge. Weltweit können deshalb die beiden Jahrzehnte um 1900 als Ausgangspunkt genommen werden für eine gegenwartsbezogene Geschichte der Geschichtswissenschaft, welche die Genese noch heute wichtiger Probleme und Fragestellungen, Institutionen und Verfahren der Forschung in den Mittelpunkt ihrer Aufmerksamkeit stellt.

1. Orientierungswissen und kritische Historisierung

Eine Geschichte der modernen Geschichtswissenschaft hat demnach ein Informationsbedürfnis ganz elementarer Art zu befriedigen: Sie bietet eine unentbehrliche Orientierungshilfe für alle, die sich aktuelles Fachwissen aneignen wollen. Als Geschichte fachwissenschaftlicher Problemstellungen und ihrer Lösungsversuche liefert sie notwendiges Kontextwissen für das wissenschaftliche Tagesgeschäft.

Damit liefert eine Geschichte der Geschichtswissenschaft zugleich auch einen grundlegenden Beitrag zu einer selbstkritischen Historisierung und Problematisierung aktueller Begriffe und Forschungsfragen. Historiker interessieren sich immer wieder von neuem für alte Fachkontroversen, prüfen alte Argumente und aktualisieren vergessene Problemsichten. Als Wissenschaftsgeschichte ist die Historiographiegeschichte jedoch noch mehr: Mit Hilfe sozial- und kulturgeschichtlicher Methoden versucht sie, die Institutionen des Faches sowie die politischen, sozialen und kulturellen Voraussetzungen der früheren Berufspraxis von Historikern zu analysieren. Indem sie kollektive Traditionsmuster, Konfliktfelder aber auch fächerübergreifende Konjunkturen herausarbeitet, legt sie die unbewussten, d. h. verkannten Erbschaften bzw. nicht reflektierten Aspekte des eigenen wissenschaftlichen Tuns bzw. der eigenen beruflichen Position und Situation offen. So kann sie etwa offenlegen, wie die soziale Dominanz von Männern in diesem Beruf lange Zeit mit einem dezidiert «männlichen» Blick auf Staat, Gesellschaft und Kultur früherer Zeiten verbunden war und zum Teil noch heute ist.

2. Erklärungsmodelle: vom Paradigmenmodell zum Konstruktivismus

Die meisten Historiker, die sich mit der Geschichte ihres eigenen Faches beschäftigen, vermeiden eine Festlegung auf *ein* Verfahren, *einen* theoretischen Zugriff. Anerkennung und Verbreitung hat jedoch das Paradigmenmodell gefunden, das vom Wissenschaftshistoriker Thomas Kuhn unter Rückgriff auf den wissenssoziologischen Entwurf Ludvik Flecks entwickelt worden ist [*Kuhn*, *Fleck*].* Für die Geschichtswissenschaft ist es von Jörn Rüsen maßgeblich weiterentwickelt worden. Das Paradigmenmodell bietet einen Ansatz für eine Strukturgeschichte grundlegender historischer Erklärungsansätze und Verfahren, deren Verbreitung und Wechsel. Es geht davon aus, dass sich die Geschichtswissenschaft in Analogie zu den Naturwissenschaften über Brüche, radikale Veränderungen der Deutungsmuster weiterentwickelt habe. Unterschiedliche Erklärungsansätze und Methoden, die wiederum von unterschiedlichen Forschergruppen und -generationen getragen, vertreten und dann auch im Forschungsprozess getestet werden, lösen einander ab. Es lassen sich Phasen des Umbruchs, die gekennzeichnet sind durch

* Die kursiv gesetzten Autorennamen im Text verweisen auf die Literaturverzeichnisse am Ende des Buches. Namen in runden Klammern finden sich im Verzeichnis der Werke, solche in eckigen Klammern im Verzeichnis der Sekundärliteratur aufgeschlüsselt.

Kontroversen um die Grundlagen des Faches, unterscheiden von Zeiten, in denen die Mehrheit des Faches mit Hilfe etablierter Modelle weiterforscht, in denen also so etwas wie störungsfreier «Normalbetrieb» stattfindet. Rüsen hat dieses Modell für die Geschichtswissenschaften konkretisiert, indem er solche Denkstile oder Paradigmen in fünf Aspekte oder Dimensionen untergliedert: 1. die Interessen oder Orientierungsbedürfnisse der Gegenwart, die Eingang finden in die Fragen der Fachhistoriker, 2. die Ideen bzw. leitenden Gesichtspunkte bei der Erschließung der Vergangenheit, 3. die Regeln der empirischen Forschung, 4. die Formen der Darstellung und 5. die Funktionen des historischen Wissens [*Rüsen*].

Dieses ausgearbeitete Modell hat nur wenige theorietreue Anhänger gefunden, seine fünf Dimensionen sind jedoch in der einen oder anderen Weise in vielen Analysen zur Entwicklung der Geschichtswissenschaft im 20. Jahrhundert berücksichtigt worden. Besonders attraktiv war die Idee des Paradigmenwechsels: Sie erlaubt nämlich, die unübersichtlichen, vielfach disparaten Beobachtungen über die Fachentwicklung zu bündeln und den Gesamtablauf der wissenschaftlichen Entwicklung als Abfolge dominanter Paradigmen zu ordnen. Rüsen selbst hat die moderne deutsche Geschichtswissenschaft als Abfolge von Aufklärungshistoriographie, Historismus und historischer Sozialwissenschaft für das gesamte 19. und 20. Jahrhundert periodisiert [*Jäger/Rüsen*]. Georg Iggers sieht in seinem Übersichtswerk die internationale Geschichtswissenschaft des 20. Jahrhundert durch zwei Paradigmenwechsel geprägt: Der klassische Historismus, auf dessen Grundlage sich das Fach im 19. Jahrhundert etabliert hatte, wurde in der ersten Hälfte des 20. Jahrhunderts abgelöst durch das Paradigma der Sozialgeschichte und der historischen Sozialwissenschaft. Aber für die Zeit seit 1980 konstatiert Iggers dann eine weitere Kehrtwende hin zu einer neuen Kulturgeschichte, deren theoretische Grundlagen jedoch so vielfältig und intern so kontrovers sind, dass er für die jüngste Vergangenheit und Gegenwart vorsichtig das Ende der großen Paradigmen feststellt [*Iggers 1993*]. Die überraschende Rücknahme des Modells in Iggers' letzter Studie lässt bereits erkennen, welche Schwierigkeiten entstehen, wenn man versucht, die Fachentwicklung vorrangig anhand der Schnittstelle zwischen großen Theorien und Methodenkontroversen zu erklären. Im Ergebnis kommt ein Ablaufmodell zustande, das bestenfalls einen weitgehend willkürlich ausgewählten Ausschnitt der Fachwirklichkeit halbwegs plausibel zu erklären vermag. Es zeigt sich immer wieder, dass in der Geschichtswissenschaft der Bezug auf theoriegeleitete Erklärungsmodelle, gar auf wissenschaftstheoretische Reflexionen eher nachrangige Bedeutung besitzt, zuweilen geradezu zufällig erscheint. Die Lässigkeit der Historiker in Fragen der Theorie stützt sich auf einen fachspezifischen Empirismus, der immer wieder darauf setzt, induktiv die eigenen leitenden Begriffe und Erklärungsmodelle zu entwickeln. Überall dort, wo historische Forscher autonom über die Wahl der leitenden Ideen entscheiden konnten, finden wir eine lebhafte Konkurrenz oder häufiger noch ein friedliches Nebeneinander unterschiedlicher Ansätze, ohne dass dadurch die Einheit der Disziplin gesprengt worden wäre. Eine Stufenfolge unterschiedlicher Paradigmen und ein geordneter Wechsel zwischen revolutionären Krisenphasen und Jahren des Normalbetriebs lässt sich im Fortgang der Disziplinentwicklung seit 1880 jedenfalls nicht ausmachen. «Denkstile» und «Denkkollektive» sind im Fall der Geschichtswissenschaft immer unterhalb der Schwelle paradigmatischer Verbindlichkeit und Verbreitung geblieben, die Pluralität von Ansätzen, «Schulen» und «Konzepten» ist im Verlauf des 20. Jahrhunderts immer größer geworden.

Dieser Zuwachs hängt auch damit zusammen, dass ältere Forschungsansätze unbehelligt von neuen Trends und Moden weiterexistierten. Gerade die wachsende Spezialisierung hat ein solches Nebeneinander von Denkstilen ganz unterschiedlichen Alters stark gefördert. Einheitsstiftendes Element der Fachentwicklung war nicht die große Theorie, sondern die gemeinsame Methodik. Drei Gesichtspunkte ergänzen und relativieren also die Einsichten, die aus der Betrachtung theoriegeleiteter Debatten und aus der Analyse von großen Werken, den «Klassikern» der Disziplinengeschichte, gewonnen werden können:

1. Die Geschichte der Kontroversen muss zugleich auch als Geschichte der Konflikte um die Aneignung von Ressourcen, von Macht und Einfluss im Fach analysiert werden, deren Ausgang keineswegs allein durch die Überzeugungskraft der wissenschaftlichen Argumente und Forschungsergebnisse bestimmt wurde und wird. Eine realistische Geschichte der Disziplin muss deshalb auch die Sozial- und Politikgeschichte der wissenschaftlichen Institutionen umfassen.

2. Diese Konflikte sind zugleich eingebettet in ein Regelwerk von Institutionen, die Streitlust und Forschungsneugier der Berufshistoriker domestizieren und regulieren: Zeitschriften definieren die Verfahren des fachgerechten Streits, Promotionen und Habilitationen regeln praktisch die Standards hinsichtlich der Methoden, Konzepte und Themen, die im jeweiligen Historikerfeld akzeptiert werden. Entsprechend groß sind die Effekte, welche die universitären Settings für die Gewohnheiten der Berufshistoriker entwickelt haben. Dabei sind die Wechselwirkungen zwischen Ideen und Institutionen, zwischen Regeln und informellen Praktiken oft schwierig zu entdecken, grundsätzlich gehen die folgenden Ausführungen jedoch von der Hypothese aus, dass wissenschaftliche Institutionen als formende Kräfte, die eher unauffällig, aber umso dauerhafter Haltungen und Denkmuster von Wissenschaftlern prägen, für Kontinuität im Berufsalltag sorgen und damit die wissenschaftlichen Disziplinen stabilisieren. Gleichzeitig wirken Institutionen als Orte kollektiver Erinnerung, binden sie unterschiedliche Generationen von Historikern in gemeinsame Ziele und Routinen ein, schaffen sie lokale Traditionen und etablieren über mehrere Generationen von Lehrern und Schülern hinweg Gegensätze und Gegnerschaften. Trotz ihres Trägheitsmoments verhindern sie keinesfalls intellektuelle Veränderungen, aber sie nehmen den intellektuellen Revolutionen häufig viel von ihrer Radikalität.

Wie andere wissenschaftliche Berufe haben Historiker im 20. Jahrhundert sich in Form nationaler Berufsfelder organisiert. Deren Strukturen müssen genau untersucht werden, wenn man die internationale Geschichte des Faches verstehen will. Die Geschichtswissenschaft existiert de facto nur als kommunikative Vernetzung nationalstaatlich organisierter Historikerschaften: Lehrmethoden, Archivlagen, universitäre Verankerung des Faches variieren von Land zu Land, die nationalspezifischen Rahmenbedingungen wiederum prägen nachhaltig Denkstile und Habitus der Fachhistoriker. Im Folgenden werden wir dieses Ensemble von kollektiven Einstellungen, institutionellen Regelungen und Forschungsansätzen im Anschluss an die Kultursoziologie Pierre Bourdieus als Berufsfeld der Historiker oder kurz als «Historikerfeld» bezeichnen.

3. Gleichzeitig existiert die Geschichtswissenschaft nur als Teil eines größeren Wissenschaftsfeldes: universitär blieb sie eingebunden in umfassende geistes- oder sozialwissenschaftliche Fächerkon-

stellationen. Über ihr eigenes Studium oder aber durch kollegiale Vernetzung waren Historiker auf vielfältige Weise mit den Nachbardisziplinen und deren Fachkulturen vertraut: der Horizont reicht von den Rechts- und Staatswissenschaften, über die Literaturwissenschaften, Theologie, Philologie bis hin zu Politikwissenschaft, Ökonomie, Ethnologie oder Soziologie. Die Grenzen des Faches waren dabei immer strittig, die Einfuhr neuer Ideen und Methoden aus den Nachbardisziplinen wurde entsprechend misstrauisch überwacht. Die spezifischen Konstellationen waren und sind dabei von Land zu Land sehr unterschiedlich, generell jedoch gilt: Die Geschichtswissenschaft musste hinnehmen, dass neue, jüngere Disziplinen im 20. Jahrhundert sich neben ihr und gegen sie durchsetzen konnten und Erklärungsansprüche des Faches infrage stellten. Hier ist vor allem an die vier Disziplinen Psychologie, Soziologie, Ökonomie und Politikwissenschaften zu denken, die alle an der Jahrhundertwende ihren Siegeszug antraten. Sie haben im Verlauf der letzten 100 Jahre immer mehr Terrain erobert, wenn es darum ging, soziale Massenphänomene der Gegenwart zu erklären und Prognosen für die Zukunft zu formulieren. Die Geschichtswissenschaft hat im Verlauf des 20. Jahrhunderts zu einem ganz erheblichen Maße von den Innovationen ihrer Nachbardisziplinen profitiert; aus diesem Grund muss den interdisziplinären Transfers besondere Aufmerksamkeit geschenkt werden. Gerade in den neuesten Einführungen und Kompendien der Geschichtswissenschaft ist eine solche problemorientierte Ausweitung hin zu einem noch im Entstehen befindlichen Feld der historischen Kulturwissenschaften vollzogen worden [*Daniel*, *Eibach/Lottes*]. Die folgende Darstellung versucht dieser Dimension gerecht zu werden, indem sie gerade auch intellektuelle Grenzgänger mit in die Betrachtung einbezieht.

3. Geschichtsforschung und Politik im 20. Jahrhundert

Geschichtsforschung war im 20. Jahrhundert aufs engste verbunden mit der Entwicklung einer spezifischen Form von Staatlichkeit: dem Nationalstaat. Die große Mehrheit der Historiker arbeitete als Angestellte bzw. Beamte im öffentlichen Dienst, kümmerte sich um öffentliches Archivgut und unterlag in massivster Weise den Einflussnahmen ihres Dienstherrn. Historiker waren im 20. Jahrhundert dementsprechend vor allem Männer mit verantwortungsvollem und sorgenvollem Blick für die Interessen des eigenen Staats bzw. der eigenen Nation. Nation und Staat waren dabei keineswegs immer identisch. Wir werden sehen, in welchem Maß die Grundmuster dieser äußerst spannungsreichen Beziehung in vielen Regionen der Welt auch die Agenda der Historiker bestimmt haben. Gerade in den letzten zwei Jahrzehnten sind die Kontinuitäten staatszentrierter bzw. nationalorientierter Geschichtsforschung und Geschichtsschreibung seit dem frühen 19. Jahrhundert wieder deutlich geworden [*Berger/Donovan, Lönnroth/Molin*]. Die «Meistererzählungen» über Herkunft, Aufstieg und Fall der eigenen Nation folgen anderen Veränderungsrhythmen als die von Iggers, Rüsen und anderen rekonstruierten «Paradigmen». Wir werden die strukturellen Merkmale und langfristigen Folgen dieser engen Verzahnung von Geschichtswissenschaft und Nationsbildung in einer vergleichenden internationalen Perspektive auszuloten versuchen. Neben der Verankerung im Wissenschaftsbetrieb, konkret zumeist in Universitäten und Akademien, hat die Einbindung in Nationalkulturen die Mehrzahl der Berufshistoriker im 20. Jahrhundert am nachhaltigsten geprägt. Geschichtswissenschaft war im 20. Jahrhundert nicht nur autonome Wissenschaft, sondern zugleich auch ein wichtiges, in manchen Ländern sogar das zentrale Element der politischen Kultur; dementsprechend groß war andersherum der Einfluss politischer Ideologien auf den Wissenschaftsbetrieb. Der Blick in die Geschichte der fachlich so anspruchsvollen und methodisch vielfach vorbildlichen deutschen Geschichtswissenschaft im 20. Jahrhundert zeigt dies in aller Schärfe. Berufshistoriker beteiligten sich an politisch-sozialen Bewegungen, engagierten sich publizistisch in den zahlreichen innen- wie außenpolitischen Konflikten, leisteten ihren spezifischen wissenschaftlichen Beitrag für ihre «Partei» in Bürgerkrieg und Krieg. Die Professionalisierung führte deshalb keineswegs überall und automatisch zu größerer Selbständigkeit gegenüber politischen Tagesmeinungen und kollektiven Leidenschaften. Die Selbstmobilisierung von Historikern für die politischen Tagesziele von Parteien oder die Interessen der eigenen Nationen gehört in diesen Kontext.

Daneben bezeichnen aber Kontrolle und Zensur, Verfolgung und Vertreibung die anderen, noch elementareren Gefährdungen historischer Forscher in vielen Ländern und Regimen während des 20. Jahrhunderts [*De Baets*]. Angesichts der zentralen Bedeutung radikaler politischer Ideologien und diktatorialer Regime muss eine Geschichte der Geschichtswissenschaft sich auch der Herausforderung stellen, die Fachentwicklung dieser kontrollierten, «gebundenen» Historikerfelder einzubeziehen. Die Differenz in den Arbeitsbedingungen und vor allem in den Artikulationsmöglichkeiten von Historikern in Diktatur und Demokratie, aber auch die mühsam errungenen Geländegewinne fachlicher Autonomie gegenüber den Zugriffen und Ansprüchen der Politik gehören zu den zentralen Themen einer internationalen Geschichte des Faches.

4. Leitthemen: Internationalisierungstendenzen im Fachbetrieb

Das politische und kulturelle Gewicht der eigenen Nation für Geschichtsforschung und Geschichtsschreibung hat dazu geführt, dass die meisten Fachhistoriker vorrangig auf nationaler Ebene über nationale oder lokale Themen publizierten. Die meisten Veröffentlichungen von Historikern erscheinen bis heute in den jeweiligen Landessprachen; nur in begrenztem Maße haben sich Englisch, Französisch und Deutsch als internationale Sprachen im Fach etablieren können, am Ende des 20. Jahrhunderts hat sich allein das Englische als weltumspannende lingua franca behauptet, ohne dass jedoch das Gewicht der Nationalsprachen für die meisten Fachpublikationen ernsthaft zurückgegangen wäre. Übersetzungen sind bis heute das zentrale Medium der fachlichen Internationalisierung geblieben. Erst in Übersetzungen in die jeweiligen nationalstaatlichen Verkehrssprachen erreichen fremde Klassiker, neue Entwürfe und große Modelle ihre Wirkung, erst durch Aneignung und Rückübersetzung in Antworten für eigene, meist nationalgeschichtlich ausgerichtete Fragestellungen bzw. als Argumente für eine Kontroverse mit wissenschaftlichen und/oder politischen Gegnern unter den Kollegen im eigenen Land bzw. im eigenen Sprachraum entfalten sie ihre Wirkung. Die folgende Darstellung über Grundprobleme und Hauptströmungen wissenschaftlicher Geschichtsschreibung geht also von der Beobachtung aus, dass nach den europäischen und atlantischen Anfängen im 19. Jahrhundert erst im 20. Jahrhundert der Nationalstaat international zum wichtigsten organisatorischen Rahmen und seine Geschichte der mit Abstand meistbehandelte Gegenstand historischer Forschung wurde.

Angesichts dessen mutet es paradox an, dass sich die intellektuellen Tendenzen, die kommunikativen Verbindungen und schließlich auch die fachlichen Standards der wissenschaftlichen Disziplin immer stärker in Richtung auf globale Vernetzungen und wachsende Zusammenarbeit von Spezialisten über Ländergrenzen hinweg verändert haben. Diesem Zusammenhang gilt das besondere Augenmerk dieser Darstellung. Mit der globalen Diffusion einer nationalzentrierten Geschichtswissenschaft hat sich zugleich auch die wachsende Internationalisierung des Faches fortgesetzt. Transnationale Kooperationen von Spezialisten haben die nationalen Historikerfelder immer stärker miteinander verknüpft. Auch dieser für alle Wissenschaften im 20. Jahrhundert grundlegende Prozess war im Fall der Geschichtswissenschaft sehr stark beeinflusst durch politische Ereignisse. In der Zwischenkriegszeit haben die Emigrationswellen von Historikern vor den Diktaturen in Ost-, Mittel- und Südeuropa den Transfer von Ideen beschleunigt, in den sechziger und siebziger Jahren haben die studentischen Protestbewegungen für die schnelle Zirkulation neuer Ideen und für die internationale Verbreitung vor allem neo-marxistischer Konzepte gesorgt. Im Ergebnis bleibt festzuhalten: Selbstverständnis und Berufspraxis von Historikern verschiedener Länder und Kontinente haben sich im Verlauf der letzten 120 Jahre einander angenähert. Zwar prägen nach wie vor ganz unterschiedliche Lebens- und Sinnwelten, verschiedenartige materielle Arbeitsbedingungen den Alltag von Berufshistorikern, doch folgen sie in überraschendem Maße den gleichen Regeln bei der Erzeugung ihrer wissenschaftlichen «Tatsachen», bei der methodisch abgesicherten (Re)-Konstruktion der Vergangenheit. Dieser immer noch zunehmende Konsens über die *Mindeststandards* ist begleitet von einem anhaltenden Streit darüber, welche Konzepte und Methoden denn den größten Erfolg versprechen, die wissenschaftliche «Wahrheit» am besten befördern, welche für das Verständnis und die praktische Bewältigung der Gegenwart angemessen seien [*Torstendahl 1896*]. Zunächst der Nationalismus, dann der Marxismus in seinen unterschiedlichen Varianten, die Ideen der Annales-Strömung, die feministische Kritik männerzentrierter Geschichtskonstrukte oder die Kritik an nationalen bzw. imperial-kolonialen Fortschritts- und Siegergeschichten sind die auffälligsten Beispiele für solche Formen intellektueller Vernetzung mit weltumspannender Tendenz.

Die Internationalisierung von Fachkommunikation und Forschungspraxis der Geschichtswissenschaft war aufs engste verbunden mit dem Export westlicher Modelle und Organisationsformen höherer Bildung und Wissenschaft rund um die Welt. De facto schuf die Errichtung von weiterführenden Schulen und Universitäten, von Forschungsinstituten und wissenschaftlichen Akademien in den meisten Staaten der Welt Mindestvoraussetzungen für die Ausbreitung einer verwissenschaftlichten Aneignung der Vergangenheit in Händen von Berufshistorikern. Damit einher ging und geht der Export westlicher Modelle historischen Wissens, die sich gegen ältere Formen von Gelehrsamkeit und Geschichtswissen durchzusetzen versuchten. Die Kritik an imperialistischen, eurozentrischen Fehldeutungen fremder Vergangenheiten ist deshalb ein wesentlicher Bestandteil einer Wissenschafts- und Kulturgeschichte dieses Exports von Wissenschaft und Bildung westlichen Musters geworden. Transkulturelle Verständigung, Kolonialismuskritik und die Formulierung eigenständiger, post-kolonialer Konzepte und Positionen gehört denn auch zu den wichtigsten Themen der Historiographiegeschichte am Beginn des 21. Jahrhunderts.

5. Aufbau und Auswahl

Der Kreis der Themen und Probleme ist sehr weit, entsprechend schwierig ist die Auswahl dessen, was überhaupt in einer Überblicksdarstellung zur Sprache kommen soll. Zwangsläufig wird dabei mehr von übergreifenden Prozessen und Strukturen, von international verbreiteten Ideen und Diskursen die Rede sein, als es angesichts der nationalen Verfasstheit der Historikerfelder gut ist. Dieses Verfahren erscheint mir legitim, weil die nationalen Entwicklungen bereits mit Abstand am besten dokumentiert sind, andererseits die internationale Geschichte des Faches aber mehr ist als die Aneinanderreihung nationaler Disziplingeschichten. Leser, die weitere Informationen zu den Historikerfeldern einzelner Länder oder Regionen suchen, finden Literaturhinweise über die im Text genannte und am Ende dieses Buches aufgelistete Grundlagenliteratur hinaus auf der Homepage des Verlags C. H. Beck (http://www.raphael.beck.de) und des Autors an der Universität Trier (http://www.unitrier.de/uni/fb3/geschichte/raphael/geschichtswissenschaft.pdf) Das gleiche gilt für die umfangreiche internationale Spezialliteratur zu den einzelnen Kapiteln. Wer über die Literaturhinweise am Ende dieses Buches hinaus Anregungen sucht, wird hier ebenfalls fündig.

Als Gegengewicht zur Vogelperspektive dieses internationalen Überblicks sind die Kurzporträts einzelner Werke gedacht. Sie stehen exemplarisch für die breiteren Strömungen und Tendenzen, in deren Zusammenhang sie vorgestellt werden. Die Präsentation wichtiger Einzelwerke trägt auch der Tatsache Rechnung, dass im Fach Geschichte solche konkreten exempla mehr Wirkung entfalten und mehr Beachtung gefunden haben als «paradigmatische» Ideen. Das Urteil der Fachwelt über diese Werke ist keineswegs immer einhellig. Neben «Klassikern», über deren Bedeutung fast einhelliger Konsens herrscht, sind auch Werke ausgewählt worden, die in besonderem Maß charakteristisch für die jeweilige Tendenz sein sollen. Grundlage der Auswahl war aber mein subjektives Urteil, dass es sich um herausragende Forschungsleistungen und Darstellungen handele. Damit sollen die spezifischen Stärken der unterschiedlichen Ansätze und Strömungen in der tendenziell immer vielstimmigeren und komplexeren Geschichtswissenschaft dem Leser konkret vor Augen geführt werden.

Eine letzte Warnung sei an alle Kollegen gerichtet: Die folgende Darstellung nennt nur sparsam die Namen von Titeln und Autoren. Angesichts der enormen Ausbreitung fast aller Historikerfelder im Verlauf des 20. Jahrhunderts würden umfangreiche Listen einschlägiger Forschungsarbeiten einfach das hier gewählte Buchformat sprengen. Auf internationaler Ebene bieten inzwischen hervorragende biographische Lexika angemessenen Ersatz [*Boyd, Boia, Vom Bruch, Cannon, Reinhardt*]. Bei der Auswahl der wenigen, die namentlich erwähnt werden, hat der subjektive Faktor wieder eine nicht unwesentliche Rolle gespielt. Jeder Leser wird entsprechend seiner Vorlieben und Kenntnisse Ergänzungen und Korrekturen vornehmen.

Die folgende Darstellung kombiniert sachliche und chronologische Gesichtspunkte. Die Kapitel 2 und 3 präsentieren die Institutionen und Strukturen, welche die Welt der Berufshistoriker in den letzten 100 Jahren nachhaltig geprägt haben. Die zwei folgenden Kapitel geben einen Überblick über die wichtigsten neuen Trends in der ersten Hälfte des 20. Jahrhunderts. Im sechsten und siebten Kapitel werden mit Marxismus und Annales-Historiographie die beiden international einflussreichsten Strömungen der Geschichtswissenschaft in der 2. Hälfte des Jahrhunderts dargestellt. Ihre Kenntnis ist grundlegend für das Verständnis der langfristigen Forschungstendenzen in den verschiedenen Unterdisziplinen des Faches. Mit der Geschichte der Internationalen Beziehungen, der Kultur- und Ideengeschichte, der Sozialgeschichte und schließlich dem Feld universalgeschichtlicher Forschungen sind vier Felder ausgewählt worden, welche für die gegenwärtige Geschichtswissenschaft von besonderem Interesse sind. Die Kapitel 12 bis 15 widmen sich schließlich den Veränderungen der letzten drei Jahrzehnte. Dieser Zeitraum steckt wissenschaftsgeschichtlich den engeren zeitlichen und sachlichen Horizont der meisten aktuellen Kontroversen und Diskussionen ab. Mit den Umbrüchen und Neuorientierungen um 1970 beginnt die unmittelbare «Zeitgeschichte» des heutigen Faches. Dementsprechend konzentriert sich die Auswahl in diesem Fall auf Bereiche, in denen diese Veränderungen am deutlichsten zutage getreten sind und welche der gegenwärtigen Forschungslandschaft eine deutlich andere Prägung verliehen haben, als es die vielen Faktoren der Kontinuität seit 1900 hätten erwarten lassen.

II
Das Berufsfeld des Historikers im 20. Jahrhundert

Professionalisierung, Verberuflichung im Zeichen der Verwissenschaftlichung, bezeichnet jenen Basisprozess, dessen globale Diffusion im 20. Jahrhundert überhaupt erst die Voraussetzungen dafür geschaffen hat, von einer internationalen Geschichtswissenschaft zu sprechen. Bis an die Schwelle des 20. Jahrhunderts können in universalhistorischer bzw. kulturvergleichender Perspektive bestenfalls kulturell sehr unterschiedliche Tradierungsformen der Vergangenheit mit ihren spezifischen Varianten historischer Gelehrsamkeit und Überlieferungskritik miteinander verglichen werden. Die weltweite Verbreitung des europäischen Wissenschaftsmodells hat eine ganz neuartige Situation heraufbeschworen: Erstmals hat sich über kulturelle Grenzen und die Differenz politischer Regime hinweg ein Set von Institutionen und Verhaltensregeln ausgebreitet, welche der Berufstätigkeit von Historikern ein überall erkennbares gemeinsames Profil aufprägen. Dieses Grundmuster konfrontiert jeden Vertreter dieser Disziplin und jedes nationalstaatliche Berufsfeld mit einem Ensemble von internationalen Mindeststandards, von dem sie zwar abweichen können, dessen Geltungsansprüche sich aber trotz zahlreicher politischer und weltanschaulicher Eingriffe in die Berufswelt von Historikern im Lauf des 20. Jahrhunderts immer weiter durchgesetzt haben. Mit der Etablierung historischer Forschung als Routinetätigkeit von Berufshistorikern sind die Gesellschaften der Historiker anders geworden als die für die Geschichtsschreibung des 19. Jahrhunderts noch typischen Clubs von Gelehrten, Publizisten, Politikern oder Amateurforschern, die mehr oder weniger lose durch gemeinsame Werthaltungen und eine gemeinsame Leidenschaft für die Geschichte miteinander verbunden waren. Dort, wo wie in China und Japan die Fachgelehrten und Geschichtsschreiber bisher zumeist in direktem Auftrag des Staates bzw. des Herrscherhauses arbeiteten, veränderten sich die methodischen Regeln und die Auswahlkriterien des Wissens so stark, dass auch in diesen Ländern keine ungebrochene organisatorische Kontinuität zur Berufswelt des Historikers im 20. Jahrhundert zu beobachten ist.

Seit dem letzten Drittel des 19. Jahrhunderts wurden aus solchen von Männern dominierten Netzwerken gelehrter Geschichtsforscher hierarchisch gegliederte Gesellschaften von Experten, in denen schließlich nur noch die wissenschaftlich nach dem Modell westlicher Universitäten ausgebildeten Berufshistoriker volles Bürgerrecht genossen. Damit einhergehend hat die scientific community ein immer größeres Gewicht für die Entwicklung von historischen Ideen, Stil und Inhalt der einzelnen Werke oder die Sichtweisen jedes einzelnen Historikers gewonnen. Dies hängt vor allem damit zusammen, dass Geschichtsforschung und -darstellung immer stärker zu arbeitsteilig organisierten Unternehmungen geworden sind. Deren Organisationsformen prägen die Aufmerksamkeitsregeln, Arbeitsweise und Präsentationsformen aller vernetzten Fachvertreter. Wichtige intellektuelle Impulse konnten damit nur noch forschungspraktische Erfolge haben, wenn sie mit diesen Formen in Übereinstimmung zu bringen waren oder aber ihrerseits zu institutionellen Reformen führten [*Torstendahl/Veit-Brause*].

1. Die institutionellen Rahmenbedingungen: Universitäten, Akademien, Bibliotheken und Archive

Die Professionalisierung der Geschichtsforschung geschah in Europa im Gefolge der Universitätsreformen im ausgehenden 18. und 19. Jahrhundert. Deren weltweite Ausbreitung blieb auch im 20. Jahrhundert aufs engste verknüpft mit der Übernahme des westlichen, zunächst europäischen, dann nordamerikanischen Universitätsmodells als wichtigster Vermittlungsinstanz historischen Wissens. Im letzten Drittel kam es in den meisten europäischen Ländern, aber bereits auch in Japan, Indien und den größeren Staaten des amerikanischen Kontinents, voran den USA, zur Gründung von Lehrstühlen für Geschichte, bald gefolgt von Forschungseinrichtungen (Instituten, Seminaren) und ersten Fachzeitschriften [*Lingelbach, Weber 2002*]. Im 20. Jahrhundert setzte sich dann weltweit der Siegeszug dieses Organisationsmodells fort. In Lateinamerika erstreckte sich dieser Professionalisierungsprozess über fast vierzig Jahre (1895–1935). In China vollzog sich der Wechsel von den Traditionen konfuzianischer Geschichtsschreibung und Quellenforschung zum westlichen Modell innerhalb von zwanzig Jahren nach dem Sturz des letzten Kaisers und stand ganz ähnlich wie im Fall Japans im Zeichen der nationalen Selbstbehauptung angesichts der westlichen Herausforderung. In beiden Fällen wurden die neugegründeten Universitäten in Tokyo und Peking sowie in den anderen Metropolen des Landes zu wichtigen Zentren einer neuartigen Geschichtsauffassung mit neuen Methoden und Konzepten [*Mehl, Wang 2001, Conrad*]. In den Fällen Japans und Chinas zeigte sich frühzeitig die Attraktivität des westlichen Universitätsmodells für eine Wissenschafts- und Kulturreform, welche aufs engste mit dem Ziel nationaler Erneuerung bzw. Befreiung verknüpft war. Das in China und Japan beobachtbare Grundmuster tritt dann auch in den Ländern hervor, welche in direkte koloniale Abhängigkeit von westlichen Mächten geraten waren. Hier war die Gründung von Colleges bzw. Universitäten zunächst Teil der Kolonialisierung und geprägt von westlichem Kultur- und Wissensexport. In Indien, dann 50 Jahre später in den afrikanischen Staaten wurden die neuen Universitäten rasch zu Zentren einer Geschichtsforschung mit antikolonialer, nationaler Zielrichtung, die mit den Methoden der neuen Disziplin die Perspektivverengungen der europäischen Historiographie über das eigene Land bzw. die gesamte Region kritisierte und korrigierte [*Eckert 1999, Sarkar*]. In Indien z. B. gewann dieser Prozess mit dem Ausbau des Universitätssystems in den einzelnen Bundesstaaten nach der Unabhängigkeit 1947 an Breite und regionaler Verankerung. In den afrikanischen Staaten kam es erst nach dem Zweiten Weltkrieg und in viel bescheidenerem Umfang zur Gründung entsprechender Hochschuleinrichtungen, so dass sich erst in der Phase der Staatsgründungen um 1960 sowie in den anschließenden zwei Jahrzehnten eine universitäre Forschung und Lehre im Fach Geschichte etablierte. Zeitlich parallel, aber strukturell ganz anders gelagert ist wiederum die Gründung von Universitäten westlichen Typs in den islamischen Ländern. Die Universitäten Beirut und Kairo wurden zu wichtigen Zentren für die gesamte arabischsprachige Welt, in den 60er Jahren etablierten sich jedoch gestützt auf eigene Universitäten mit entsprechenden Studiengängen nationalstaatliche Historikerfelder nach westlichem Muster, welche vor allem für die Ausbildung von Geschichtslehrern in den staatlichen Schulen verantwortlich waren.

Typisch für die islamischen Staaten blieb jedoch die Konkurrenz zwischen diesem Organisationsmodell und der traditionellen Ausbildung von Historikern an islamischen Rechtsschulen und theologischen Fakultäten. Dieses Nebeneinander der Institutionen war zugleich verbunden mit der Konkurrenz unterschiedlicher Modelle historischen Wissens und des Historikerberufs: Die Bindung an die religiöse Überlieferung und die Parteinahme für die eigene religiöse Gemeinschaft standen und stehen im Gegensatz zu einer säkular nationalstaatlichen Orientierung, aber auch im Spannungsverhältnis zur historisch-kritischen Methode der westlichen Richtungen [*Freitag 1999*]. Die universitäre Verankerung des Historikerberufs ist aufs engste verknüpft mit dem Ausbau von Schulen und Hochschulen. Wenn auch in unterschiedlichem Umfang lässt sich weltweit beobachten, wie Geschichte zu einem Kernfach im Programm weiterführender Schulen und damit die Ausbildung von Geschichtslehrern ein wichtiger Teilauftrag für Universitätsdozenten des Fachs wurde. Entsprechend nah folgte das Wachstum der nationalen Berufsfelder den Trends der jeweiligen Bildungssysteme. Global lässt sich eine Phase verhaltenen, langsamen Wachstums von Stellen und Fachpersonal bis zum Zweiten Weltkrieg beobachten. Die weltweiten Bemühungen um eine Demokratisierung des Bildungssystems im Zeichen von «Chancengleichheit» und «Modernisierung» ließen dann seit den 50er Jahren fast alle nationalen Historikerfelder deutlich schneller als in der Vergangenheit wachsen, in den 60er und 70er Jahren kam es zu einem regelrechten Boom.

Am Ende des 20. Jahrhunderts ist dieser globale Trend zum Stillstand gekommen, die einzelnen Historikerfelder haben in den letzten beiden Jahrzehnten ganz unterschiedliche Konjunkturen durchlaufen, in Afrika sowie in den früheren sozialistischen Ländern kam es zu regelrechten Krisen, in denen zahlreiche Historiker ihren Beruf aufgeben mussten. Mit den Universitäten kam in das neue Berufsfeld auch ein Element lokaler bzw. regionaler Verankerung, das sich in der Ausbildung spezifischer lokaler Traditionen und Schulbildungen niedergeschlagen hat. Die deutsche oder amerikanische Geschichtswissenschaft etwa wurden nachhaltig geprägt von der Binnenkonkurrenz in einem pluralistischen Universitätssystem mit stark konturierter regionaler Verankerung. Der universitäre Wettstreit zwischen München, Berlin, Bielefeld oder Tübingen, zwischen Chicago, Columbia, Berkeley oder Harvard hat wichtige organisatorische Grundlagen geschaffen für innerfachliche Pluralität. Dasselbe Muster lässt sich aber auch in Nigeria beobachten, wo die zunächst dominierende britisch geprägte «Ibadan-Schule» Konkurrenz durch die islamisch geprägten Historiker der Universität Kano und die vielen nach 1971 gegründeten regionalen Universitäten erhielt. Gerade angesichts der starken Tendenzen innerhalb der national verfassten und nationalgeschichtlich zentrierten Historikerfelder zu Konformität stellt die universitäre Form ein wichtiges Gegenelement dar, welches immer wieder die Meinungsvielfalt des Faches gestärkt hat.

Eine Erbschaft des 19. Jahrhunderts ist schließlich in den meisten europäischen Ländern auch noch die Konkurrenz zwischen Universität und Akademie als Organisationsformen wissenschaftlicher Forschung. Die Akademien waren in vielen Staaten Europas früher als die Universitäten mit der Sammlung und Edition von Quellen, aber auch mit der Organisation langfristiger Forschungsvorhaben betraut. Daraus hat sich in den meisten europäischen Ländern im Lauf des 20. Jahrhunderts eine Forschungslandschaft entwickelt, in der Akademien und Hochschulen nebeneinander existierten. Dabei wurden in den nichtsozialistischen Ländern Europas, aber auch in Lateinamerika die älteren Akademien in der Regel als komplementäre Zentren historischer Forschung, besonders aber als Träger langfristiger Editionsprojekte in ein dominant universitäres Berufsfeld integriert. Anders hat sich dieser Dualismus im Osten Europas entwickelt: Hier wurden nach 1945 die traditionsreichen nationalen Akademien (z. B. Budapest 1825 gegr., Prag 1891 gegr.) nach sowjetischem Vorbild als Zentren einer neuen marxistischen Geschichtswissenschaft ausgebaut. Als zentrale Einrichtungen der historischen Forschung beschäftigten die Akademien bis zum Ende der sozialistischen Regime einen wachsenden Anteil von Berufshistorikern und gewannen in einigen Ländern sogar das Recht, unabhängig von den Universitäten Diplome zu verleihen und den eigenen Nachwuchs auszubilden. Als hierarchisch gegliederte, zentralisierte Institutionen waren die historischen Institute der Akademien als Instrumente politischer Steuerung und parteiamtlicher Kontrolle historischer Forschung aufgebaut und gefördert worden. Angesichts der ungelösten Spannung zwischen den Mindeststandards des Faches und den Ansprüchen der Regime auf Herrschaftslegitimation durch konforme Geschichtsbilder entwickelten sich auch in diesen Organisationen Nischen autonomer Forschung und Verfahren professioneller Gegenwehr.

Schließlich gehört zu den unabdingbaren Existenzbedingungen der Geschichtswissenschaft im 20. Jahrhundert ein funktionierendes Bibliotheks- und Archivsystem. Beide bilden eine wissenschaftliche Infrastruktur, deren Mängel oder gar Fehlen nur mit hohem Einsatz an Energie, Zeit und Engagement ausgeglichen werden konnten und können, so dass vielfach der Schlüssel zum Erfolg nationaler Historikerfelder – gemessen an der internationalen Anerkennung ihrer Vertreter, aber auch an der Wertschätzung in den nationalen Geschichtskulturen – im Zustand und in der Zugänglichkeit dieser elementaren Ressourcen historischer Forschung gefunden werden kann. Während die meisten europäischen Staaten bereits im 19. Jahrhundert begonnen hatten, ein tiefgestaffeltes, in der Regel bis auf die lokale (kommunale) Ebene reichendes öffentliches Archivsystem aufzubauen, dessen Verwaltung in den Händen von historisch ausgebildeten Fachleuten lag, gehörte der Aufbau entsprechender nationaler bzw. regionaler Archive zu den wichtigsten wissenschaftspolitischen Aufgaben in der Gründungsphase der meisten außereuropäischen Historikerfelder. Gleiches gilt für die wissenschaftlichen Bibliotheken. Im islamischen Kulturraum etwa gewann die Sammlung und Zusammenführung von Handschriften eine ganz zentrale Bedeutung, war sie doch die notwendige Voraussetzung für ehrgeizige Editionsvorhaben, welche gerade den Reichtum der islamischen historiographischen Tradition und darüber hinaus der gesamten Wissenschaften dokumentieren sollten und entsprechende kulturpolitische Prioritäten besaßen [*Freitag 1999*].

Gerade beim Ausbau dieser Infrastrukturen historischer Forschung haben sich im 20. Jahrhundert enorme Unterschiede ergeben. Hier scheint der Abstand zwischen den unterschiedlichen nationalen Historikerfeldern in der 2. Hälfte des Jahrhunderts bzw. in den letzten drei Jahrzehnten eher noch größer geworden zu sein. Zum einen haben die Nationalstaaten in ganz unterschiedlichem Maße die Bereitschaft gezeigt, ein wissenschaftlichen Ansprüchen entsprechendes Archivsystem aufzubauen und zu erhalten. In zahlreichen Staaten dominiert eher Desinteresse: Vernichtung bzw. Verlust von Archivgut durch Nachlässigkeit oder mangelhafte materielle Ausstattung gehören dort ebenso zum Alltag wie die lückenhafte bzw. fehlende Archivierung neuer Dokumente. Vielfach waren und sind hier private Rettungsinitiativen entscheidend. Diese Schwäche des Archivsystems ist aufs engste verbunden mit der institutionellen Schwäche und Krise postkolonialer Nationalstaaten. In vielen Staaten Afrikas ist die Weiterleitung von Dokumenten ins Nationalarchiv nicht gewährleistet, bereits die Kolonialverwaltungen vernichteten vor der Unabhängigkeit einen Teil ihrer Akten. Zum anderen blieb Historikern in vielen Ländern der Zugang zu wichtigen Dokumenten auch jenseits der gesetzlich fixierten Sperrgrenzen verwehrt. Gerade der zeitgeschichtlichen Forschung sind in vielen Ländern enge Grenzen gesetzt worden. Der Umgang mit den Staatsgeheimnissen ist ein Politikum geblieben, und nur in wenigen Demokratien hat sich aus den Traditionen parlamentarischer Kontrolle eine frühzeitige und umfassende öffentliche Zugänglichkeit staatlicher Archivalien ohne politische Kontrolle ergeben. Darüber hinaus haben vor allem autoritäre Regime sowie Diktaturen aller politischen Couleur immer wieder die Chance genutzt, ihre Staatsarchive zu säubern, um eigene Verbrechen zu vertuschen oder Vorgängerregime zu verunglimpfen. Die Vernichtung einschlägiger NS-Akten, die Aufschluss über Mordprogramme und andere Verbrechen des Regimes hätten geben können, stellt nur den spektakulärsten Fall dar. Die Archivpolitik der sozialistischen Regime war ebenfalls davon geprägt, durch Vernichtung und Verfälschung die Nachwelt und die eigenen Historiker zu täuschen.

Bibliotheken sind auch am Beginn des 21. Jahrhunderts immer noch der wichtigste Zugang zur Fachkommunikation. Die Bestände historischer Forschungsliteratur sind weltweit nach wie vor höchst ungleich verteilt. Aus politischen oder aus wirtschaftlichen Gründen verfügten zahlreiche Universitäten und Geschichtsinstitute im 20. Jahrhundert nur über einen sehr beschränkten Ausschnitt der internationalen Forschungsliteratur. Bibliotheksbestände geben also in besonderem Maße Auskunft über die konkreten Rahmenbedingungen internationaler Kooperation – zeigt doch der Anteil der neuesten fremdsprachigen Fachliteratur (auch in Übersetzung), in welchem Maße die lokale Forschungscommunity überhaupt die Chance besitzt, an den internationalen Forschungsdebatten und Strömungen teilzunehmen.

2. Curricula: Grundmuster relevanten Fachwissens

Bei aller Differenz im Detail ist weltweit seit den 50er Jahren Berufshistorikern ein mehr oder weniger festgefügter Ausbildungs- und Berufsweg gemeinsam: In einem universitären Geschichtsstudium eignen sie sich die wissenschaftlichen Grundlagen an, die für eine spätere Berufspraxis als Historiker notwendig sind. Als Lehrer an weiterführenden Schulen, an Hochschulen oder als Forscher an wissenschaftlichen Instituten oder Akademien sind sie dann während ihres weiteren Berufslebens mit dem Studium und der Edition von archivalischen Quellen, dem Unterrichten ihres Faches und dem Schreiben von Geschichtsbüchern und Fachaufsätzen beschäftigt. Dies ist der gemeinsame berufliche Nenner, auf den sich die universitären Lehrprogramme beziehen. Die meisten nationalen Curricula haben nun ihrerseits ein enges Feld verbindlichen Wissens durch Prüfungen fest- und fortgeschrieben; jenseits der kulturellen und ideologischen Unterschiede in den verschiedenen Ländern und Regionen der Welt ging und geht es an fast allen Hochschulen in der Lehre vorrangig um die Geschichte der eigenen Nation, des eigenen Staates. Erst daneben spielten Aspekte einer Allgemeinen Geschichte («Welt», Europa, der «Westen») und bereichsspezifische Spezialisierungen vor allem auf dem Feld der Sozial- und Wirtschaftsgeschichte eine wachsende Rolle. International lassen sich dabei mehrere Lösungen unterscheiden:

1.) In vielen Ländern mit alter Schriftkultur, weit zurückreichenden Staatsgründungen und langen monarchischen Traditionen finden wir einen ausgeprägt nationalzentrierten Ausbildungsplan. Er präsentiert die Geschichte der eigenen Nation durch die Jahrhunderte und Epochen als Geschichte des gegenwärtigen Staatsterritoriums seit den Anfängen schriftlicher Überlieferung. Ein solches umfassendes Curriculum integriert ältere staatszentrierte bzw. dynastische Perspektiven, welche sich in der älteren Geschichtsüberlieferung niedergeschlagen haben, in eine neue nationale und nationalstaatliche Sichtweise. Elitär-aristokratische wie demokratische Versionen können dabei in Konkurrenz und Konflikt zueinander geraten. Trotz des Primats zeithistorischer oder neuzeitlicher Themen hat die Behandlung der Anfänge und der frühen Höhepunkte der eigenen Nationalgeschichte in solchen Ausbildungsprogrammen einen zentralen Platz behalten. So folgt in Tunesien die

Nationalgeschichte punischen, römischen und vandalischen Spuren, um die «Kontinuitätslücke» bis zum Beginn der arabisch-islamischen Zeit zu schließen. Auch in den europäischen Ländern ist diese Lücke durch die Integration der griechisch-römischen Antike in das nationale Curriculum geschlossen worden.

2.) In den europäischen Ländern hat sich daneben und ergänzend frühzeitig eine eurozentrische, an den Nationalgeschichten der Nachbarnationen und der großen europäischen Mächte ausgerichtete Erweiterung dieses Ausbildungsschwerpunkts etabliert. Die Geschichte der Nachbarn, in deutschem Fall also osteuropäische, englische, französische, seltener schon skandinavische oder italienische Geschichte fanden frühzeitig Eingang in das Lehrangebot. Angesichts der europäischen Expansion und der weltweiten Durchsetzung des westlich geprägten Kapitalismus hat die europäische Geschichte, vor allem der Neuzeit, einen relativ großen Raum auch in den Lehrangeboten der außereuropäischen Universitäten und Hochschulen erhalten. Vielfach bestimmten Chronologie und Problemstellung der europäischen Geschichte auch die Angebote, welche explizit universalhistorisch angelegt bzw. konzipiert waren. Diese eurozentrische Ausrichtung des weiteren Lehrangebots hat sich zwar seit dem Ende der europäischen Kolonialreiche abgeschwächt, wurde aber durch die in den Ländern der «Dritten Welt» rasch sich ausbreitenden orthodox marxistischen bzw. modernisierungstheoretischen Modelle in indirekter Weise oder mit kritischer Stoßrichtung weiter tradiert.

3.) Eine andere Ausgangslage ergab sich in den Nationen, die über eine vergleichsweise kurze eigene Geschichte verfügen und anders als die europäischen Nationalstaaten auch nicht über Siedlungs- und Zivilisationskontinuitäten ins Mittelalter oder in die Antike zurückgreifen, wie die aus weißen Siedlerkolonien hervorgegangenen Staaten Kanada, USA oder Australien. In deren universitären Geschichtskursen kam es zunächst zur Übernahme europäischer Traditionsmuster und Themen, wenn auch in gestraffter und reduzierter Form. Der an der Universität Columbia erfundene Kurs über «Western civilization» ist die klassische Organisationsform für dieses Programm. Seit den späten 60er Jahren hat sich jedoch unter dem Eindruck der politischen Emanzipation der Bevölkerung nicht-europäischer Herkunft eine Verschiebung der Curricula zugunsten eines breiteren Angebots entwickelt, welche den Geschichtserfahrungen der unterschiedlichen Bevölkerungsgruppen gerecht zu werden versucht.

4.) Wiederum anders stellt sich die Konstellation in den meisten afrikanischen Staaten südlich der Sahara dar. Deren vorkoloniale Vergangenheit ist vor allem über mündliche Traditionen und archäologische Überreste zu erschließen, sie ist also mit den klassischen Methoden der Geschichtswissenschaften schwer oder nur partiell zu erreichen. Auch hier dominierte der Versuch, die Spuren einer ruhmreichen Vergangenheit alter Reiche und Kulturen in die Geschichte des eigenen Nationalstaates zu integrieren. Daneben spielte die gemeinsame Geschichte kolonialer Ausbeutung, insbesondere des Sklavenhandels und der nationalen Befreiungsbewegung eine zentrale Rolle – ohne dass sich so etwas wie ein gemeinsames afrikanisches Geschichtscurriculum der Neueren und Neuesten Zeit herausgebildet hätte.

5.) Eine Trendwende hin zu größerer geographischer Breite und zu einer stärkeren universal- bzw. globalgeschichtlichen Ausrichtung ist in den letzten drei Jahrzehnten des 20. Jahrhunderts zu beobachten. Versuche, ein Curriculum jenseits der nationalgeschichtlichen Hauptpfade zu entwickeln, führten vor allem in den Geschichtsdepartments der US-amerikanischen Hochschulen, aber auch in anderen ehemaligen Siedlerkolonien wie Australien oder Neuseeland seit den 70er Jahren zu einer wachsenden Pluralisierung des Lehrprogramms: Afro-amerikanische Geschichte, subaltern studies oder global history wurden als Alternativen zu den klassischen Programmen entwickelt. In den europäischen Geschichtswissenschaften ist am ehesten ein Trend hin zu einer neuen europäischen Geschichte, die anderes und mehr sein soll als die Summe der Nationalgeschichten und der politischen Geschichte der europäischen Staatenwelt zu erkennen.

3. Karrierewege und Forschungsorganisation

In fast allen Historikerfeldern wurde die Dissertation im Verlauf des 20. Jahrhunderts zur Eingangsvoraussetzung für eine Berufskarriere als Historiker. Der Nachweis über die Fähigkeit zur archivgestützten Spezialforschung, zumeist auf einem von älteren, erfahreneren Historikern bereits erschlossenen Forschungsfeld, wurde damit als Mindeststandard des Faches etabliert. In den meisten Ländern handelte es sich um ein Universitätsdiplom, dem bereits ein früherer Studienabschluss vorausging. Die konkrete Ausgestaltung der historischen Dissertation blieb von Land zu Land, von Universität zu Universität verschieden. Insgesamt ist als Trend zu beobachten, dass jenseits von konjunkturellen Besonderheiten (akuter Nachwuchsmangel) mit Alter und Autonomie des jeweiligen Historikerfeldes auch die Ansprüche an diese Eingangskontrolle gestiegen sind. Typischerweise haben sich politische Eingriffe in das Fach immer wieder auch im Zugang nicht promovierter, aber politisch erwünschter Historiker zu Stellen in Forschung und Lehre niedergeschlagen. Ein besonders krasses, aber keineswegs vereinzeltes Beispiel liefert etwa die Sowjetunion der späten fünfziger Jahre. Gut die Hälfte der Stelleninhaber in Geschichtsinstituten und Hochschulabteilungen verfügten über keinen entsprechenden Abschluss, hatten aber nicht zuletzt wegen Parteizugehörigkeit, politischer Bewährung bzw. Linientreue eine «Forscher»karriere in den Instituten und Akademien des Landes begonnen und konnten als Kontrolleure ihrer Kollegen benutzt werden [*Markwick*]. International haben sich zwei Grundmuster von Karrierewegen etabliert. Weite Verbreitung vor allem in der außereuropäischen Welt hat das angelsächsische Modell gefunden. Es war selbst erst relativ spät, am Ende des 19. Jahrhunderts von den US-amerikanischen Universitäten der Ostküste in Anlehnung an deutsche Vorbilder entwickelt worden, um einen Mindeststandard für den eigenen Wissenschaftsnachwuchs zu etablieren. Dabei blieb die Dissertation die einzige formale Qualifikationsvoraussetzung für alle weiteren Positionen und Funktionen in Forschung und Lehre. Auf dem europäischen Kontinent hat sich das ältere Doppelverfahren von Dissertation und Habilitation erhalten, welches eine deutlich hierarchischere akademische Ordnung fortschrieb, indem es den «Nachwuchs» weit über die Dissertation hinaus und häufig bis zum Alter von 40 Jahren in Abhängigkeit von etablierten Professoren hielt. Das französische Verfahren von Lehramtsprüfung und thèse d'Etat stellte nur eine Variante dieser doppelten Qualifikationsprüfung dar.

Während im ersten Fall die Promotion Zugang zu einem weiten, in sich aber sehr unterschiedlichen Feld von Berufspositionen einfachster Colleges bis hin zu den renommiertesten Forschungsuniversitäten eröffnet und damit eher informellen Verfahren der Auswahl den Vorrang lässt, also die Gesamtheit der Berufshistoriker eher durch einen berufsbezogenen Egalitarismus geprägt wurde, setzte sich in dem zweiten Fall, dem auch die autoritären sozialistischen Regime zuzuordnen waren, eine striktere, auch formal strengere Alters- und Positionshierarchie durch. Die Einführung der entsprechenden Abschlüsse und damit verbundenen Mindeststandards hat eine wichtige Rolle in der Aufbauphase von geschichtswissenschaftlichen Studiengängen und Instituten rund um den Globus gespielt. In der ersten, aber zuweilen auch noch in der zweiten Generation erwarben einflussreiche Minderheiten, zumeist die Wortführer der neuen Konzepte, ihre Diplome in den international führenden Ausbildungszentren des Faches in Europa oder den USA. Vor allem in der kolonialen und nachkolonialen Situation blieb das Gewicht von Dissertationen, die in den europäischen Metropolen geschrieben wurden, als Startpunkt für weitere Berufskarrieren erheblich. Die Qualitätskontrolle wurde in den postkolonialen Staaten Afrikas noch gut eine Generation lang von externen Prüfern aus dem kolonialen Europa ausgeübt – ein deutliches Indiz für die strukturelle Abhängigkeit der neu entstehenden Historikerfelder vom kolonialen Vorbild.

4. Zeitschriften: Medien und Akteure professioneller Kommunikation

Die Gründung von Fachzeitschriften gehörte im 20. wie schon im 19. Jahrhundert zu den entscheidenden Schritten beim Aufbau von Historikerfeldern. Sie sind in ihrer Wirkung und Bedeutung der Einrichtung von Geschichtsprofessuren an Universitäten gleichzusetzen. Die regelmäßige Publikation von Fachzeitschriften ist ein wichtiger Hinweis darauf, dass es zur Etablierung eines eigenständigen wissenschaftlichen Berufsfeldes gekommen ist: Das Bedürfnis nach fachspezifischer, interner Kommunikation und Information hat sich gegenüber anderen Interessen durchgesetzt. Die Existenz von Fachzeitschriften markiert deshalb vor oder parallel zur Gründung von Fachverbänden in der Regel den ersten Schritt zur Durchsetzung wissenschaftlicher Autonomie gegenüber den Ansprüchen der Politik, aber auch gegen die Abhängigkeit von Konjunkturen oder Moden auf dem literarisch-publizistischen Buchmarkt. Während in den meisten europäischen Ländern am Ende des 19. Jahrhunderts solche Fachzeitschriften bereits fester Bestandteil der neuen Berufsfelder waren und diese Tradition im gesamten 20. Jahrhundert weitergepflegt wurde, ist die Lage der Fachzeitschriften in zahlreichen Historikerfeldern Asiens, Südamerikas oder Afrikas uneinheitlich geblieben. China und Japan besitzen eine sehr reiche Zeitschriftenlandschaft. In China werden die wichtigsten Forschungsergebnisse primär als Zeitschriftenaufsätze publiziert – nicht in der (älteren) Form der Monographie. In den übrigen Ländern haben finanzielle Schwierigkeiten oder/und autoritäre Gängelung die Gründung oder regelmäßige Publikation von Fachzeitschriften verzögert bzw. erschwert, so dass auf elementare Weise die Kommunikationschancen eingeschränkt, der Aufbau eigenständiger Informationswege vereitelt bzw. behindert worden sind. Ein Beispiel für finanzielle Schwierigkeiten mag Nigeria bieten. Dort wurde 1956 das *Journal of the Historical Society of Nigeria* gegründet, es errang bereits in den 60er Jahren internationale Anerkennung, geriet aber in den Sog der institutionellen Krise der nigerianischen Geschichtswissenschaft. Seit 1985 ist es nur noch ein einziges Mal erschienen. Es teilt dieses Schicksal mit den meisten anderen in Afrika produzierten neuen Fachzeitschriften. In den arabischen Ländern war und ist es die politische Zensur und der Kontrollanspruch der staatlichen Behörden, welche die Gründung von Fachzeitschriften verhindert oder deren Existenz immer wieder gefährdet haben. In Syrien z. B. wurde erst 1963 die erste Zeitschrift gegründet [*Freitag 1991*, 77]. Finanzielle wie politische Schwierigkeiten kennzeichnen auch die karge historische Zeitschriftenlandschaft in Lateinamerika. In den sozialistischen Ländern muss man verschiedene Phasen unterscheiden: Zum einen griffen in den Jahren stalinistischen Meinungsterrors die Parteiführungen direkt in die Redaktionspolitik ein, wechselten Redaktionen aus, veranlassten Kurswechsel oder verordneten das Ende einer Zeitschrift. Das Muster einer «diktatorischen Steuerung des Geschichtsdiskurses» [*Middell*, 27] prägte mehr oder weniger stark alle Fachzeitschriften dieser Länder bis 1990. Doch in ruhigeren Phasen überwachender Kontrolle und indirekter Lenkung erfüllten die Fachzeitschriften auch in diesen Ländern die elementaren Funktionen innerfachlicher Information und Kommunikation.

Zeitschriften waren und sind zum einen Trendsetter, verbreiten neue Konzepte und neue Forschungsergebnisse. Dank dieser Funktion sind sie sensible Beobachtungsposten für Veränderungen in der Berufspraxis der Historiker. Zum andern lassen sich vor allem in den älteren und an ein breites Fachpublikum gerichteten Periodika im langfristigen Vergleich die Kontinuitäten und Beharrungskräfte in einem Historikerfeld untersuchen. Die Geschichte der modernen Geschichtswissenschaft ist insofern ohne eine gründliche Kenntnis der wichtigsten Fachzeitschriften nicht mehr denkbar, dennoch ist der Forschungsstand auf diesem Gebiet leider höchst unbefriedigend. Nur für wenige Zeitschriften liegen hinreichende Informationen vor, um Entwicklungstendenzen und Konstellationen im 20. Jahrhundert zu beschreiben [*Middell, Corbin*]. In allen Historikerfeldern haben Fachzeitschriften eine wichtige Rolle in der fachlichen Sozialisation und in der Fixierung fachlicher Mindeststandards gespielt. In der Rubrik der Rezensionen übernahmen sie das Wächteramt der Qualitätssicherung, kontrollierten die Mindeststandards bei den Fachpublikationen und prägten mit ihren Urteilen und Kritiken Erwartungen und Ansprüche ihrer Leser und Autoren. Im Artikelteil sorgen Fachzeitschriften dafür, dass die fachliche Kommunikation im Rahmen vereinbarter sprachlicher Normen und fachspezifischer Rituale (Zitate, Kommentare etc.) verläuft. Dabei haben Redaktionen faktisch die Definitionsmacht darüber, wie ein Fachaufsatz im jeweiligen nationalen bzw. nationalsprachlich geprägten Historikerfeld auszusehen hat, welche Dichte an archivalischen Belegen, welche Breite fachwissenschaftlichen Kontextwissens notwendig, welcher Sprachstil angemessen und welcher Fachjargon von Vorteil ist. Vor allem in den Gründungsphasen der Berufsfelder mussten Redaktionen ihre Autoren «schulen», sie an neue Standards gewöhnen [*Lingelbach 1999*]. Doch auch Richtungswechsel bedurften der Standardisierung: So setzte die Zeitschrift *Geschichte und Gesellschaft* einen ganz neuartigen Stil der Anmerkungen und Literaturhinweise bei ihren Autoren durch, der sich durch Internationalität, Vollständigkeit und Theoriebezug deutlich von älteren Gewohnheiten absetzte [*Raphael 1999*]. Im Fall der Leitorgane der Historikerfelder in den sozialistischen Ländern wurde ein Referenzsystem absichernder Klassikerzitate und kritischer Stellungnahmen zur «bürgerlichen» Geschichtswissenschaft als rhetorisches Pflichtpensum etabliert.

Gleichzeitig haben die Fachzeitschriften auch eine ganz wichtige Rolle für die Stabilisierung von Forschungsgebieten und Arbeitsgemeinschaften und für die Integration der nationalen Berufsfelder übernommen. Der Prozess der Professionalisierung war in den meisten Ländern begleitet von der Gründung eines thematisch umfassenden, das gesamte nationale Historikerfeld ansprechenden Periodikums. Vorläufer und Vorbilder waren neben der bereits 1859 gegründeten *Historischen Zeitschrift* die seit 1876 erscheinende *revue historique.* Bis zur Jahrhundertwende folgten in den meisten europäischen Ländern bzw. Sprachen entsprechende Gründungen (Ungarn bereits 1867, Polen (Lemberg) 1887, Tschechien 1895, Niederlande, Schweiz, Schweden). Neugründungen des 20. Jahrhunderts orientierten sich darüber hinaus an der 1895 gegründeten *American Historical Review*, die eine enge Verbindung zu einem großen Berufsverband (der American Historical Association) einging und in einem sehr großen Historikerfeld den Anspruch umfassender Berichterstattung aufrechterhielt. Gerade auch in den sozialistischen Ländern ist an diesem älteren Modell eines «allgemeinhistorischen Journals» [*Middell*, 7] – jetzt verstanden als eines die Meinung führenden und die Richtung weisenden Organs – festgehalten worden. Der Trend zu Spezialisierung und Methodenpluralismus rückte jedoch diesen integrativen Zeitschriftentyp der Gründungsphase im Verlauf des Jahrhunderts in den Hintergrund.

Die Richtungskämpfe unterschiedlicher Ansätze und Schulen schlugen sich vor allem in den größeren Historikerfeldern vielfach in der Gründung von Gegenmodellen zu den etablierten Zeitschriften mit allgemeinhistorischem Anspruch nieder. Die Herausforderer entwickelten alternative Repräsentationen des gesamten Wissensfeldes. Die berühmtesten und zugleich auch international einflussreichsten Neugründungen waren die französischen *Annales. Economies. Sociétés. Civilisations*, die britische Zeitschrift *Past and Present* und in der Bundesrepublik Deutschland *Geschichte und Gesellschaft.* Alle drei Zeitschriften entwickelten sich zu führenden Fachorganen, weil sie in ihrer Gründungsphase als Organe einer eigenständigen Strömung auftraten, welche sich in den thematischen und konzeptionellen Schwerpunkten der etablierten Fachzeitschriften nicht repräsentiert fanden und neuen Ansätzen Publizität und Einfluss verschaffen wollten.

Damit ist bereits eine weitere wichtige Funktion der Zeitschriften angesprochen: Die länderüberschreitende Verknüpfung von Spezialisten oder Anhängern gleicher Denkstile. Bereits im 19. Jahrhundert etablierten sich Spezialzeitschriften zu einem engeren thematischen, zeitlichen, vor allem jedoch regionalen Schwerpunkt. Frühzeitig reproduzierte auch die Zeitschriftenlandschaft die Epochendreiteilung westlich-europäischen Typs (Altertum, Mittelalter, Neuzeit, nach 1945 weiter ausdifferenziert in Frühe Neuzeit/Modern History und Zeitgeschichte/Contemporary History). In den Vorreiterländern der Professionalisierung kam es bereits um 1900 zur Gründung weiterer Fachorgane zur Kirchengeschichte, Wirtschafts- und Sozialgeschichte, Kulturgeschichte und Regionalgeschichte. Der Trend zur Spezialisierung hat dafür gesorgt, dass die Zahl der Zeitschriften immer weiter angewachsen ist. Dabei ist der Adressatenkreis dieser Spezialzeitschriften nach wie vor mehrheitlich innerhalb der nationalen Historikerfelder angesiedelt, aber die Zahl international ausgerichteter Fachorgane hat ihrerseits erheblich zugenommen. Ein prominentes Beispiel ist das 1959 gegründete *Journal of African History*. Für das Ende des 20. Jahrhunderts sind bei einer Untersuchung 6500 Zeitschriften ermittelt worden, die sich ausschließlich oder teilweise dem Gegenstand Geschichte widmen. Die Dunkelziffer nicht erfasster Journale muss dabei noch relativ hoch angesehen werden [*Middell*, 16]. Am Beginn des 21. Jahrhunderts haben sich die Anzeichen vermehrt, dass sich die Kommunikationsformen der Berufshistoriker im Umbruch befinden. Elektronische Zeitschriften, Informationsdienste oder Newsletter haben sich etabliert, gleichzeitig gewinnt die Tages- oder Wochenpresse immer größere Bedeutung für das Rezensionswesen und für die Fachkontroversen. Alles deutet darauf hin, dass sich in absehbarer Zukunft auch die gerade analysierten Funktionen der Zeitschriften verändern werden.

5. Internationalisierung der Grundmodelle und Mindeststandards

Der Blick auf institutionelle Rahmenbedingungen hat deutlich gemacht, dass sich im Verlauf des 20. Jahrhunderts Organisationsmuster verbreitet haben, die es erlauben, jenseits der nationalen Berufsfelder von einer internationalen Dimension der Geschichtswissenschaft zu sprechen, die mehr umfasst als die länderüberschreitende Zirkulation von Werken und Ideen. Die in nationalstaatlichem Rahmen organisierten universitären Ausbildungsgänge haben Mindeststandards fachlicher Arbeit fixiert, die weltweit Anerkennung gefunden haben und damit die Plattform für wissenschaftliche Kontroversen über regionale bzw. lokale kulturelle, religiöse oder politische Prägungen hinweg schaffen. In unterschiedlichen Idiomen sind diese Mindeststandards vor allem hinsichtlich der methodischen Kontrolle der empirischen Grundlagen historiographischer Darstellung, im fachlichen Imperativ des Vetorechts der Quellen gegenüber theoretischen Modellen oder politisch-weltanschaulichen Interpretamenten gefasst worden. Bis in die jüngste Vergangenheit haben bezeichnenderweise jene Lehrbücher die weiteste Verbreitung gefunden, welche ausführlich die Grundregeln der historischen Methodik dargestellt haben. Das Lehrbuch von Langlois/Seignobos (*Langlois/Seignobos*) wurde bereits im Jahr des Erscheinens 1898 ins Englische übersetzt, und hat die größte internationale Verbreitung gefunden hat. Daneben ist nur noch der deutschsprachige «Klassiker» von Ernst Bernheim zu nennen (*Bernheim*).

Verlässlichkeit und Richtigkeit der Tatsachenermittlung auf der Grundlage eines geschulten «Quellenblicks» stellen die fest umrissenen Mindeststandards dar, über die professioneller Konsens herrscht und welche durch Kontrollen und praktische Übungen auch verinnerlicht werden. Auch wenn in den neueren Kontroversen des Faches seit den 70er Jahren komplexere und weitergehende Ansprüche an die Professionalität formuliert worden sind, so darf nicht übersehen werden, dass diese bislang umstrittenen Normen eines wissenschaftlichen Optimums implizit aufbauen auf den längst routinisierten methodischen Mindeststandards [*Torstendahl 1996*]. Zwar waren die wissenschafts- und erkenntnistheoretischen Modelle des Faches im Laufe des 20. Jahrhundert ständig Gegenstand der Kontroverse, doch haben gerade die vielfältigen politisch-ideologischen Manipulationen historischer «Tatsachen» im Namen einer erkenntnistheoretisch gar nicht problematischen «Parteilichkeit» bzw. Standortabhängigkeit immer wieder Gegenbewegungen ausgelöst, die beharrlich die fachlichen Grundlagen methodisch gesicherten und überprüfbaren Wissens verteidigt haben. Der empirische Rationalismus, der sich im Übrigen aus den unterschiedlichsten Quellen der jeweiligen kulturellen bzw. religiösen Hintergrundkulturen speisen kann und konnte, hat jedoch die härtesten Angriffe auf die Grundlagen dieser Mindeststandards zwischen 1930 und 1960 erfolgreich überstanden. Er kann mit aller Vorsicht als eine der interkulturell verfügbaren Errungenschaften einer nationalstaatlich verfassten Geschichtswissenschaft betrachtet werden, die nicht mehr identisch ist mit Erinnerungskulturen oder politisch gelenkten Geschichtsbildern. Dies sollte nicht vergessen werden, gerade weil der Kult «historischer Objektivität» in den letzten 30 Jahren unter dem Eindruck komplexerer Wissenschaftstheorien an Anhängerschaft verloren hat.

6. Die Topographie der internationalen Geschichtsforschung

Dieser internationale Zusammenhang von Forschungsergebnissen und Forschergruppen ist im 20. Jahrhundert immer auch von intellektuellen und organisatorischen Zentren geprägt worden: Die Topographie der historischen Ideen kennt Zentren und Peripherien, Metropolen und Provinzen. Die großen Ideenlaboratorien und Kommunikationszentren des Faches blieben über das gesamte 20. Jahrhundert in den alten und neuen Wissenschaftsmetropolen der 1. Welt. Frühzeitig, nämlich mit dem Ausgang des Ersten Weltkriegs verloren die bis dahin renommiertesten Forschungszentren der deutschen Universitäten wie Berlin, München und Leipzig ihre führende Position als historische Forschungsstätten mit breiter internationaler Ausstrahlung. Komplementär vollzog sich der internationale Aufstieg angelsächsischer Zentren, sowohl der britischen Zentren in Oxford, Cambridge und London als auch der nordamerikanischen History Departments in Harvard, Berkeley, Chicago, aber auch Columbia oder Madison. Gegenüber dem wachsenden organisatorischen und nicht zuletzt materiellen Gewicht der englischsprachigen Zentren, die im Laufe des 20. Jahrhundert deutlich Vorteile hinsichtlich der Ressourcen (Publikationsforen, internationale Verbreitung, Forschungsmittel, Lehrbedingungen) gegenüber den konkurrierenden Zentren des europäischen Kontinents entwickelten, behauptete sich in der Geschichtswissenschaft nur Paris als der für das Fach vielleicht wichtigste einzelne Ort intellektueller Ausstrahlung (Foucault, Bourdieu, Bloch, Febvre, Braudel) und Sitz internationaler Wissenschaftsorganisationen. Moskau konnte sich trotz seiner überragenden Stellung als Zentrum des sozialistischen Blocks zwischen 1945 und 1985 zu keinem Zeitpunkt zu einem Gegenpol der alten westlichen Metropolen entwickeln. Schließlich sind am Ende des 20. Jahrhunderts Forschungszentren in Japan (Kyoto, Osaka, Tokyo) und Australien (Canberra) immer wichtiger geworden. Der Ideenverkehr zwischen den seit 1945 expandierenden neuen Historikerfeldern in den Ländern Asiens und Afrikas und den europäischen Zentren ist bis zur Gegenwart vom großen

Ungleichgewicht im intellektuellen Austausch von Ideen und Forschungsergebnissen geprägt geblieben, obwohl es längst außerhalb Nordamerikas oder Europas Forschungszentren von internationaler Bedeutung wie New Delhi, Mexiko City, Peking oder Shanghai gibt.

Charakteristisch für die Entwicklung der letzten zwanzig Jahre ist die wachsende intellektuelle Bedeutung der außereuropäischen Geschichtswissenschaft. Davon haben zunächst vor allem die US-amerikanischen Zentren – in deutlichem Abstand gefolgt von London und Paris – profitiert. Sie sind zu den wichtigsten Orten geworden, an denen eine neue internationale scientific community arbeitet – nicht zuletzt aufgrund der Arbeitsmigration einer wachsenden Zahl von Historikern aus Asien, Afrika oder Lateinamerika, seit 1989 auch aus Osteuropa. Die Internationalisierung des Faches ist also zugleich kritisch auch als Fortdauer struktureller Ungleichgewichte und eines deutlichen Gefälles intellektueller Einflusschancen und Ressourcen zu sehen. Auf dieses strukturelle Ungleichgewicht haben die nationalen Historikerfelder ganz unterschiedlich reagiert. In den etablierten, durch stabile Arbeitsbedingungen geprägten Historikerfeldern der älteren Nationalstaaten hat sich im Verlauf des 20. Jahrhunderts ein flexibles Modell distanzierter, partieller Teilhabe und Teilnahme an den internationalen Trends und Debatten entwickelt. Internationalität bis hin zur Annahme von Rufen an renommierte Universitäten der Metropolen galt und gilt hier als Zeichen wissenschaftlichen Erfolgs, bringt Ansehen und Einfluss. Anders sah und sieht die Lage in jenen Ländern aus, in denen diese Internationalisierung als fremdbestimmte Dominanz westlicher Kulturmodelle wahrgenommen und die Distanz zu deren Ideen betont wird. Vor allem in der islamischen Welt, aber auch in den kommunistischen Ländern entstanden daraus Gegenentwürfe und selbstgewählte Exklusionsverfahren.

III
Geschichte zwischen Wissenschaft, politischer Ideologie und nationaler Erinnerungskultur

Die wissenschaftliche Beschäftigung mit der Vergangenheit blieb im gesamten 20. Jahrhundert eine hochpolitische Angelegenheit. Die Autonomie historischer Forschung, vor allem jedoch die Unabhängigkeit geschichtswissenschaftlicher Darstellungen wurde immer wieder gefährdet durch politische Tagesinteressen von Machthabern, aber auch durch das Meinungsklima nationaler Öffentlichkeiten oder die kulturellen Traditionen und Gewohnheiten sozialer Gruppen. Die Anfälligkeit von Berufshistorikern für diese Einflüsse war umso größer, als sie ihre eigene hervorgehobene Stellung als Wissenschaftler dem Staat verdankten, an dessen Universitäten oder Akademien die meisten beschäftigt waren. Diese Affinität der Fachvertreter zu den Interessen von Staat und Nation trat auch dort zu Tage, wo sie wie in den angelsächsischen Ländern vielfach keine Staatsbeamten waren.

Der Aufstieg der Geschichtswissenschaft zum unverzichtbaren Bestandteil nationalstaatlich verfasster Geschichtskulturen lässt sich nur aus dem engen Bündnis mit dem Nationalstaat erklären, das zunächst im Europa des 19. Jahrhunderts, dann weltweit im 20. Jahrhundert geschlossen wurde [Lönnroth/Molin, Berger/Donavon, Conrad/Conrad]. Dabei haben vor allem nationale Bewegungen bzw. nationalistische Strömungen auf der einen Seite, kommunistische Bewegungen auf der anderen Seite diese enge Verbindung genutzt, um die eigenen Ziele historiographisch oder geschichtsphilosophisch zu legitimieren. Erfundene Vergangenheiten mit dem Siegel der Wissenschaftlichkeit zu versehen, wurde zu einer vielfach benutzten Waffe zur Erhaltung der politischen Macht.

Für die inhaltliche Entwicklung der Geschichtswissenschaft haben vor allem drei Aspekte dieser spannungsreichen Außenbeziehungen Bedeutung: zum ersten die Autonomie des Faches, konkret die Unabhängigkeit der Berufshistoriker von staatlicher bzw. politischer Kontrolle, zum zweiten die freiwillige Parteinahme des Faches für nationalstaatliche Ziele, drittens schließlich die Einbettung der Geschichtswissenschaft in die spezifischen Formen von Erinnerungs- oder Geschichtskulturen.

1. Konfliktkonjunkturen: Politik und Geschichtswissenschaft

Die internationalen politischen Zusammenhänge des 20. Jahrhunderts haben tiefe Spuren in der Geschichte der Geschichtswissenschaften hinterlassen. Die Jahrzehnte des Hochimperialismus bis zum Ausbruch des Ersten Weltkrieges waren geprägt von der Diffusion des europäischen Musters nationalzentrierter Verwissenschaftlichung der Historiographie. Die Geschichtswissenschaft dieser Periode pflegte in vielen Ländern besonders enge intellektuelle Beziehungen zu staatstragenden Nachbardisziplinen wie den Rechtswissenschaften, und Berufshistoriker mobilisierten ihre eigenen Ressourcen vorrangig für die Ordnung des Staates und die Legitimation von Herrschaft [*Simon*].

Der Erste Weltkrieg hat vielleicht stärker noch als der Zweite Weltkrieg, aber zweifellos in gleicher Breite wie die Dekolonisation die materiellen und ideellen Verbindungen zwischen Nation, Staat und Geschichtswissenschaft verändert. Seine umwälzende Bedeutung ist vor allem damit zu erklären, dass die Pariser Friedensverträge weder in Europa, noch in Asien zu einer stabilen internationalen Ordnung führten, sondern die Schrecken und Zerstörungen des Krieges ihre Fortsetzung fanden in Wirtschaftskrisen, Bürgerkriegen, Aufständen und Revolutionen, die viele der zeitgenössischen Historiker zwangen, den sicheren Ort akademischer Forschung und Lehre zu verlassen und sich in die politischen und kulturellen Kontroversen der Zeit einzumischen. Wirtschaftliche und soziale Instabilität und politisch-ideologische Konfrontation zwischen autoritärem Nationalismus, parlamentarischem Liberalismus und revolutionärem Sozialismus prägten die europäischen Staaten, fanden aber auch in Asien und Amerika ein Echo.

Die Erfahrung des Kriegs selbst hat nur bei wenigen Historikern zu einer Veränderung des Geschichtsdenkens geführt [*Schulin 1997*]. Der Sieg oder die Niederlage im Weltkrieg bzw. die Ergebnisse der Friedensschlüsse haben die Reaktionen der Historiker entscheidend geprägt. Die meisten von ihnen verstanden sich als

Repräsentanten ihrer eigenen Nation und rückten deren Schicksal in den Mittelpunkt ihrer eigenen moralisch-politischen Bewertungen und der historischen Einordnung des Krieges. Tiefgreifende Prägungen hat der Erste Weltkrieg deshalb besonders bei den Besiegten hinterlassen: Die deutsche Historikerschaft, vor 1914 zweifellos die international angesehenste und intellektuell prestigeträchtigste community in der Ökumene der Historiker, begab sich in die intellektuelle Isolation und radikalisierte ihre nationalen Bindungen. Die Generation der Frontkämpfer profilierte sich frühzeitig als Vorkämpfer und Wortführer einer neuen nationalen Geschichtswissenschaft.

Ähnliche intellektuelle Radikalisierungen lassen sich in Österreich und Ungarn beobachten, während in den übrigen Siegernationen die Kriegserfahrungen in der Historikerschaft ambivalente Wirkungen zeigten. Ein paralleler Prozess der Distanzierung vom nunmehr eindeutig «westlichen» Modell lässt sich im Fall Japans beobachten, das im Ersten Weltkrieg noch auf seiten der Entente, seit den späten 20er Jahren aber immer deutlicher auf politisch-militärischen, damit verbunden aber auch auf intellektuell-kulturellen Konfrontationskurs mit den westlichen Kolonialmächten in Ostasien ging.

Zu unterstreichen sind insbesondere die Auswirkungen, die der Erste Weltkrieg mit der Zerstörung des europäischen Staatensystems und der Auflösung der kontinentalen Imperien der Habsburger, Romanovs und Osmanen hatte: Die nationalen Befreiungsbewegungen erhielten durch den Krieg und in Asien in der Folgezeit durch die Fortschreibung der kolonialen und imperialen Ambitionen der europäischen Siegermächte enormen Aufschwung. Der imperialistische Geltungsanspruch, im Namen von Zivilisation, Humanität und Fortschritt weltweit Herrschaft und Kontrolle auszuüben, verlor im Ersten Weltkrieg seinen letzten politisch-moralischen Kredit. Vor allem die Intellektuellen und Bildungseliten der asiatischen Länder radikalisierten ihre Kritik am Imperialismus und Kolonialismus und engagierten sich für die Sache der nationalen Befreiung. China trat nach dem Sturz der Qing-Dynastie mit der Bewegung für Neue Kultur von 1915, die 1919 in die politische 4. Mai-Bewegung einmündete, in eine lange Phase revolutionärer Bewegung und Gärung, die erst nach der langen chinesisch-japanischen Konfrontation 1931–1945 mit dem Sieg der Kommunisten im Bürgerkrieg 1949 zum Abschluss kam. In Indien spitzte sich der Kampf um die Unabhängigkeit unmittelbar nach Ende des Weltkrieges zu und vertiefte den Gegensatz zwischen nationalistischen Intellektuellen und britischen Kolonialherren. In den arabischen Ländern verstärkte die britische und französische Nachfolge der osmanischen Herrschaft den Aufschwung islamischer, panarabischer oder nationalistischer Befreiungsideologien.

Insgesamt ist diese Phase dadurch charakterisiert, dass die Grenzziehungen zwischen wissenschaftlicher Autonomie und nationalpolitischer Bindung verschoben wurden: Zum einen entstanden «gebundene», heteronome Wissenschaftsfelder, welche dem Zugriff von Diktaturen unterworfen wurden. Diese Regime setzten massiv den Anspruch fachlicher Mobilisierung für vorgegebene politische Zwecke und Ziele durch und bauten in einem zweiten Schritt ein System ideologischer Steuerung und politischer Kontrolle in die Berufsfelder ein. Japan, Deutschland und die Sowjetunion sind die herausragenden Beispiele für diesen Prozess des Autonomieverlustes, der aber auch in anderen Historikerfeldern wirksam wurde, welche sich den Zugriffen «kleinerer» Diktaturen ausgesetzt sahen.

Die Jahrzehnte der Nachkriegszeit (1945–1970) standen dann eindeutig im Zeichen der Blockkonfrontation und der Dekolonisation. Der Systemgegensatz zwischen westlicher und sozialistischer Staatenwelt hat vor allem die institutionelle Entwicklung der Historikerfelder determiniert. Im sozialistischen Lager wurde das Vorbild einer diktatorial gelenkten Geschichtswissenschaft auf der Grundlage einer marxistisch-leninistischen Herrschaftsideologie und mit dezidiert nationaler Ausrichtung kopiert.

Solche Formen politisch-weltanschaulicher Kontrolle und nationalpolitischer Funktionalisierung mit nunmehr plakativ antikommunistischer Ausrichtung entwickelten sich jedoch auch – ganz in Fortsetzung der rechten Varianten der Zwischenkriegszeit – in den Diktaturen außerhalb des sozialistischen Lagers, welche in neuen oder alten Nationalstaaten nach 1945 errichtet wurden bzw. weiterexistierten. In Europa sind hier Spanien und Portugal zu nennen, in Lateinamerika vor allem Brasilien, Argentinien und Chile (nach 1973), alle neugegründeten Staaten in der islamischen Welt, schließlich die westlich orientierten bzw. blockfreien Diktaturen in Südasien (Indonesien, Südkorea, Malaya-Malaysia u. a.). Damit wuchs die Zahl heteronomer, außenkontrollierter Historikerfelder, welche anderen Regeln interner Kommunikation und externer Publizität unterworfen waren als die autonomen Historikerfelder der westlichen Metropolen, Indiens und nunmehr auch Japans. Trotz des starken ideologischen Gegensatzes zwischen marxistischer und «bürgerlicher» Geschichtswissenschaft etablierte sich strukturell ein viel tiefgreifenderer Gegensatz zwischen den Historikerfeldern westlichen Typs – mit institutionell gesicherter, politisch und ideologisch durchaus prekärer Autonomie gegenüber dem politischen Feld und der öffentlichen Meinung – und den politisch kontrollierten, dabei zugleich auch nationalzentrierten Berufsfeldern. Letztere sind neben politischer Zensur und direkter Kontrolle vor allem dadurch gekennzeichnet, dass ihnen bei der Abwehr politischer Zumutungen und Instrumentalisierungsversuche eine kritische, artikulationsfähige politische Öffentlichkeit fehlte.

Für die Verbreitung neuer Ideen und Strömungen innerhalb der internationalen Geschichtswissenschaft hatte dies tiefgreifende Folgen: Während die Dynamik des internationalen Ideenverkehrs in den Historikerfeldern des westlichen Typs seit dem Zweiten Weltkrieg deutlich zunahm, kennzeichnet die Historikerfelder des zweiten Typs eine Situation nationaler Abschließung, welche nur in ganz begrenztem Maße durch die kontrollierte Teilnahme an internationalen Debatten wettgemacht wurde. Gerade in den sozialistischen Staaten vereitelte der ideologische Führungsanspruch der Sowjetunion die Entwicklung eines regen transnationalen Kommunikationsnetzes marxistischer Geschichtswissenschaftler.

Erst die beiden letzten Jahrzehnte des 20. Jahrhunderts haben die Eckdaten dieser Konstellationen verändert. Der Zusammenbruch der sozialistischen Regime Osteuropas bzw. die Transformation rechter Diktaturen in den 70er und 80er Jahren vergrößerten den Kreis «ungebundener» Historiker. Gleichzeitig formierten sich weltweit einflussreiche Minderheiten herrschaftskritischer Historiker, welche den Konsens nationaler Verantwortlichkeit und politischer Systemtreue infrage stellten und ihre Berufsrolle in Analogie zum kritischen Intellektuellen deuteten. In vielen Ländern wuchs die Distanz der Berufshistoriker zu den wirtschaftlich und politisch Herrschenden: Typischerweise verband sich dieser Prozess zugleich auch mit der intellektuellen Abwertung staatspolitisch relevanter Themen durch die verschiedenen neuen Strömungen der Sozial- und Kulturgeschichte. Diese Verschiebungen leiteten auch das Ende männlicher «Exklusivität» der Berufsfelder ein: Symbolisch und real wurde die Disziplin weiblicher. Diese Prozesse der Distanzierung vom bis dahin dominanten Modell nationalstaatlicher Einbindung wurden schließlich auch noch begünstigt und verstärkt durch die weitere Zunahme internationaler Verbindungen.

Die politische Autonomie von Historikern erscheint am Beginn des 21. Jahrhunderts größer als noch 100 Jahre zuvor, die kritische Distanz zu den Loyalitätsforderungen der politischen Macht, aber auch zum Konformitätsdruck eines nationalen oder internationalen Meinungsklimas ist größer geworden, aber die politische Zensur oder Verfolgung von Historikern hat keineswegs ein Ende gefunden [*de Baets*].

Politisch-ideologische Kontrolle von außen oder Selbstmobilisierung in den eigenen Reihen begleiteten also weltweit Aufstieg und Ausbau der Geschichtswissenschaft. In diesem allgemeinen chronologischen Rahmen entstanden jedoch regional sehr unterschiedliche Formen der Verknüpfung von Geschichtskulturen und Geschichtswissenschaft. Deren Ausgestaltung hing ganz wesentlich von den durch ganz unterschiedliche kulturelle und religiöse Traditionen geprägten Erinnerungskulturen ab, mit denen die neue professionelle Historiographie in Beziehung trat.

2. Geschichtskultur und Geschichtswissenschaft in den europäischen Nationalstaaten

In Europa und Amerika war – wie eingangs bereits erwähnt – der Pakt zwischen Staat, Nation und Geschichtswissenschaft bereits im 19. Jahrhundert geschlossen worden. Dort hatte der Nationalismus die Emanzipation der eigenen Nation zugleich auch als eine breite Bewegung zur Entdeckung und (Wieder)Aneignung der eigenen Geschichte betrieben. Die sich professionalisierenden Historiker entfalteten ihre Berufstätigkeit im Rahmen nationaler Sinnstiftung durch Traditionspflege und Erinnerungskultur. Wo dabei die Vergangenheit der eigenen Nation Quelle ständiger interner Konflikte wurde, wie etwa die Französische Revolution in Frankreich oder der amerikanische Bürgerkrieg in den USA, gerieten die Berufshistoriker häufig zwischen die Fronten, hielten aber typischerweise an dem patriotischen Ziel fest, durch ihre eigene Forschungsarbeit, auf der Grundlage methodischer Gründlichkeit und dem Objektivitätsideal verpflichtet, Einheit und Geschlossenheit der Nation historiographisch zu befördern (*Lavisse*, *Hart*, *Lamprecht*).

Charakteristikum dieser europäisch-westlichen Geschichtskultur war, dass die wissenschaftliche Historiographie eingebettet blieb in ein viel breiteres Angebot historiographischer Produktion, an der sich auf lokaler, regionaler und nationaler Ebene Politiker und Militärs, Schriftsteller und Publizisten, aber auch Juristen, Ärzte oder Kleriker, um nur die aktivsten Berufsgruppen auf diesem Feld zu nennen, als Amateurhistoriker beteiligten. Geschichtsdarstellungen stellten einen wichtigen Bereich der jährlichen Buchproduktion dar, ein Teil der neuen fachwissenschaftlichen Publikationen richtete sich denn auch an ein breiteres Publikum mit historischen Interessen. Gerade Länder, in denen relativ spät die institutionellen Grundlagen für eine Verwissenschaftlichung der Historiographie geschaffen wurden wie etwa England oder in denen diese Institutionen bis weit ins 20. Jahrhundert schwach blieben wie in vielen Ländern Lateinamerikas, kennen zahlreiche Grenzgänger zwischen Publizistik, politischem Leben und Geschichtswissenschaft. Sie sind gerade für die nationalen Geschichtskulturen bedeutsam geworden [*Riekenberg*, *Berger/Donovan*].

Die Verankerung der Geschichte als Unterrichtsfach in allen öffentlichen Schulen war und ist eine wesentliche Voraussetzung für Dichte und Breite dieser westlich-europäischen Geschichtskultur. Die meisten Staaten ratifizierten in ihrer Schulpolitik nur, was sie als Förderung der Geschichte bereits auf dem Feld der Kultur- (Archive, Museen, Bibliotheken) und Wissenschaftspolitik (Einrichtung von Lehrstühlen und Akademien) in die Wege geleitet hatten. Eine solche Konstellation wechselseitiger Steigerung staatlicher und nationaler Vergangenheitspolitik war nur in Nationalstaaten erfolgreich, in den Vielvölkerreichen der Habsburger oder Romanows entwickelte sich dagegen ein spannungsreiches Gegen- und Nebeneinander nationalliberaler bzw. nationalistischer Geschichtskulturen einerseits und einer regime- und staatstreuen konservativen Historiographie andererseits. Daraus ergaben sich bereits wichtige Weichenstellungen für das 20. Jahrhundert: In diesen Regionen Ost- und Mitteleuropas gewann eine am romantischen Kultur- und Volksbegriff orientierte nationalliberale bzw. nationaldemokratische Geschichtskultur die Oberhand und etablierte sich nach 1918 als dominante Form der Geschichtswissenschaft im Dienst der neuen Nationalstaaten. Dabei verband sich die Suche nach den weit zurückreichenden Ursprüngen des eigenen Volkes mit der Heroisierung früher Staatsgründungen und ihrer Eliten. Gleichzeitig wurde die Entstehung der eigenen Nationalbewegung mit dem quasi natürlichen Schlusspunkt der Gründung des Nationalstaats zum Endziel der Geschichte des eigenen Volkes.

Die beiden Weltkriege haben dieses europäische Grundmodell insgesamt bestätigt. Emotional hochbesetzte nationale Themen (Grenzen, Sprach- und Kulturansprüche) bestimmten in der Zwischenkriegszeit die Geschichtskulturen des europäischen Kontinents, nur eine Minderheit von Berufshistorikern hielt sich von den Einflüsterungen eines zunehmend chauvinistischen Nationalismus frei. Nach den Schrecken des Zweiten Weltkrieges und im geteilten Europa schien das Ende dieses vielfach übersteigerten Nationalismus gekommen. Hinsichtlich der Aggressivität und Parteilichkeit nach außen, gegenüber anderen Nationen trifft dies zu, die interne Nationalzentrierung der Historikerfelder blieb jedoch ungebrochen [*Hadler*]. Im Westen wie im Osten rückten demokratische Lesarten nationaler Vergangenheiten zunehmend in den Vordergrund. Dies galt insbesondere für die neuen sozialistischen Volksdemokratien. Sie verordneten ihren Historikern nicht nur eine verbindliche marxistisch-leninistische Geschichtsdoktrin, sondern sie übernahmen auch die stalinistische Version einer nationaldemokratischen, regimetreuen Geschichtskultur, welche Platz ließ für umgedeutete Helden früherer Epochen, welche dem eigenen nationaldemokratischen Erbe zugeordnet wurden.

3. Nationale Geschichtskulturen und Geschichtswissenschaft im Zeichen der westlichen Herausforderung: China und Japan

Eine andere Ausgangssituation finden wir in den großen asiatischen Ländern China und Japan. Um 1900 bestand hier noch keine enge Verbindung zwischen einer autochthonen Geschichtskultur und der neuen Geschichtswissenschaft. Auch in diesen Ländern gab der erwachende Nationalismus, begleitet vom Kampf gegen die europäischen Imperialisten und Kolonialisten, den entscheidenden Impuls für eine Veränderung des eigenen Wissens über Geschichte, die Formen kollektiver Erinnerung und die politische Nutzung der eigenen Vergangenheit. In China und Japan kam es zu einer Anpassung der eigenen, auf langen Traditionen beruhenden Formen historischer Gelehrsamkeit und professioneller Geschichtsschreibung an westliche Vorbilder. Neugründung bzw. Umorganisation bereits bestehender Zentren der Geschichtsschreibung markieren hierbei die wichtigsten Umbrüche. Japan ging dabei seinem Nachbarn China voran, entwickelte seine eigene Geschichtskultur dadurch weiter, dass der Staat für den Aufbau einer neuen nationalstaatlichen Geschichtswissenschaft sorgte, die ganz nach europäischen Vorbildern Regimetreue und Patriotismus mit den neuen (aber von den eigenen Traditionen nur in Nuancen abweichenden) Standards der Fachlichkeit verband. Dabei entstand eine Geschichtskultur, in der die staatlich kontrollierte neue Geschichtswissenschaft die Autorität des Staats und die neue Autorität der Wissenschaft in sich vereinte und mit der umfassenden Sammlung und detaillierten Wiedergabe aller verfügbaren Dokumente die quasi amtliche, über dem politischen Meinungsstreit schwebende «objektive» Version der Geschichte herzustellen hatte [*Mehl, Sato*]. Diese Version des Bündnisses von Nationalstaat und Geschichtswissenschaft verband das trivialpositivistische Objektivitätsverständnis der meisten europäischen Historikerfelder mit der eigenen Tradition einer offiziellen Staatshistoriographie: Vor allem auf den Ebenen der rasch aufblühenden Regional- und Lokalgeschichten (der Provinzen/Präfekturen) sowie der Nationalgeschichte konnte sich dieses Schema etablieren. Erst in einem zweiten Schritt gewann dann auch in Japan eine politische Öffentlichkeit Gestalt, in der historische Bildung und politische Kontroversen ganz nach westlichem Muster in enge Verbindung zueinander traten, womit die Geschichtswissenschaft stärker in ihrer Rolle als kontroverse Deuterin und Interpretin der Vergangenheit Profil gewann. Die unterschiedlichen Positionen artikulierten sich vor allem entlang der Probleme, welche der Westen als Bedrohung für die eigene nationale Selbständigkeit und als Modell für die eigene Zukunftsgestaltung aufwarf [*Schwentker, Conrad*].

Im Falle Chinas vollzog sich diese Umgestaltung und Anverwandlung der eigenen Geschichtsschreibung an die neuen westlichen, aber bereits auch japanischen Standards etwa 30 Jahre später und ohne den starken Arm staatlicher Reformen von oben, sondern als Teil eines umfassenden intellektuellen Umbruchs, welcher die Ausrufung der Republik 1912 und die weiteren politischen Krisen und Umbrüche bis zum Beginn des japanisch-chinesischen Kriegs 1937 begleitet hat [*Wang 2001, Dirlik*]. Anders als in Japan erneuerte sich die chinesische Geschichtskultur in dieser dramatischen

Phase im Zeichen einer radikalen Kritik an den eigenen Traditionen. Der Bruch mit dem amtlichen Konfuzianismus und dem klassischen Bildungsideal der Mandarine hatte unmittelbare Auswirkungen auf die Geschichtskultur. Radikaler Zweifel an den «Tatsachen» der tradierten Dynastiengeschichten beflügelte Quellenkritik und Methodenbewusstsein, westliche Geschichtsphilosophien – voran Evolutionismus und Marxismus – dienten dazu, die gesamte chinesische Geschichte neu zu interpretieren. Dabei rückte die neuentstehende Geschichtswissenschaft grundlegend ab von der bis dahin selbstverständlichen sinozentrischen Deutung der Geschichte und richtete ihre Anstrengungen vor allem darauf, den Platz Chinas in der Weltgeschichte neu zu bestimmen. Die Nationalgeschichte nach westlichem Vorbild war nunmehr Geschichte des Hanvolkes, seines Reiches, seiner Kultur, schließlich auch seiner Klassen und folgte einem Muster, das große Parallelen zu den kleineren, lange unterdrückten Nationen Europas aufwies, also vor allem auch bemüht war, die Geschichte für eine nationale Befreiungs- und Reformbewegung zu schreiben. Die japanische Bedrohung Chinas seit den frühen 30er Jahren radikalisierte die nationalistische Komponente in beiden Ländern und ließ den Spielraum alternativer Deutungen schrumpfen.

4. Westliche Geschichtswissenschaft und nationale Geschichtskulturen im Zeichen der Dekolonialisierung

Anders als in China oder Japan etablierte sich in Indien und den übrigen, unter direkte koloniale Herrschaft geratenen Ländern die neue Geschichtswissenschaft institutionell als Ergebnis kolonialer bzw. westlicher Gründungen neuer Bildungseinrichtungen, von Oberschulen und Universitäten, welche von der nunmehr auch an westlichen Wissensmodellen orientierten Oberschicht besucht wurden. Dort formte sich die neue antikolonialistische Geschichtskultur in kritischer Auseinandersetzung mit den Deutungen, welche die europäischen Kolonialherren bzw. westliche Wissenschaftler über die kolonialisierten Länder, Völker und Kulturen vorlegten. Das koloniale Fremdbild, das unter dem maßgeblichen Eindruck militärisch-politischer Vorherrschaft, aber auch eines technisch-zivilisatorischen Überlegenheitsgefühls entstand und im Verlauf des 19. Jahrhunderts immer stärker mit rassistischen Bewertungen aufgeladen wurde, bildete den negativen Ausgangspunkt für die eigenständige Nationalgeschichtsschreibung. Vorangetrieben wurde dieser Prozess von den westlich beeinflussten, z. T. auch in den Metropolen ausgebildeten einheimischen Eliten; sie waren es in der Regel auch, welche die neuentstehende Geschichtswissenschaft in diesen Ländern trugen. Der Kreis dieser neuen Bildungsschichten war zunächst klein, da die Kolonialmächte erst spät, unter dem Eindruck bereits gefährdeter kolonialer Herrschaft mit dem Aufbau moderner Bildungssysteme begannen.

Für die Ausgestaltung der Beziehungen zwischen politischer Kultur, Vergangenheitsbildern und Geschichtswissenschaft in den unabhängig gewordenen Staaten Afrikas und Asiens waren die spezifischen Traditionen der Geschichtskultur bzw. der Historiographie ausschlaggebend, denen sich die westlichen Importe der historischen Forschung und Darstellung anverwandeln mussten. Der Bruch mit tradierten Formen historischer Gelehrsamkeit war dabei unterschiedlich schroff.

Die islamischen Länder verfügten über eine lange Tradition eigener Historiographie in enger Verbindung mit Recht, Literatur und Theologie. Dort ließ sich das westliche Modell trotz der vielfältigen thematischen Gemeinsamkeiten und auch methodischen Affinitäten keineswegs bruchlos als Weiterführung der eigenen islamischen Traditionen adaptieren. Über die Gründe wird in der Forschung kontrovers diskutiert. Ein wichtiges Faktum ist zweifellos das institutionelle Nebeneinander traditionellen und neuen, westlichen Geschichtswissens. So wurden durch unterschiedliche soziale Trägerschichten zwei Formen von Geschichtskultur weitertradiert. Während traditionell ausgebildete religiöse Gelehrte vor allem in den arabischen Ländern weiterhin Stadtgeschichten, Biographien oder Familiengenealogien produzierten, wurde von anderen eine nationalistische bzw. panarabische säkulare Nationalgeschichte des eigenen Staats (Syrien, Algerien, Marokko, usw.) neu entworfen. In welchem Ausmaß die beiden Elemente die Geschichtskultur der unabhängigen Nationalstaaten des islamischen Kulturkreises bestimmen, lässt sich mangels vergleichender Studien nur schwer beurteilen. Der Ausbau von Bildungssystemen nach europäischem Muster und die Ausgestaltung des Geschichtsunterrichts in den neuen Schulen stellten dabei die Weichen für die Verankerung einer primär nationalgeschichtlich orientierten Geschichtswissenschaft [*Freitag 1991*].

Die Dominanz autoritärer Regime bzw. Diktaturen mit nationalistischer Ideologie hat wiederum die Entwicklung von Historikerfeldern vereitelt, welche über hinreichende Garantien für unabhängige Forschung und Lehrfreiheit verfügten, um ein kritisches Potential gegen die Instrumentalisierung der Vergangenheit für die politischen Zwecke der Regime zu entwickeln. Gerade der Dauerkonflikt um Palästina sowie die Konfrontation mit der anhaltenden westlichen Dominanz auch in die nachkoloniale Phase hinein haben dazu beigetragen, dass die offiziellen nationalen Geschichtsbilder in besonderem Maße zu einer Heroisierung der Blütezeit der islamischen Welt zwischen dem 7. und 13. Jahrhundert und dabei auch zu einer engen Anlehnung an die tradierten islamischen Deutungen der eigenen Vergangenheit tendieren.

Die Konstellation in den arabischen Ländern war insofern besonders komplex, als hier drei Strömungen an der Erneuerung der Geschichtsforschung beteiligt waren und um die Deutungsmacht stritten: Neben der säkular-nationalstaatlichen Richtung etablierten sich eine panarabisch-säkulare sowie eine islamische Strömung [*Freitag 1991*, 107f.]. Das Bündnis zwischen säkularer Nationalgeschichtsschreibung nach europäischem Vorbild und den politischen Regimen ist deshalb prekär geblieben. In den Geschichtskulturen der arabischen Länder, aber auch in Iran oder Pakistan haben die traditionellen Formen historischer Überlieferung und ein religiös geprägtes Kollektivgedächtnis deutlich stärkere Spuren hinterlassen als die neue Geschichtswissenschaft.

In den hinduistisch geprägten Regionen und Milieus Indiens vollzog sich der Übergang zu einer eigenen nationalen Geschichtskultur in einer doppelten Absetzbewegung, zum einen vom geringschätzigen Blick fremder Kolonialhistoriker, zum andern von den tradierten Formen und Deutungsmustern der eigenen Vergangenheit, die bis ins 19. Jahrhundert stark religiös geprägt und ausschließlich dynastisch orientiert waren: Letztere boten anders als die klassische islamische, chinesische oder japanische Geschichtsschreibung wenig Ansatzpunkte zur Weiterentwicklung und Reform. Aus Sicht der Kolonialherren entstand eine indische Geschichtsschreibung, die Grundelemente wie kritischer Quellenbezug, realistische Chronologie und Verzicht auf Götter und Heroen aufwies, gewissermaßen aus dem Nichts. So sahen sich gebildete Hindus mit einer wachsenden Zahl von Geschichtswerken ihrer Kolonialherren über die eigene Vergangenheit konfrontiert: Diese Situation prägte ihren Widerstand gegen den abwertenden Blick der europäischen Kolonialherren auf die indische Geschichte. Die romantischen Kulturmodelle europäischer Orientalisten konnten dann Gegenbilder eines idealisierten indischen Altertums und ein neues Nationalepos des Niedergangs unter der Fremdherrschaft von Muslims und Christen stimulieren. Gerade im indischen Fall trat die neue, nationale Geschichtswissenschaft zwischen 1880 und 1947 in ein enges Bündnis mit der Unabhängigkeitsbewegung im eigenen Land [*Gottlob*, *Chatterjee*].

Die Konstellation in den nicht islamisch geprägten Ländern Afrikas unterschied sich wiederum grundlegend von den bisher geschilderten Fällen. Hier vollzog sich die Etablierung einer nationalstaatlichen Geschichtswissenschaft und Geschichtskultur in noch größerer Exklusivität als Ergebnis kolonialer Politik. Die europäischen Kolonialherren hatten zunächst den Kolonisierten jede eigene Geschichte abgesprochen, stützten sich aber auf lokaler Ebene auf Gruppen, die ihre Vorrangstellung durch Tradition zu legitimieren suchten. So vollzog sich die Verschriftlichung mündlicher Überlieferung bereits im späten 19. Jahrhundert [*Eckert 2002*]. Es waren zunächst Missionare oder Kolonialverwalter, dann westliche Wissenschaftler, die sich mit den Spuren der Vergangenheit nach dem neuen Modell beschäftigten. Dem Import der westlichen Methoden und Sichtweisen waren jedoch angesichts der primär mündlichen Überlieferungstraditionen und des Fehlens einer schriftgestützten Gelehrtenkultur enge soziale und intellektuelle Grenzen gesetzt. Wechselseitige Durchdringung der unterschiedlichen Geschichtskulturen fand zunächst nicht statt, die afrikanische Geschichtswissenschaft etablierte sich als Produkt spätkolonialer Bildungspolitik und resultierte aus dem engen Bündnis ihrer Protagonisten mit den nationalen Unabhängigkeits- und Befreiungsbewegungen. Das weitere Schicksal dieser neuen Geschichtskultur hing und hängt in den meisten Ländern dementsprechend vom Auf- und Ausbau nationaler Schul- und Bildungssysteme ab. Die neue nationale Geschichtswissenschaft in Nigeria, Tansania oder dem Senegal engagierte sich mit vollem Einsatz für das Ziel der Nationalbildung, welches von den neuen nationalistischen Eliten in den 60er und 70er Jahren propagiert wurde. Schulbücher mussten geschrieben, Lehrer ausgebildet, neue Darstellungen der eigenen nationalen Vergangenheit verfasst, Archive organisiert und die Dokumente erforscht werden [*Jewsiewicki/Newbury, Eckert 1999*].

Ein besonders sprechendes Beispiel liefert Nigeria, das bevölkerungsreichste Land Afrikas. Seine Historiker, voran die Vertreter der an britischen Universitäten und Standards orientierten Ibadan-Schule, legitimierten den neuen Staat durch den Nachweis früherer Staats- und Reichsbildungen, durch die Geschichte des antikolonialen Widerstands und der nationalen Befreiungsbewegung im eigenen Land und betonten die naturräumliche und historische Zusammengehörigkeit der nigerianischen Nation trotz und jenseits der konfessionellen und ethnischen Vielfalt. Wie in den europäischen Ländern handelte es sich im nigerianischen Fall um eine politische Parteinahme für die neugeschaffenen politisch-administrativen Strukturen und die sie tragende politische Elite [Ade Ajayi, Kaese].

Die politische Instabilität, finanzielle Schwäche und interne Spaltung vieler afrikanischer Staaten hat auch die neue nationalzentrierte Geschichtskultur nach der Phase des erfolgreichen Aufbaus seit den 80er Jahren in eine tiefe Krise gestürzt. Die Geschichtswissenschaft hat rasch wieder an Attraktivität verloren, bis heute fehlt ihr – sieht man von Südafrika ab – eine politische Öffentlichkeit und eine breitere Erinnerungskultur, mit der sie in einen Dialog treten könnte. Damit sind aber wichtige Elemente des eingangs geschilderten Grundmodells nicht mehr vorhanden. Vielfach beklagen nun afrikanische Fachhistoriker ihre Isolation im eigenen Land; sie sind anders als die meisten ihrer Fachkollegen nur noch Mitglieder einer internationalen scientific community, nicht aber mehr privilegierte Akteure einer nationalstaatlichen Geschichtskultur wie in den anderen Regionen der Welt.

5. Exkurs: Nation und Klasse

Der Marxismus hat bei der Entwicklung einer wissenschaftsgestützten Nationalgeschichtsschreibung im 20. Jahrhundert eine herausragende Rolle gespielt: Er wurde zum Idiom zahlreicher nationaler Historikerfelder vor allem in Asien, und zugleich der verbindliche Bezugsrahmen nationaler Geschichtsschreibung in den kommunistischen Regimen.

Wie aber war die Orientierung an Nation und Staat vereinbar mit einer marxistischen Geschichtsperspektive, welche ursprünglich international angelegt war und Klassen, nicht Nationen den entscheidenden Platz in der Geschichte zuwies?

Eine Antwort kann in der überraschend schnellen und tiefgreifenden „Nationalisierung" des Marxismus, vor allem in seiner leninistischen Variante gefunden werden. Wir werden sehen, in welchem Maße der Marxismus zu einem verbindlichen universalhistorischen Schema vereinfacht wurde, an das mehr oder weniger oberflächlich die Epochen der jeweiligen Nationalgeschichte angepasst wurden.

Auch wenn in den Historikerfeldern der Volksdemokratien die Einhaltung der ideologischen Etikette verbindlich war und die Floskeln des Marxismus-Leninismus die Fachsprache geprägt haben, so fällt doch bei genauerer Betrachtung auf, in wie hohem Maß sowohl in Osteuropa als auch in Asien die jeweilige Nationalgeschichte im Mittelpunkt der Forschungen stand. Typischerweise markieren die Abweichungen von dieser thematischen Engführung – wie etwa in der ungarischen Geschichtswissenschaft seit den 60er Jahren – zugleich auch ein Abrücken von dem mehr oder weniger streng reglementierten national-demokratischen bzw. national-populistischen Vergangenheitsbild, das von den kommunistischen Parteien seit den späten 40er Jahren auf die Tagesordnung der Nationalgeschichtsschreibung gesetzt worden war. Daraus resultierte ein anhaltendes Spannungsverhältnis zwischen einem vielbeschworenen Internationalismus und dem praktizierten Nationalismus.

Unter dem Dach des historischen Materialismus fanden so in allen Ländern auch nationalgesinnte «bürgerliche» Historiker Platz, die sich nach den entscheidenden Kurswechseln der Regime – in der Sowjetunion 1934, in den osteuropäischen Ländern 1947/48 und 1956 – mit den Machthabern arrangierten und deren Politik durch ihre konkreten Forschungen legitimierten.

Immer wieder kam es jedoch zu Richtungskämpfen zwischen «linken» und «rechten» Interpretationen. Die einen betonten für alle Epochen den Primat der Klassenkämpfe und sahen nur in den unterdrückten Klassen wie Bauern oder Arbeitern und deren Revolten und Aufständen die positiven – «fortschrittlichen» – Seiten einer neuen national-populistischen Geschichte. Die Verfechter einer «gemäßigten» Version rückten die Kontinuitäten einer Fortschrittsentwicklung in der eigenen Nationalgeschichte bis hin zum Höhepunkt nationaler Unabhängigkeit unter volksdemokratischem Vorzeichen in den Vordergrund und ordneten dabei auch Fürsten,

Adelige und Bürger als «fortschrittliche» Kräfte unter positivem Vorzeichen in die Nationalgeschichte ein. Die Machthaber instrumentalisierten nach Stalins Vorbild solche Historikerkontroversen für ihre eigenen Machtinteressen: Mao und seine Verbündeten z. B. setzten in der Zeit der Kulturrevolution 1967–1978 auf die linke, klassenkämpferische Version in ihrem Kampf gegen innerparteiliche Gegner. Auch in der linken klassenkämpferischen Version blieb – so etwa in China – der nationalzentrierte, ja nationalistische Grundzug der Geschichtskonstruktionen erhalten: Gegen den Ausverkauf nationaler Interessen, das Vordringen ausländischen Kapitals hätten allein die subalternen Klassen gekämpft.

Außerhalb des sozialistischen Herrschaftsbereiches blieb das Verhältnis zwischen Klassen- und Nationalgeschichte konfliktträchtiger. Zum einen entwickelte sich aus den Traditionen einer marxistisch orientierten Politik- und Sozialgeschichte eine dezidiert kritische Forschung zu Nationalismus und Imperialismus, welche vor allem vor dem Zweiten Weltkrieg den Konsens nationalzentrierter und national gesinnter Historikerfelder herausforderte. Wir werden auf diese internationale Strömung noch zu sprechen kommen. Vor allem in den Ländern, in denen eher eine staatszentrierte, elitäre Deutung der eigenen Nationsbildung dominierte – wie etwa in Deutschland, Großbritannien, Italien oder Schweden – blieb der Gegensatz zwischen Klasse und Nation virulent. Anders gestaltete sich die Konstellation dort, wo die demokratischen Deutungen der Nationalgeschichte stärker waren: Hier lässt sich eine Weiterführung der romantisch geprägten nationaldemokratischen Deutungen des 19. Jahrhunderts beobachten, welche nunmehr den Unterschichten – zuerst den Bauern, dann den Arbeitern und ihren politischen Ideen und Repräsentanten – einen zentralen Platz in der Nationsbildung einräumten. Konzeptionell war eine solche politisch meist sozialistisch bzw. sozialdemokratisch orientierte Historiographie keineswegs allein auf einen engen marxistischen Kanon fixiert, methodisch hat sie vor allem vom Aufbruch der Wirtschafts- und Sozialgeschichte zwischen 1920 und 1970 profitiert.

6. Internationale Forschung, nationale Geschichtsbilder und kollektive Erinnerung

Gern wird – vielfach ohne gesicherte empirische Fundierung – von der Behauptung ausgegangen, Geschichtsbilder seien von grundlegender Bedeutung für die Identität von Individuen wie Kollektiven geworden oder – noch weitergehend – seien dies generell. Zwischen den Befunden der psychologischen Gedächtnisforschung und den kulturwissenschaftlichen Theorien klafft nach wie vor eine beträchtliche Lücke. Entsprechend kritisch müssen alle Deutungen geprüft werden, welche einheitsstiftende Großerzählungen über kollektive Akteure wie Völker und Nationen zu den ebenso notwendigen wie auch kollektiv prägenden Voraussetzungen für politische Gemeinschaftsbildung, aber auch den alltäglichen Zusammenhalt von Gesellschaften erklären [*Middell/Gibas*]. Die folgenden Beobachtungen gehen zu solchen Generalisierungen auf Distanz. Empirische Befunde zeigen für weite Bereiche des 20. Jahrhunderts anders gelagerte kulturelle Konstellationen, denen sich die Geschichtswissenschaft gegenübersah.

Zunächst einmal ist festzuhalten: Fast überall findet man ein Spannungsverhältnis zwischen Region und Nation, zwischen regionalem Sonderbewusstsein, regionaler Geschichtsforschung und nationalzentrierten Vergangenheitsdeutungen. Deren Spuren finden sich ebenso gut in Italien wie in Deutschland, Frankreich oder den USA. Hinzu kamen und kommen die unterschiedlichen Traditionen ethnischer, sprachlicher oder religiöser Gemeinschaften bzw. Gruppen innerhalb der Nationalstaaten. Diese bereits für Europa so typische Konstellation finden wir häufig in zugespitzter Form auch in den Nationsbildungen in Amerika, Asien und Afrika. Die Dominanz *einer* «Meistererzählung» war und ist im 20. Jahrhundert zumeist schlicht das Ergebnis politisch-administrativen Zwangs; traten politische Zensur und Kontrolle zurück, artikulierten sich in allen Ländern vielfach abweichende Geschichtsbilder. Typischerweise erhielt die Vielstimmigkeit dieser kollektiven Erinnerungen und Vergangenheitserzählungen durch die wachsende Pluralität geschichtswissenschaftlicher Methoden, Theorien und Schulen ständig neue Nahrung.

Die Verwissenschaftlichung des Historikerberufs hat gerade die Pluralisierung der Forschungsansätze und Deutungsmodelle gefördert. Dabei hat insbesondere die Durchsetzung gemeinsamer Grundlagen in Form methodischer Mindeststandards eine wichtige Rolle gespielt. Damit einher ging aber auch der Prozess der Entzauberung der nationalen Vergangenheit. Deren Überhöhung bildete vielfach den geschichtsphilosophischen bzw. versteckt theologischen Basiskonsens, auf dem die Geschichtswissenschaft im 19. Jahrhundert begonnen hatte. Kritik dieser Grundlagen und Revision sicher geglaubter Vergangenheitsbilder, also emphatisch: die Zerstörung von Geschichtsmythen, gehörte zu einem der wichtigsten Arbeitsgebiete der internationalen Geschichtsforschung im 20. Jahrhundert. Gerade die Grundwelle eines sich wechselseitig anfachenden Nationalchauvinismus in der ersten Hälfte des Jahrhunderts hat Gegenkräfte in den Historikerfeldern geweckt. Dieses negatorische Potential schlug sich in zahlreichen Historikerkontroversen nieder. Vielfach ging es um langgehegte Klischees oder geradezu tabuisierte Ereigniszusammenhänge der Nationalgeschichte. In fast allen Nationen haben Historiker im 20. Jahrhundert solche «Mythen» entzaubert und sich damit vielfach in schärfsten Gegensatz zur öffentlichen Meinung oder zu den politischen Regimen gesetzt. Vor allem wenn man nicht nur die nationalen Historikerfelder betrachtet, sondern die Geschichtswissenschaft als internationalen Wirkungszusammenhang ernst nimmt, kommt die kritische Funktion des Faches in den Blick. Gerade Verfolgung und Exil haben dazu geführt, dass für viele Nationalgeschichten von einer doppelten, gespaltenen Historiographietradition gesprochen werden muss – mit entsprechend genauer, zumeist wechselseitig kritischer Beobachtung. Dies gilt für die Berufsfelder Russlands bzw. Osteuropas seit 1917 bzw. 1945, mit besonderer Intensität für geteilte Nationalstaaten wie Deutschland, China, Vietnam oder Korea. Solche «Spaltungen» nationaler Historikerfelder blieben aufs engste mit den politischen Legitimationen verbunden, welche die beteiligten Regime im Zeichen der Blockkonfrontation aus der Deutung der eigenen Nationalgeschichte zu gewinnen suchten.

Schließlich spielte die internationale Forschung für die Konstruktion nationalgeschichtlicher Darstellungen, welche wissenschaftlichen Kriterien gerecht werden will, eine wichtige Rolle als Korrektiv und Kritik. Im Fall der Diktaturen übernahmen ausländische Spezialisten in Verbindung mit Exilhistorikern vielfach die Aufgabe, die politisch verordneten Deutungen bzw. amtlichen Geschichtsklitterungen zu kritisieren und offen zu legen. Doch auch in liberalen Regimen spielen ausländische Spezialisten vielfach dieselbe revisionistische Rolle. Vor allem wenn historische Tabus berührt wurden, welche das gern gehegte positive Selbstbild der Nation verletzten, haben sie eine wichtige Rolle gespielt. Gerade in der Zeitgeschichtsforschung, welche im 20. Jahrhundert zu einem immer breiteren Feld international vernetzter Forschung geworden ist, hat die Geschichtswissenschaft vielfach nationale Erinnerungskulturen verändert, indem sie verdrängte und vergessene Kapitel der Vergangenheit offen legte [*Hein/Selden*]. So wandte sich die deutsche Zeitgeschichtsforschung erst sehr spät der Geschichte des Holocaust zu und erhielt ihre wichtigsten Impulse von der viel früher einsetzenden amerikanischen und israelischen Forschung. Ähnliches gilt für die Forschungen zu japanischen Kriegsverbrechen des Zweiten Weltkrieges. Auch in diesem Fall sah sich die japanische Öffentlichkeit und Regierung einem anhaltenden Druck ausgesetzt, der von der Kritik des Auslands – gestützt auf entsprechende Forschungen und Analysen der internationalen Forschung – ausging.

Schließlich haben auch bilaterale Kooperationen zwischen Historikern benachbarter Länder über strittige Fragen der gemeinsamen Geschichte vielfach den Status der Kulturdiplomatie überwunden, zur kritischen Analyse wechselseitiger Feindbilder und chauvinistischer Fehldeutungen des Nachbarstaates bzw. der benachbarten Nation geführt. Die Kette der Kooperationen reicht von bilateralen Abkommen zur Revision der Schulbücher bis hin zu gemeinsamen Forschungen und Publikationen über vergangene Konflikte. Vielfach blieb das Echo solcher grenzüberschreitender Kontakte bescheiden, die Tradition chauvinistischer Deutungen bzw. nationalzentrierten Vergessens wirkungsmächtiger. Dennoch lassen sich am Ende des 20. Jahrhunderts deutlich seltener Historikerfelder entdecken, welche sich von diesen internationalen Zusammenhängen isolieren und sich stattdessen distanzlos der Konstruktion einer nationalzentrierten «Großerzählung» widmen.

Viel häufiger sind Werke und Forschungen anzutreffen, welche bewusst oder unbewusst einen Kompromiss zwischen nationalpolitischen Zielen und geschichtswissenschaftlicher Analyse formulieren und auf dieser Grundlage im Meinungsstreit der kollektiven Erinnerungskulturen und Geschichtsdeutungen Partei ergreifen.

7. Nationalgeschichte in bewegten Bildern: Film, Fernsehen und Geschichtswissenschaft

Schließlich ist auch der Bedeutungsverlust in Rechnung zu stellen, welchen die Geschichtswissenschaft und ihr traditionelles Medium, das Buch, insgesamt in diesen Prozessen nationalkultureller «Sinnstiftung und Systemlegitimation» [*Middell/Gibas*, 7] im Verlauf des 20. Jahrhundert erfahren haben. Gerade mit der immer größeren Verbreitung früherer wie aktueller Forschungsergebnisse und Geschichtsdarstellungen über Schule und Massenmedien haben die Berufshistoriker selbst ihre herausragende Stellung als Deuter der nationalen Vergangenheit verloren. Am Ende des 19. Jahrhunderts schien es für einen kurzen Augenblick so, als habe die wissenschaftliche Geschichtsschreibung den Sieg über die frühere romantisierende, literarische Geschichtsschreibung älteren Typs davon getragen und damit das Pathos eines faktengestützten Realismus an die Stelle rhetorischer Emphase und geschichtsphilosophischer Spekulation gesetzt. Das sollte sich aus vielen Gründen als Illusion erweisen. Die Belletristik hat ihren Platz als Medium der Vergangenheitsdeutung im 20. Jahrhundert behauptet und sich dabei keineswegs den neuen Darstellungsregeln der Disziplin unterworfen. Gerade die Kriege, Revolutionen und Völkermorde des 20. Jahrhunderts haben die literarischen Produktionen immer wieder herausgefordert. In Romanen, Theaterstücken und Erzählungen sind diese zeitgeschichtlichen Erfahrungen in ganz unterschiedlichen Stilformen präsentiert worden. Zusammengenommen haben diese Werke ein vielfach größeres Publikum erreicht als die wenigen Bestseller der Geschichtswissenschaft. Doch wir sollten nicht vergessen: Zuerst der Film, dann das Fernsehen haben die älteren literarischen Erzählformen als Leitmedien von Geschichtsbildern abgelöst und dies sowohl in den Ländern, in denen elementares historisches Wissen aufgrund eines hohen Bildungsniveaus weit verbreitet wurde, als auch in Ländern, in denen diese Medien vielen Menschen erstmals und allein Deutungen (nationaler) Vergangenheit vermitteln. Diese Informationen und Deutungen besaßen jedenfalls vielfach größere Verbreitungschancen. Ihre Analyse wiederum ist unbedingt notwendig, wenn man ein realistisches Bild breitenwirksamer Geschichtsbilder gewinnen möchte. In den USA sind die großen Etappen der nationalen Geschichte von Hollywood immer wieder verfilmt worden: Unabhängigkeitskrieg, Bürgerkrieg, das Schicksal der

Schwarzen, der «Wilde Westen», schließlich die Kriege des 20. Jahrhunderts, insbesondere der Vietnamkrieg sind für Millionen von Kinogängern und dann Fernsehzuschauern in den USA und der ganzen Welt in erster Linie als Filmerzählungen und Kinobilder präsent. Vielfach stößt man dabei durchaus auf die indirekten Spuren älterer oder neuerer geschichtswissenschaftlicher Forschung, welche Eingang in diese Medienprodukte gefunden haben [*Sorlin 1997, 1999*].

Alle politischen Regime, ganz besonders jedoch die Diktaturen haben diese Medienrevolutionen aufmerksam registriert und für ihre Zwecke zu nutzen versucht: Politische Manipulation und Kontrolle der Geschichtsdeutungen in Filmen und Fernsehsendungen gehörten zu den wirksamsten Eingriffen der Regierungen in den im Übrigen kaum von oben steuerbaren Prozess der kollektiven Erinnerung und der Geschichtsaneignung. In jeder Hinsicht sind also die engen sozialen und kulturellen Grenzen gesprengt worden, welche erst die herausragende Stellung der Geschichtswissenschaft im 19. Jahrhundert ermöglicht haben.

Die Historiker haben ihrerseits auf diese Veränderungen reagiert. Die Verteidigung der tradierten Inhalte und Formen nationalgeschichtlicher Sinnstiftung war eine Antwort. Solches im doppelten Sinn: Das kulturell und politisch konservative Beharren musste spätestens mit der Ausbreitung des Fernsehens seit der Mitte des 20. Jahrhunderts mit nachlassender Wirksamkeit rechnen, gehört aber zu den in den meisten Ländern gern tradierten Gewohnheiten der Disziplin. Öffentliche Reden bei nationalen Gedenktagen, Publikation von Nationalgeschichten für ein breiteres, aber im sozialen Kern über Besitz- und Bildungstitel verfügendes historisches Publikum sind ihre typischen Erscheinungsformen. Die Kooperation bei der Film- und Fernsehproduktion war der zweite Weg. Er ist sowohl in Demokratien wie auch in Diktaturen von Fachhistorikern beschritten worden: Die Offenheit der universitären Geschichtswissenschaft für solche «Experimente» war ganz unterschiedlich, gerade die festgefügten und nationalzentrierten Historikerfelder Kontinentaleuropas zeigten große Vorbehalte und Berührungsängste. Die Unterschiede zwischen den einzelnen Ländern sind hier jedoch zu groß, um pauschale Trendanalysen zu formulieren. In Großbritannien zog bereits in den 50er und 60er Jahren Alan J.P. Taylor mit «freien» Vorträgen zu historischen Problemen ein beachtlich großes

Fernsehpublikum (750 000 Zuschauer 1957) in den Bann. In Frankreich wandte sich eine auch intern veränderte innovative Geschichtswissenschaft seit den 70er Jahren verstärkt dem Fernsehen zu, und es beteiligten sich namhafte Historiker an der Produktion von Sendereihen, während in der Bundesrepublik bis zur Gegenwart die Distanz groß geblieben ist.

IV
Die Geschichtswissenschaften um 1900

1. Der Siegeszug der Berufshistoriker

Wir haben bereits darauf hingewiesen: Die Jahrzehnte zwischen 1880 und 1914 sind geprägt durch einen weltweiten Professionalisierungsschub von Geschichtsschreibung und -forschung. Geschichtsdarstellungen waren nun immer öfter das Endergebnis eines arbeitsteilig organisierten Forschungsprozesses und die Träger dieses universitären Vernunftunternehmens, die neuen Berufshistoriker, grenzten sich ostentativ von ihren Konkurrenten ab, seien es die historisch gebildeten Gelehrten traditionellen Typs in den islamischen Ländern, die konfuzianischen Gelehrten in China oder Japan oder die dilettierenden Freizeithistoriker Europas oder Amerikas. Typischerweise vollzog die neue Wissenschaft den Bruch mit den älteren Formen der Historiographie auf dem Feld der Methodik.

Die neuen Historiker unterschieden sich von ihren Vorgängern und nicht professionellen Konkurrenten durch souveräne Beherrschung aller Aspekte externer wie interner Quellenkritik, durch lange Archiverfahrungen und umfassende Kenntnis aller verfügbaren Literatur auf ihren Forschungsgebieten. Es sind Jahrzehnte, in denen die historischen Hilfswissenschaften in besonders hohem Ansehen standen: Diplomatik, Numismatik, Paläographie wurden an den neuen Instituten und Seminaren des Faches besonders gepflegt. Entsprechend hohen Rang hatte die Methodenausbildung inne: Datierungsprobleme, Rekonstruktion der Überlieferung, Entdeckung von Fälschungen und Irrtümern standen im Mittelpunkt. Hier erwies die neue Wissenschaft ihre Überlegenheit gegenüber den älteren Formen historischer Gelehrsamkeit. Dies führte vor allem zu Korrekturen traditioneller Bewertungen der überlieferten Quellen älterer Epochen. In China etwa profilierten sich die Vertreter der neuen Geschichtsforschung wie Hu Shi, Gu Jiegang, Wang Guowei und Fu Sinian als scharfe Kritiker des tradierten

Geschichtsbildes über die Anfänge der chinesischen Kultur und Staatenwelt, das im Wesentlichen auf der ungeprüften Übernahme der historiographischen Traditionen jüngeren Datums beruhte. Ursprungsmythen und Sagen wurden nicht nur in China das Opfer der neuen historisch-kritischen Methode: Gleiches lässt sich zum selben Zeitraum auch in den skandinavischen Ländern beobachten. Hier waren es die Brüder Weibull, welche alle Quellen über die Anfänge nordischer Geschichte einer rigorosen Kritik unterzogen, um so ein sicheres Faktengerüst für die weitere, dann auch archäologische Forschung zu schaffen [*Torstendahl 1996, Wang 1992*].

Die Berufswelten dieser neuen Priester der Klio sind überall noch überschaubar, es handelt sich noch um scientific communities im Wortsinne. Der Historikerverband des größten nationalen Historikerfeldes, die US-amerikanische AHA hatte 1909 2700 Mitglieder [*Higham*, 27], die Berufshistoriker des Deutschen Reiches, Russlands, Großbritanniens, Japans oder Frankreichs umfassten nicht mehr als wenige hundert Kollegen. In den zahlreichen kleineren Ländern wie etwa in Norwegen, Portugal oder Argentinien waren es nicht mehr als 10 bis 20 Personen, die als Hochschuldozenten, Archivare oder Forscher tätig waren. Persönliche Kontakte und regelmäßige fachliche Kommunikation in den eigenen Fachorganen verbanden diese Gemeinschaften über die engen Schüler-Lehrerbeziehungen hinaus, die sich im Lehrbetrieb der Universitäten und insbesondere auf dem weiteren Weg der wissenschaftlichen Sozialisation entwickelten.

Im Mittelpunkt der neuen Berufswelt stand für Mediävisten und Neuzeitler dabei das staatliche Archiv: Es war in den meisten europäischen Staaten bereits im 19. Jahrhundert entsprechend den neuen Anforderungen der Wissenschaften reorganisiert worden. Die methodischen Fortschritte der neuen Disziplin lassen sich dann auch international immer wieder daran messen, ob entsprechende öffentliche Einrichtungen zur Sammlung und Sicherung von Archivalien eingerichtet wurden. Außerhalb Europas geschah dies in dieser Phase, so in Japan, China oder den USA, wo die National Archives sogar erst in den 30er Jahren eingerichtet wurden.

In vielen Ländern etablierte sich um diesen neuartigen, auf die Archivüberlieferung konzentrierten Tatsachenblick ein Ranke-Kult. Der deutsche Historiker wurde dabei vor allem als Vater der neuen Methodik und einer archivgestützten Geschichtsschreibung gefeiert, sein Streben, zu «zeigen, wie es eigentlich gewesen ist» wurde dabei unter Missachtung der für Ranke und seine Schüler so prägenden idealistisch-historistischen Geschichtsphilosophie in der Regel als Ausdruck eines trivialpositivistischen Objektivitätsideals interpretiert [*Iggers/Powell*].

Dem Modell arbeitsteilig organisierter Wissenskumulation entsprachen die neuen Kommunikationswege und Darstellungsformen. Sie manifestierten sich im Bruch mit den rhetorischen Gewohnheiten des 19. Jahrhunderts. Neben den kleinen Formen wie Aufsätzen, Miszellen und Rezensionen, die in den neuen Fachzeitschriften gepflegt wurden, setzten sich in diesen Jahrzehnten die klassischen Buchformen durch: Die thematisch und methodisch hochspezialisierte Monographie, die chronologisch klar abgegrenzte Übersichtsdarstellung (vorrangig auf dem Feld der Nationalgeschichte), schließlich die bereits arbeitsteilig verfassten Handbücher mit umfassendem bibliographischen Apparat als Grundlage für die weitere Forschung. Rückgrat der Forschungsarbeit waren in diesen Jahrzehnten in den meisten Historikerfeldern ausgedehnte, umfassend angelegte Editionsvorhaben, an welche die neuen strengen Ansprüche der historisch-kritischen Methodik angelegt wurden und welche sich zu generationsübergreifenden Gemeinschaftswerken der jeweiligen Spezialisten auswuchsen. Das deutsche Großprojekt der Monumenta Germaniae Historica ist das klassische Beispiel.

Das Ideal geduldiger Quellenarbeit vereinte die neuen Fachgemeinschaften an Universitäten und Akademien, die neuen esoterischen Regeln methodischen Forschens wurden über Seminar und Zeitschrift eingeübt und prägten Verhaltensmuster und Kommunikationsformen der neuen Experten [*Noiriel*]. Im Bruch mit älteren Traditionen individualistischerer Originalitätssuche und literarischer Exzellenz verstanden sich die Mitglieder der neuen Profession als Teil einer Fachgemeinschaft, in Marc Blochs Worten als «Arbeiter im Weinberg» der Geschichte [*Raulff 1995*, 371]. Mit der Faktenorientierung rückte auch das Ideal arbeitsteiliger Kooperation von Spezialisten in den Vordergrund.

Typischerweise entwickelte sich zugleich auch ein markanter Zug hin zu Konformität und Konsensorientierung im neuen Fach. Dieser Zug muss vor dem Hintergrund der scharfen politisch-nationalen bzw. religiös-weltanschaulichen Gegensätze und Kontroversen gesehen werden, in deren Umfeld die Geschichtswissenschaft sich entwickelte. Sozial und intellektuell war dieser Prozess der Verwissenschaftlichung und Professionalisierung zugleich auch mit Tendenzen zur Abschließung und Abgrenzung gegenüber der «Laien»-welt verbunden. Die neuen Berufshistoriker betonten gleichzeitig die «Männlichkeit» ihrer Aufgaben, angesichts der staatspolitischen Bedeutung ihrer Arbeit gewannen Kategorien wie «nationale Verantwortung», Sinn für Fragen der Machtpolitik und der Staatsräson auch Bedeutung für die fachinterne Bewertung von Werken und Autoren. Im Ergebnis lief dies darauf hinaus, Frauen als Mitglieder dieser männerzentrierten und mit machtzentrierten Männlichkeitswerten ausgeschmückten Wissenschaft noch stärker zu marginalisieren [*Goggin, Smith*].

2. Primat der politischen Geschichte

Ausrichtung auf Staat und Nation bedeutete vielerorts auch noch Primat einer eng gefassten politischen Ereignisgeschichte. Ereignisse der Staatengeschichte und die Taten von Fürsten, Generälen und Staatsmännern standen vor 1914 eindeutig im Vordergrund der historischen Forschung. In der *Revue historique*, dem Zentralorgan der französischen Geschichtswissenschaft in dieser Zeit, beschäftigten sich fast die Hälfte (46,8 %) aller Aufsätze in den 25 Jahrgängen zwischen 1901 und 1925 mit Themen der Politik-, Diplomatie- oder Militärgeschichte, und bei dem weiteren Viertel biographischer Beiträge dürfte wiederum eine Mehrzahl sich mit Staatsmännern, Politikern oder Militärs beschäftigt haben [*Corbin*, 136]. Typisch war auch die Konzentration auf politisch-militärische Geschichte der eigenen Nation: Im Fall der *Revue historique* bearbeiteten 60 % französische Themen, in der *Historischen Zeitschrift* behandelten in den fünf Jahrgängen 1889–1893 sogar 77 % der Beiträge «deutsche» Gegenstände [*Friedrich*, 108].

Vielfach arbeitete sich die neue Wissenschaft ab an älteren Staats- und Dynastiegeschichten, schrieb sie, gestützt auf neu erschlossene Archivalien, die politische Geschichte der Staaten neu. Auffällig ist, dass die neuen Experten dabei zunächst einmal mehr oder weniger unreflektiert die Alltagspsychologie ihrer eigenen kulturellen Umgebung übernahmen, um Akteure und Ereignisse der Vergangenheit zu verstehen und zu erklären. Dabei lässt sich bereits eine große Bandbreite von Handlungsmodellen erkennen. Weit verbreitet waren rationalistische Annahmen, die Interessen und Absichten zuschrieben, daneben lässt sich aber auch ein ausgesprochener Hang zur idealistischen Deutung politischen Handelns als Vollzug von Staatszielen, religiöser Moral oder geschichtlichem Telos beobachten.

Thematisch war diese neue Politikgeschichte – das sollte nicht vergessen werden – ausgesprochen breit angelegt: Neben den dramatischen Schilderungen der Staatsgeschäfte, von Kriegen und Dynastien entstanden Studien zur Genese öffentlicher Institutionen, zur Verfassungs- und Rechtsgeschichte. Vielfach entstanden in diesen Jahrzehnten Klassiker, welche für die Spezialforschung bis zur Gegenwart unersetzlich geblieben sind.

3. Sozial- und kulturwissenschaftliche Impulse

Methoden, Themen und Institutionen der Geschichtswissenschaft waren in vielen Ländern gerade erst etabliert, eine erste (nur in den kontinentaleuropäischen Vorreiterländern bereits die zweite) Generation zünftig ausgebildeter Nachwuchshistoriker begann die Lehrstühle und Forschungsstellen zu besetzen, als sich das wissenschaftliche Umfeld der Disziplin tiefgreifend veränderte. Der Aufstieg der «wissenschaftlichen» Geschichte («scientific history» ist der Schlüsselbegriff in den USA für die neue Profession) hatte sich noch in einem überschaubaren akademischen Umfeld vollzogen: Die Philologien waren die gleichberechtigten Partner, die Philosophie die gehasste Mutter in den neu gebildeten geisteswissenschaftlichen Fakultäten, die intellektuellen Beziehungen zu den Nachbarfakultäten der Theologie, der Staatswissenschaften, des Rechts waren in der Regel noch intensiv, verloren aber deutlich an Gewicht. Diese Konstellation veränderte sich grundlegend mit dem Aufstieg der empirischen Humanwissenschaften. Um die Jahrhundertwende vollzog sich mit den Worten O. G. Oexles eine «epochale Neudefinition der Kulturwissenschaften» [*Raphael 1997*, 57]. Die neuentstehenden Fächer Politikwissenschaften, Soziologie, Nationalökonomie und Psychologie erweiterten den Deutungshorizont der Historiker. Allen vier Nachbardisziplinen war eigen, dass sie systematische Erklärungsmodelle propagierten, Typologien aufstellten und Gesetzmäßigkeiten entdeckten und bewiesen.

Das nun rasch anwachsende kulturwissenschaftliche Wissen über Menschen zog viele Alltagsgewissheiten über menschliches Handeln und kulturelle Sinngebilde in der Vergangenheit grundlegend in Zweifel. Neben die Vorurteile aufgrund eigener Herkunft und

Kultur und neben die politisch-religiös geprägten Menschenbilder traten nun als dritte wichtige Inspirationsquelle die Modelle der Humanwissenschaften. Die Komplexitätsansprüche kausaler Erklärung und sinnorientierten Verstehens wuchsen entsprechend an. Gleichzeitig erweiterten die Kulturwissenschaften den Gegenstandsbereich historischer Forschung: Alle Erscheinungsformen des Sozialen und Politischen, die Konstitutionsbedingungen von Denken, Empfinden und Handeln wurden Gegenstand möglicher wissenschaftlicher Untersuchungen. Für diese Fächer bestand keine scharfe, unüberwindliche Grenze zwischen Gegenwart und Vergangenheit, auch die neue Soziologie war in ihrer Gründungsphase stark historisch ausgerichtet. Ihre Klassiker von Spencer über Durkheim, Toennies bis Weber beschäftigten sich intensiv auch mit historischen Themen, bezogen frühere Formen des sozialen Lebens systematisch in ihre Untersuchungen und Modellbildungen ein.

Die größte unmittelbare Wirkung erzielten wohl Nationalökonomie, Psychologie und Geographie. Die Wirtschaftswissenschaften präsentierten sich als ein Spannungsfeld, das durch drei Pole aufgespannt wurde: Die klassische Theorie der Nationalökonomie, die sich in dieser Zeit als neo-klassische Wirtschaftstheorie universitär neu formierte, die historischen Schulen der Nationalökonomie, die sich als empirisch-induktive Wissenschaft verstanden und daher die Wirtschaftsgeschichte zu einem zentralen Gegenstand eigener Forschungsanstrengungen erhoben, schließlich die marxistische Theorie, welche wie die historischen Schulen die Ahistorizität der liberalen Marktmodelle kritisierte, aber zugleich auch eine viel stärkere politik- und sozialgeschichtliche Verankerung der Wirtschaftsgeschichte postulierte. Alle drei Positionen erhoben den Anspruch, Gesetzmäßigkeiten und Entwicklungsstufen im wirtschaftlichen Geschehen erkennen zu können.

Die empirischen wirtschaftshistorischen Studien der Nationalökonomie weiteten sich am Ende des 19. Jahrhunderts mit der jüngeren und jüngsten historischen Schule zu einer historischen Kulturforschung aus. Sie fragte nach den Spezifika des westlichen Kapitalismus und noch grundsätzlicher nach den wirtschaftlichen, sozialen und religiösen Fundamenten der europäischen «Moderne». Klassischen Ausdruck fand diese Problemstellung in Max Webers berühmter These über den Zusammenhang zwischen Protestantismus und Kapitalismus (*Weber 1996*).

Die Geographie öffnete so unterschiedlichen Historikern wie Turner, Lamprecht oder Febvre den Blick für die Prägekraft naturräumlicher Gegebenheiten, darüber hinaus für die räumliche Dimension historischer Prozesse. Die Geographie stand auch Pate bei der Institutionalisierung der Landes- bzw. Regionalgeschichte, eine neue Teildisziplin, welche gerade in methodischer Hinsicht frühzeitig neue Wege beschritt und insbesondere die Wirtschafts- und Sozialgeschichte beeinflusst hat.

Die Psychologie versprach vor allem während ihrer Gründungsphase bis 1914 eine neue Grundlage für eine Handlungs- und akteurszentrierte Geschichtsforschung zu liefern. Die zeitgenössischen völker- und massenpsychologischen Entwürfe haben ihre Spuren in der Geschichtsschreibung hinterlassen. Doch zeigten sich bald auch die Schwierigkeiten beim interdisziplinären Ideenverkehr: Weder Wundts Völkerpsychologie noch die Sozialpsychologie eines Tarde oder Le Bon boten letztlich mehr als intuitive Einsichten und kulturelle Stereotypen.

Gerade der Überhang an theoretischen Globalentwürfen in dieser Gründungsphase der Sozialwissenschaften schuf ungünstige Rezeptionsbedingungen in einer Geschichtswissenschaft, welche in den meisten ihrer nationalen Berufsfelder ausgesprochen theorieskeptisch und dezidiert empiristisch orientiert war. Generell lässt sich feststellen: Erst die nächste Generation von Historikern (der Zwischenkriegszeit) assimilierte Konzepte der Nachbardisziplinen und machte sie für eigene Forschungsvorhaben fruchtbar. Wir werden in den nächsten Kapiteln immer wieder auf die Spuren dieser forschungsorientierten Übernahmen und Weiterentwicklungen treffen.

Generell geriet die Geschichtswissenschaft für mehr als vier Jahrzehnte in eine Situation, in der immer wieder Neuerer und Reformer für die Übernahme und Adaption kulturwissenschaftlicher Konzepte und Forschungsideen warben, während konservative Fachvertreter eine ausgesprochene Abwehrhaltung gegen die neuen Sozialwissenschaften einnahmen.

4. Kritiker und Reformer: die «Neue Geschichte»

In Unruhe versetzt wurden die neuen Berufshistoriker nicht nur durch die Konkurrenz der neuen Kulturwissenschaften, sondern bald auch durch Kritiker und Reformer aus den eigenen Reihen. Daraus resultierte eine weltweit zu beobachtende Runde von Kontroversen über theoretische Grundfragen und neue Forschungsthemen des Faches. Typisch und in vieler Hinsicht wegweisend für die weiteren Kontroversen über Fragen der Theorie und Methode war dabei die Verhaltensweise der Mehrheiten: Ob in den USA, im Deutschen Reich oder in Frankreich – wenn es überhaupt zu Streitigkeiten kam, beteiligte sich nur eine kleine Minderheit aktiv, die Mehrheit zeigte wenig Interesse und, so darf man wohl vermuten, vielfach auch wenig Verständnis für solche Kontroversen [*Raphael 1997*].

Besonders krass, aber keineswegs untypisch, war die Konfrontation in der deutschen Geschichtswissenschaft. Hier wurde der Wortführer einer «neuen Richtung», Karl Lamprecht, Mediävist, Pionier der Landesgeschichte und mittelalterlichen Wirtschaftsgeschichte, von den konservativen Fachkollegen heftig angegriffen. Seine «kollektivistische» Geschichtsauffassung, die offen dafür plädierte, historische Gesetzmäßigkeiten zu erforschen, die Geschichte der deutschen Nation als eine Abfolge von «Kulturzeitaltern» zu deuten und dabei den Massenerscheinungen in Kultur, Gesellschaft und Politik besonderes Augenmerk zu schenken, wurde scharf kritisiert. Lamprecht nahm Ideen des Evolutionismus, nationalökonomischer Wirtschaftsstufenlehren und der Sozialpsychologie auf, um eine neue Grundlage für die Erklärung epochenspezifischer «Zusammenhänge», für den «Gleichklang» (Diapason) kultureller, politischer und sozialer Phänomene zu formulieren [*Schorn-Schütte, Chickering*].

Gesinnungsgenossen und Mitstreiter für diese Art einer «neuen Geschichte» oder «new history» fanden sich vor allem in Frankreich, den USA, in China und Japan: In Frankreich machte sich die neugegründete Zeitschrift *La revue de synthèse historique* zum Sprachrohr dieser und ähnlicher Positionen, in den USA wurden James Robinson und Charles Beard zu Wortführern einer Öffnung des eigenen Faches für die Ideen und Methoden der Sozialwissenschaften [*Breisach, Hofstadter, Novick*]. Auch hier stand die Frage einer besseren Synthese der historischen Einzelforschung im Mittelpunkt. Robinsons Übersichtsdarstellung zur europäischen Geschichte in der Neuzeit stellt den Entwurf dar für das später entwickelte Curriculum «Western Civilisation» (*Robinson/Beard*). In diesem Werk rückten dabei die wissenschaftlichen Ideen als Motor des Fortschritts und Impuls für den kulturellen Wandel deutlich stärker in den Vordergrund als politische Ereignisse. Soziale Konflikte und vor allem soziale und politische Emanzipationsbewegungen stiegen ebenfalls zu zentralen Agenturen der historischen Entwicklung auf.

In China trafen die Ideen der Reformer zeitgleich mit den ersten Bemühungen um eine Reform der traditionellen Geschichtsschreibung nach europäisch-westlichem bzw. japanischem Muster ein. Bereits die ersten Programmentwürfe für eine «neue Geschichtsschreibung» (xin shixue) von Liang Qichao rückten die Suche nach Gesetzmäßigkeiten und evolutionären Trends sowie den Zusammenhang politischer und gesellschaftlicher Entwicklungen in den Mittelpunkt. Robinsons «New History» wurde 1924 ins Chinesische übersetzt [*Wang 2001*, 70]. Die sozialphilosophischen Leitideen der progressive historians, voran Evolutionismus und Pragmatismus, fanden eine breite Anhängerschaft innerhalb der neuen chinesischen Geschichtswissenschaft.

Die Neuerer stellten die etablierten methodischen Grundlagen keineswegs in Frage, ihre Vorschläge zielten vielmehr darauf, Modelle für die Synthese des rapide wachsenden Spezialwissens und für die kritische, problemorientierte Auswahl aus einer bereits uferlosen Fülle gesicherter Fakten zu entwickeln. Der «Zusammenhang» der Einzelphänomene wurde zum Leitthema ihrer Überlegungen und Erklärungsversuche.

Das stillschweigende Einverständnis der neuen Berufshistoriker, auf die großen Synthesen zu verzichten, bis alle Fakten bis ins Letzte geklärt wären, stieß in der kulturellen Öffentlichkeit auf wenig Verständnis. Unter dem Eindruck beschleunigter politischer, wirtschaftlicher und sozialer Veränderungen wuchs dort eher noch die Nachfrage nach historischer Selbstvergewisserung. Die Aufbrüche zu einer «neuen Geschichte» setzten an diesem neuralgischen Punkt an: Lamprechts allzu großer Entwurf einer *Deutschen Geschichte*, Pirennes mehrbändige *Histoire de Belgique,* Henri Berrs universalhistorische Buchreihe *Destins du Monde* oder die zahlreichen Überblicke und Gesamtdarstellungen der «progressive historians» in den Vereinigten Staaten richteten sich alle an ein breiteres Publikum, versuchten die Gegenwartsinteressen des Publikums aufzunehmen.

Auch in China und Japan können wir beobachten, wie nationalpolitische Reformziele die Adaption der Ideen der New History beflügelten. In beiden Ländern waren es westlich orientierte, zum Teil in den USA ausgebildete Historiker, welche die neuen Ideen verbreiteten. Attraktivität gewannen sie, weil sie das neu entstehende Fach aus der engen Bindung an Tradition und politische Regime befreiten und ein evolutionäres Erklärungsschema für die eigene Nationalgeschichte zur Hand gaben. In allen drei Fällen wird deutlich, dass neben fachlichen Gesichtspunkten auch politisch-ideologische Kontroversen um Reform eine wichtige Rolle spielten. In den USA verband sich die New History mit den sozialliberalen Reformbestrebungen der progressives, in China und Japan waren es die westlich orientierten Reformintellektuellen, die für die neuen Konzepte eintraten, um auf dieser Grundlage eine bessere Nationalgeschichte als Beitrag für die Nationsbildung zu schaffen.

In der «Neuen Geschichte» wurden in jeweils nationalspezifischer Art und Weise die seit der Romantik so verbreiteten Metaphern vom «Werden» oder «Wachsen» zu einem strengeren Evolutionsmodell weiterentwickelt. Vielfach wurden dabei organizistische bzw. biologische Prozessmodelle aufgegriffen. Die meisten Anhänger der New History neigten dazu, ältere personenbezogene oder ideenzentrierte Deutungen zu kritisieren und Kollektivkräfte zu Trägern von Entwicklung und Fortschritt zu machen. Die «Ideen», welche in der älteren Geschichtsschreibung noch so einen prominenten Platz innegehabt hatten, werden nun durch kollektive Kräfte wie Nationen, Völker oder Rassen ersetzt. Materialistische Deutungen gewinnen an Attraktivität, weil sie erlaubten, eine neue Trägersubstanz historischer Entwicklung zu identifizieren. Lamprechts Deutsche Geschichte etwa präsentierte die Nation als eine dauerhafte, energieproduzierende Entität, welche in einem kontinuierlichen Prozess unter ständigem Wandel ihrer Gestalt ihre Individualität entfaltet (*Lamprecht*). Sie war als Substanz hinter der Mannigfaltigkeit historischer Erscheinungsformen gedacht. Frederik J. Turners Idee der frontier vermutete in der Siedlungsgrenze ebenfalls ein einheitsstiftendes Lebensprinzip, welches die entstehende amerikanische Nation geformt habe.

Doch neben solchen holistischen Kräftemodellen etablierte die New history auch das ökonomisch-soziale Konfliktmodell als Erklärungsmuster. Auch hier sind die Einflüsse der Tagespolitik auf die Historiker unübersehbar. Bereits im 19. Jahrhundert hatten zunächst liberale französische Historiker die «Klassenkämpfe» als Großereignisse der Geschichte inszeniert, bevor sie dann in der Folge zu einem Markenzeichen marxistisch-sozialistischer Geschichtsschreibung wurden und damit wiederum aus dem engeren Bereich der professionalisierten Geschichtsforschung heraustraten. Gerade die zeitgenössischen Realitäten organisierter Klassenkonflikte und Interessenkämpfe inspirierten demokratisch oder sozialistisch orientierte Historiker und trugen zum langsamen Aufstieg einer politischen Sozialgeschichte bei.

Die Reformer erweiterten das Repertoire «historischer Ideen» [*Kracauer*, 117–123], verstanden hier mit Kracauer als «Erklärungsprinzipien», welche dem historischen Material entnommen, dann aber auch zeitlich oder geographisch auf weitere Zusammenhänge übertragen werden. Sie waren typischerweise wenig erfolgreich bei dem Versuch, eigene Schulen zu gründen, ihre Wirkung beruhte viel stärker auf den Impulsen, welche sie mit ihren Programmschriften und ihren eigenen Forschungsarbeiten gaben. Vor allem die Erforschung der wirtschaftlichen, sozialen und mentalen Grundlagen historischer Ereignisse erhielt durch ihre Thesen weiteren Auftrieb. Die praktischen Folgen der New History werden uns in den folgenden Kapiteln immer wieder begegnen.

5. Der Aufstieg der Wirtschafts- und Sozialgeschichte

Ein gemeinsames Interesse einte die Reformer: Sie waren überzeugt davon, dass in irgendeiner Weise die wirtschaftlichen Tatbestände und die sozialen Zusammenhänge früherer Epochen stärker als bisher in der historischen Forschung und insbesondere in den allgemeinen Übersichtsdarstellungen berücksichtigt werden müssten. Damit wuchs auch das Interesse an den Forschungsergebnissen älterer oder zeitgenössischer Spezialisten, die sich mit den Handwerkszünften, der Geschichte des Verlagssystems und des Fernhandels, mit der antiken Sklaverei oder den Agrargesetzgebungen der Alten Welt beschäftigten. Die Kulturbedeutung von Wirtschaft und Gesellschaft wurde immer deutlicher, daraus ergab sich ein genereller Trend hin zur Etablierung der Wirtschafts- und Sozialgeschichte als einer ebenbürtigen Teildisziplin neben der Politikgeschichte. Regionale Zentren dieser neuen Teildisziplin waren vor dem Ersten Weltkrieg neben Deutschland Großbritannien, die USA und Russland. Institutionelle Verankerung fand sie sowohl in den wirtschaftswissenschaftlichen wie auch in den geschichtswissenschaftlichen Fachbereichen. Dort, wo historische Schulen der Nationalökonomie im Lehrbetrieb verankert waren wie z. B. an den meisten deutschen Universitäten, wurde bis in die 20er Jahre hinein auch wirtschaftsgeschichtliche Forschung vor allem außerhalb der Geschichtswissenschaft betrieben. Wichtige frühe Forschungszentren waren etwa die nationalökonomischen Lehrstühle Gustav Schmollers in Berlin (seit 1882) oder von Karl Bücher in Leipzig, dort noch unterstützt durch die Aktivitäten an Karl Lamprechts Institut für Universalgeschichte.

6. Zwei Beispiele

***Werner Sombart,** Der moderne Kapitalismus. Historisch-systematische Darstellung des gesamteuropäischen Wirtschaftslebens von seinen Anfängen bis zur Gegenwart, 3 Bde. in 6 Halbbänden, München 1916, 1917,1927.*

Entsprechend seiner eigenen Prägung durch die historische Schule der deutschen Nationalökonomie unter Schmoller ging es Sombart in seinem mehr als 2000 Textseiten umfassenden dreibändigen Werk darum, eine quellennahe und materialgesättigte Typisierung des wirtschaftshistorischen Phänomens Kapitalismus und damit verbunden ein Faktorenmodell zu dessen Genese vorzulegen. Auch darin sollte Sombart ganz ähnlich wie Beard zu einem vielfach imitierten Klassiker in der Historiographiegeschichte des 20. Jahrhunderts werden.

Das Werk ist chronologisch aufgebaut und ordnet den modernen Kapitalismus in drei Epochen: Frühkapitalismus (1500–1760), Hochkapitalismus (1760–1914), Spätkapitalismus (seit 1914). Der erste Band arbeitet scharf den Unterschied zwischen vorkapitalistischen und kapitalistischen Wirtschaftsformen heraus. Erst das moderne Gewinnstreben, der strenge Rationalismus des Erwerbsprinzips, in dem Unternehmungsgeist und Bürgergeist zu einem einheitlichen Ganzen fusionierten, schuf die internen Antriebsfaktoren, welche die Dynamik des Kapitalismus erklären können. Im 2. Teil des 1. Bandes untersucht *Sombart* dann die externen Faktoren, die in der Übergangsphase die Herausbildung des neuen Wirtschaftssystems begünstigten, und analysiert hier nacheinander die Beiträge durch staatliches, v. a. militärisches Handeln, durch technische Entwicklungen, sowie schließlich die vielfältigen Einzelfaktoren vorangehender Kapitalbildung durch Geldleihe, Grundrente, Raub und koloniale Ausbeutung. Der «Frühkapitalismus» wird dann als eigenes Wirtschaftssystem analysiert, dessen wesentliche Komponenten (Wirtschaftsgesinnung und Geschäftsstil der Unternehmer, Preisentwicklungen und Konjunkturen, Verkehrswesen und Handel, Gütererzeugung in den beiden Sektoren Agrarwirtschaft und Gewerbe) nacheinander untersucht werden. Sombarts Darstellung konzentriert sich darauf, die wechselseitige Verstärkung kapitalistischen Wirtschaftens, die innere Dynamik und die externen Begünstigungsfaktoren herauszuarbeiten, die diese neue Wirtschaftsform zu einem Selbstläufer werden ließen, der im 18. Jahrhundert zur Herausbildung zusammenhängender Volkswirtschaften im europäischen Raum führte und damit Markt und Profit als eigenständige Organisationsprinzipien der gesamten europäischen Wirtschaft etablierte.

Sombarts Werk setzte erstmals die neuen Methoden der verstehenden historischen Soziologie um, die in den Kontroversen der Jahrhundertwende als eigenständige Position formuliert worden ist. Er entwirft den Idealtypus eines Wirtschaftssystems, der jedoch durch eingehende historische Untersuchungen und anhand umfangreicher historischen Materials zur Darstellung gebracht wird. Daraus ergibt sich bei Sombart eine durchgängige Distanz zu regionalen bzw. nationalen Besonderheiten. Gemeinsamkeiten stehen in dieser vergleichenden europäischen Wirtschaftsgeschichte entschieden im Mittelpunkt.

Gleichzeitig ist Sombarts Untersuchung ein Beitrag zur Debatte über die Ursachen des Kapitalismus. Er gehört mit Max Weber zu den wichtigsten Wortführern eines sozialpsychologischen Ansatzes. Während Max Weber im Kapitalismus vor allem den Bürgergeist und den Wirtschaftssinn einer reformierten Religiosität sah und in der innerweltlichen Askese den Kern dieser Dynamik identifizierte, sah Sombart in der Befreiung des Individuums und damit auch in der Freisetzung von Entdeckergeist, Abenteurertum und Machtstreben, also in den gemeinhin mit Renaissance und Expansion verbundenen Seiten das Movens des Frühkapitalismus.

Literatur: *F. Lenger, Art. in: [Reinhardt, 594–597]; Friedrich Lenger, Werner Sombart 1863–1941. Eine Biographie, München 1994; Michael Appel, Werner Sombart: Historiker und Theoretiker des modernen Kapitalismus, Marburg 1992; Jürgen Backhaus, Werner Sombart (1863–1941) – Klassiker der Sozialwissenschaften: eine kritische Bestandsaufnahme, Marburg 2000.*

Charles Augustin Beard, An Economic Interpretation of the constitution of the United States, New York 1913 (dt. Eine ökonomische Interpretation der amerikanischen Verfassung, Frankfurt/M. 1974).

Beards wirtschaftshistorische Studie aus dem Jahr 1913 ist ein klassisches Beispiel dafür, welche intellektuellen Einsätze mit der Entwicklung wirtschafts- und sozialgeschichtlicher Forschung verbunden sein konnten und warum ein Teil der konservativer gesinnten Fachhistoriker einen generellen Verdacht materialistischer Kritik gegen das neue Teilfach hegte.

Beards Studie hatte einen klar umrissenen Gegner: Eine abstrakt ideengeschichtliche und zugleich noch teleologische Deutung der Genese der amerikanischen Verfassung. Eine solche historische Interpretation hatte sich parallel zum Verfassungspatriotismus als Teil eines größeren nationalen Gründungsmythos in den USA etabliert. Beard stützte sich programmatisch auf einen interessentheoretischen Ansatz, der auch den Aufbau des Buches bestimmte: Zunächst werden die wirtschaftlichen Interessen zum Zeitpunkt der Verfassungsdebatte 1787 gesichtet (2. Kapitel), dann (3.–5. Kapitel) die Bewegung untersucht, die für die neue Verfassung eintritt. Das Fazit lautet, dass all jene an der neuen Verfassung ein Interesse zeigten, die wegen eigener Staatsschuldverschreibungen eine starke Zentralbank befürworteten oder aber staatlichen Schutz für die Wirtschaftssektoren Schifffahrt, Manufaktur und Landbesitz suchten. Eine prosopographische Untersuchung der persönlichen Interessenlagen der Verfassungsanhänger schließt diese Analyse ab. Als genuin politische Motive traten, so das weitere Fazit, antidemokratische Vorbehalte der begüterten Oberklasse hinzu. Am Ende erscheint die amerikanische Verfassung nicht als das Werk des ganzen Volkes, sondern eng umgrenzter Gruppen mit weiter gespannten ökonomischen Interessen, die Garantien gegen sozial egalitäre Forderungen radikaler Demokratie suchten. Beards Studie ist keine dramatische Erzählung über die politischen und ökonomischen Interessengegensätze im Kampf um die amerikanischen Verfassung, sondern eine in nüchtern-trockenem Ton geschriebene Analyse. Methodisch stützt sie sich auf eine Kollektivbiographie der Federalists.

Beards Studie ist ein illustres Beispiel für die kritische Sprengkraft, die in dem ökonomischen Determinismus einer solchen Interessenanalyse lag und liegt. Zusätzlich motiviert war sie durch Beards politisches Engagement als sozialer Reformer, das ihn zu einem scharfen Kritiker des politischen Establishments in den USA werden ließ. Wirkung erzielte dieser Klassiker gerade durch seine gezielte «Einseitigkeit» und «Überschärfe». Sie löste heftige Gegenreaktionen in der patriotischen Öffentlichkeit, aber auch unter konservativeren Kollegen aus.

Literatur: *E. Breisach, Art. in: [Vom Bruch, 21]; D. A. Johnson, Art. in: [Cannon, 34–36], [Novick, 96ff.], [Breisach, 88–99]; Robert A. MacGuire, Economic Interests and the American Constitution: a quantitative Rehabilitation of Charles A. Beard, in: Journal of Economic History 44 (1984), 509–519.*

V
Nationalistische Mobilisierung und kritische Perspektiven: Die Geschichtsforschung zu Staat und Nation in der Zwischenkriegszeit

Wir haben bereits gesehen, in welchem Maß der Erste Weltkrieg und seine Folgen die Beziehungen zwischen Berufshistorikern, Politik und Öffentlichkeit verändert haben. Nationale Leidenschaften bestimmten die Geschichtskultur der Zwischenkriegszeit. In einer weltweit durch wirtschaftliche und soziale Krisen, Revolutionen und ideologische Konfrontationen geprägten Zeit sahen sich die Zunftvertreter zudem mit ganz neuartigen Phänomenen konfrontiert, welche zentrale Gegenstände ihrer Forschungsarbeit, nämlich die politischen Ordnungen, voran den Staat, in ganz neue Problemzusammenhänge stellten. Vor 1914 hatten die Kontroversen innerhalb des Faches, vor allem jedoch die Konzepte der Sozial- und Kulturwissenschaften die Grundlagen für Neuansätze und Umorientierungen in der Forschung geschaffen, nach 1918 gaben nun die politischen und sozialen Kontexte die kräftigsten Impulse zur Weiterführung dieser Tendenzen. Angesichts der Zuspitzungen des politischen Geschehens sowohl auf nationaler wie internationaler Ebene schieden sich dabei auch die Wege der Forschung entlang der politisch-weltanschaulichen Grundkonflikte der Epoche.

1. Neue Probleme der politischen Gegenwart und neue Fragen an die Vergangenheit

Am Vorabend des Ersten Weltkriegs standen Herrscher und Dynastien, Verfassungsordnungen und öffentliche Institutionen, Kriege und internationale Beziehungen im Mittelpunkt der Forschungsaktivitäten und der Publikationen des Faches. Auf all diesen Themenfeldern löste der Erste Weltkrieg Veränderungen aus, welche die überkommenen Vorstellungen und Fragestellungen der Historikerschaft erschütterten. Sieht man von den Siegerländern USA, Frankreich, Japan und Großbritannien ab, gerieten in allen vom Krieg betroffenen Staaten die Verfassungsordnungen in eine tiefgreifende Krise bzw. wurden grundlegend verändert. Vielerorts kam es zu politischen Revolutionen. Die technischen Veränderungen der Kriegsführung wiederum betrafen auch die politisch-soziale Ordnung aller Länder. Die Mobilisierung der «Massen», also breitester Teile der Bevölkerung, die bislang politisch abstinent geblieben bzw. denen die politische Partizipation verweigert worden war, rückte im Kontext von Krieg und Revolutionen in den Mittelpunkt. Ihre verfassungspolitische und nationalstaatliche Einbindung wurde zu einem Leitthema der Verfassungsdebatten und der politischen Ideologien. Für die meisten Historiker, die in den alten Imperien (Russland, Osmanisches Reich, Habsburger Monarchie, China, Deutsches Reich) aufgewachsen waren, kam der Auftritt ungebildeter Bauern und Proletarier auf der Bühne der Staatsgeschäfte trotz der Demokratisierungstendenzen seit den 1880er Jahren überraschend und blieb irritierend.

Aus den kritischen Gegenwartsdiagnosen entnahmen viele von ihnen die Leitidee der Formung der als amorph, irrational und lenkbar vorgestellten Massen durch umfassende Ordnungen: Die liberale Leitidee einer Begrenzung und Kontrolle des Staates zum Schutz der Freiheitsrechte des Einzelnen und als Garantie für die Entfaltung der Selbstorganisation der Gesellschaft wurde radikal in Frage gestellt. Gerade die gesteigerten Ansprüche an die politisch-militärische Handlungsfähigkeit des Nationalstaats führten dazu, dass Historiker sich aufmachten, nach den kulturellen, religiösen, ethnischen oder sozialen Grundlagen einer dauerhaften politischen Ordnung zu forschen. Wir werden sehen, dass dabei ganz unterschiedliche Kräfte und Konstellationen in den Blick kamen.

Ein zweites Gegenwartsproblem ergriff noch direkter die meisten Historikerfelder: Die Frage nach den historischen Fundamenten der Nationalstaaten. Der Sieg der Entente war verbunden mit dem Sieg des nationaldemokratischen Prinzips, klar artikuliert in Wilsons Formel vom Selbstbestimmungsrecht der Völker. Angesichts der Vetomacht der siegreichen Kolonialmächte Italien, Frankreich, Belgien und Großbritannien führte die Versailler Friedensordnung jedoch nur in Europa zum Triumph des nationaldemokratischen Prinzips des Selbstbestimmungsrechts der Völker. Die Gründung der neuen Staaten im Osten Europas warf die Frage ihrer Grenzen, der politischen Rechte nationaler Minoritäten und schließlich nach der Legitimität kultureller, religiöser und sprachlicher Heterogenität innerhalb der neuen Staatsgebiete auf.

Ausgestaltung und Neubewertung der Nationalgeschichte entsprechend der neuen Grenzziehungen und Konstellationen nach 1919 gehörte also zu den dringenden Aufgaben, denen sich die Historiker zu stellen hatten. Die Vergangenheit selbst hatte dabei zwei grundlegend anders gelagerte Beziehungen zwischen Staat und Nation entstehen lassen: Auf der einen Seite beriefen sich Historiker auf die lange staatliche Tradition ihrer eigenen Nation, um zusammen mit Geographen und Sprachwissenschaftlern deren Grenzansprüche nach außen bzw. sprachlichen und kulturellen Exklusivitätsansprüche im Innern zu verteidigen, auf der anderen Seite betonten die Historiker der neuen, Jahrhunderte lang fremdbeherrschten Nationen die Kontinuität von Siedlungsboden, Sprache und Kultur des eigenen Volkes. Dem Nachweis der Staatsfähigkeit dienten dabei in der Regel frühere, mittelalterliche Herrschaftsbildungen, deren Ausdehnung wiederum aktuelle Gebietsansprüche legitimieren sollte. Die Zwischenkriegsjahre sahen also in ganz Mittel-, Ost- und Südosteuropa einen Aufschwung sowohl der demokratischen wie der etatistisch-elitären Tendenzen der Nationalgeschichte, mit einem deutlichen Primat außenpolitischer Rechtfertigung und Abwehr. Polnische, ungarische, deutsche oder serbische Historiker stritten erbittert um alte und neue Siedlungsgebiete, Kultureinflüsse und Grenzen.

In vieler Hinsicht war die Situation der in kolonialer Abhängigkeit stehenden Territorien bzw. Staaten und ihrer Historikerschaft dieser europäischen Situation vergleichbar, was die Frage nach der inneren Ordnung und der Grenzen angeht. Die nationalstaatliche Souveränität und die innere Nationsbildung jedoch stellten sich als ungleich dramatischere und schwierigere Aufgabe dar. Dabei war die Rolle der kulturellen Traditionen und der etablierten sozialen Strukturen angesichts des Drucks der Anpassung an westliche Muster und Modelle, der von den kolonialen und imperialen Machtverhältnissen ausging, ungleich strittiger als in Europa. Historiker in China, Japan, Indien oder Syrien gingen von diesen akuter gewordenen, politisch brisanten Problemen der Nationsbildung aus, wenn sie sich mit Themen der Vergangenheit auseinander setzten.

Ein drittes Themenfeld darf nicht vernachlässigt werden: Während die Mehrzahl der Fachvertreter ihrem Auftrag treu blieben und sich mit ihrer jeweiligen Nation bzw. nationalen Gemeinschaft identifizierten, also leitende Fragen an die Vergangenheit aus der Perspektive des Staates bzw. der eigenen Nation, ihrer politischen Eliten und nationalen Führer entwarfen, radikalisierte eine Minderheit ihre Kritik an diesem Nationalismus der Mehrheiten. Auch diese Fragerichtung ist eingebettet in Kontroversen, die durch die Erfahrungen des Ersten Weltkriegs vertieft und radikalisiert worden sind. Die idealistischen Überhöhungen von Kriegszielen und Kriegsgeschehen waren bereits während des Krieges dem radikalen Realismus der Frontgeneration zum Opfer gefallen; die politische Mobilisierung der Kriegsgegner tat ein Übriges, schärfer nach Interessen und Motiven derer zu fragen, welche die politische und militärische Entscheidungsgewalt innehatten bzw. diese Entscheidungen beeinflussten. Die «materialistische» Kritik an Idealen und Ideen als bloßen Legitimationsfiguren bzw. als psychisch notwendigen Rationalisierungen gewann in der Zeit der Weltkriege zunehmend an Bedeutung: Entlarvungsliteratur im Geist der Aufklärung, aber auch zivilisationskritische Reflexionen von Tiefenpsychologen und Wissenssoziologen sorgten dafür, dass die bereits vor 1914 entworfenen Gegenmodelle zu den idealistischen Menschenbildern des akademischen Humanismus und des liberalen Fortschrittsdenkens Breitenwirkung entfalteten. Marxistische Ideologiekritik, Mannheims Wissenssoziologie oder die kulturkritische Perspektive von Freuds Psychoanalyse gewannen an Plausibilität und wurden zu attraktiven Deutungsangeboten für Historiker, die sich der Kritik von Macht- und Gewaltverhältnissen verschrieben.

Schließlich ist noch einmal daran zu erinnern, dass Autonomie und Freiheit der Wissenschaftler in zahlreichen Staaten rasch nach 1918 eingeschränkt wurden. Der Aufstieg der Diktaturen seit den späten zwanziger Jahren brachte eine autoritäre Überformung und erzwungene Homogenisierung nationalgeschichtlicher Publikationen mit sich, der internationale Vergleiche weiter erschwert.

Am Vorabend des Zweiten Weltkriegs arbeiteten wohl die meisten Historiker (so in der Sowjetunion, Japan, im Deutschen Reich, Italien und zahlreichen Ländern Lateinamerikas) unter Bedingungen eingeschränkter Autonomie oder direkter politischer Kontrolle. Die

Machthaber pochten in allen Fällen darauf, dass die Historiker ihrer Länder ihre Loyalität unter Beweis stellten und nach außen entschieden die Positionen der eigenen Nation vertraten. Die Stimmen der Kritiker und Skeptiker waren knapp 20 Jahre nach Ende des Ersten Weltkriegs nur noch in den verbliebenen westlichen Demokratien zu hören.

2. Volksgeschichte

Zu den zeitgenössisch einflussreichsten Richtungen, die aus der skizzierten intellektuell-politischen Konstellation von Krieg und Nachkriegszeit hervorgegangen sind, gehört die Volksgeschichte. In international vergleichender Perspektive ist dieser Begriff nur mit Vorbehalt zu benutzen, denn er ist sehr stark von der spezifischen Geschichte des deutschen Begriffs «Volk» geprägt [*Koselleck*]. Unter «Volksgeschichte» sind im Folgenden Tendenzen zusammengefasst, welche mit der gleichnamigen Richtung innerhalb der deutschsprachigen Geschichtswissenschaft übereinstimmen in ihrer Ablehnung eines Nationsbegriffs, welcher sich primär am politischen Vertragsgedanken und am modernen Gesellschaftsbild orientierte. «Volk» wird in diesen Richtungen als Kollektivgebilde aufgefasst, dem aufgrund gemeinsamer Sprache, Lebensweise und Herkunft ein hoher Grad an Vergemeinschaftung eigen ist und dessen Einheit keineswegs allein von «oben», durch herrschaftlich-staatliche Eingriffe erzeugt worden ist. Drei Gesichtspunkte treten bei den unterschiedlichen volksgeschichtlichen Ansätzen immer wieder hervor: Erstens wird die Nation bzw. das Staatsvolk als Abstammungsgemeinschaft gefasst. Vielfach verknüpften sich damit biologistische Konzepte, wurde in rassischen Besonderheiten die Grundlage der politischen oder kulturellen Vergemeinschaftung gesehen. Dabei übernahm die zeitgenössische Völkerpsychologie eine wichtige Vermittlungsfunktion. Zweitens wird die zumeist bäuerliche, aber auch handwerklich-städtische Bevölkerungsmehrheit zum wichtigsten Träger der gemeinschaftsstiftenden Tradition. Allen Volksgeschichten ist eine ausgesprochen substantialistische Deutung der politischen Nation eigen. Agrarromantische bzw. populistische Züge sind typische Begleiterscheinungen dieser Strömungen. Schließlich spielte als drittes Element die Frage nach den geographischen Grundlagen, nach dem Siedlungsraum eine Schlüsselrolle für die Forschungsdynamik der Volksgeschichte. Dies gilt vor allem für ihre europäischen Varianten, bei denen die Diskrepanz zwischen «Volksraum» und Staatsterritorium der Katalysator für die Mobilisierung von Forschungsanstrengungen und nationalistischem Engagement der Volkshistoriker wurde.

Die Volksgeschichte wandte sich konzeptionell damit entschieden von den leitenden Perspektiven einer staatszentrierten Politikgeschichte ab und wertete ganz andere Wissensgebiete zu integralen Bestandteilen einer ebenso umfassenden wie an langen Zeitperioden orientierten «Nationalgeschichte» auf: Volkskunde, historische Geographie und Siedlungsforschung, Früh- und Vorgeschichte, Sprachgeschichte, schließlich die Bevölkerungswissenschaft wurden wichtige Nachbardisziplinen einer derart neu konzipierten Nationalgeschichte. Auch methodisch erweiterte sie das Arsenal der Geschichtswissenschaft damit beträchtlich: Quantifizierende Verfahren, kartographische Methoden, schließlich sozialbzw. kulturmorphologische Verfahren hielten Einzug in die Forschungspraxis von Volkshistorikern.

Vor allem deutschsprachige Historiker, Volkskundler und Rechtshistoriker entwickelten die Konzepte und Leitbegriffe, die dieser breiten, vielfach arbeitsteilig-interdisziplinär betriebenen Forschungsrichtung zumindest in Europa die Richtung gaben [*Oberkrome*]. Gerade im deutschen Fall kann man die genuin politische Motivation dieser Strömung sehr klar erkennen. Vor 1918 blieben die volksgeschichtlichen Ansätze zumeist im engen Rahmen der landesgeschichtlichen Forschung. Diese löste sich aus ihrer engen territorialstaatlich-herrschaftlichen, ja sogar dynastischen Perspektive und begann sich für wirtschafts- und sozialgeschichtliche Fragen zu interessieren. Es waren die innen- und außenpolitische Aktualität, nämlich die Schwäche und Zerrissenheit der neuen Republik, die Legitimation deutscher Revisionsansprüche nach den Gebietsabtretungen im Versailler Vertrag, später dann die Gestaltung eines nationalsozialistisch beherrschten Europas auf rassischer Grundlage, welche als Katalysatoren wirkten, um die unterschiedlichen Forschergruppen und Einzeldisziplinen zusammenzuführen. Im Historikerfeld trat die Volksgeschichte seit Mitte der 20er Jahre als neue, eigenständige Richtung hervor. Zwischen 1931 (also noch in der Weimarer Republik) und 1945 wurde ihr dann umfassende Förderung durch die politischen Verantwortlichen des Deutschen Reiches zuteil [*Fahlbusch, Haar*].

Die Ideen eines völkischen Rassismus verbanden sich mit der älteren romantischen Volkstumsidee und bildeten den intellektuellen Bodensatz, auf dem eine dezidiert anti-marxistische und antiliberale Konzeption entstand. Sie kritisiert die moderne Trennung von Staat und Gesellschaft. Deren Gegenüberstellung wurde als Anachronismus für die Erforschung älterer Epochen, vor allem der mittelalterlichen politischen Ordnungen verworfen. Gleichzeitig wurde dieses liberale «Trennungsdenken» für die Gegenwart als Hindernis auf dem Weg zur Herstellung einer geeinten Nation bzw. einer politischen Volksgemeinschaft bekämpft. Für die Verfassungsgeschichte des Mittelalters eröffnete diese Kritik eine neue Runde in der Historisierung von Forschungsbegriffen und inspirierte neuartige Modelle mittelalterlicher Herrschaft. Theodor Mayer prägte die Formel vom «Personenverbandsstaat», Otto Brunner den Begriff der «Volksordnung», den er in seinen Studien zur Ausbildung von Grund- und Landesherrschaft in den südöstlichen Alpengebieten konkretisierte.

«Volk» avancierte damit zum schillernden Leitbegriff: Es bezeichnete gleichzeitig eine Bevölkerung, die über bestimmte kulturelle, ethnische und historische Gemeinsamkeiten verbunden war, eine umfassende, immer hierarchisch-arbeitsteilig und stabil gedachte soziale und politische Ordnung sowie drittens schließlich eine rassisch-ethnisch fundierte Substanz, die jenseits der politischen Ereignisgeschichte, aber auch über den sozialen und kulturellen Wandel hinweg, die Weiterexistenz der «Nation» im Innern wie gegen Angriffe von außen sicherstellte.

Angesichts dieser stark sozialdarwinistischen Einfärbung und des dezidiert militärisch-außenpolitischen Blickwinkels wurde «Raum» der entscheidende Komplementärbegriff. Gerade die historische Geographie und die Siedlungsforschung sollten Auskunft über die konkrete Ausgestaltung von Volksordnungen geben. Dabei wurden die naturräumlichen Gegebenheiten als determinierende Kräfte für siedelnde Gruppen und deren Geschichte, aber auch als Bestimmungsfaktoren von Staats- und Nationsbildung hervorgehoben. Die Volksgeschichte nahm hierbei vor allem Ideen des Geographen Friedrich Ratzel und seiner Schule auf [*Osterhammel*]. Unter dem Eindruck von Gebietsabtretungen und Bevölkerungswanderungen rückte in der konkreten Forschung immer wieder die Frage der Grenze zwischen unterschiedlichen Herrschaftsgebieten, Sprachgemeinschaften und soziokulturellen Gruppen in den Mittelpunkt. Nicht nur deutschsprachige Sozialhistoriker dieser Jahrzehnte schrieben herrschaftlicher Raumerschließung, agrarischer Landnahme und Besiedlung, schließlich der kulturellen und ethnischen Grenzziehung eine grundlegende und umfassende Bedeutung zu: Die prägende Wirkung der offenen Siedlungsgrenze (frontier) für Gesellschaft, Kultur und Politik der USA hatte in einem programmatischen Entwurf Frederick Jackson Turner bereits 1893 behauptet.

Angesichts der revisionistischen, dann expansionistischen Zielsetzungen nationalistischer Tagespolitik stand die Erforschung deutscher Sprachinseln, deutschen «Volkstums» in Grenzregionen sowie die historische Legitimation künftiger Annexionen durch die Sicherung noch der verstreutesten und vielfach ungesicherten Spuren germanischer oder deutscher Präsenz in ferner Vergangenheit im Mittelpunkt. Gerade in der vor- und frühgeschichtlichen sowie in der mittelalterlichen Forschung ließ man sich von der Idee leiten, der Nachweis verdeckter siedlerischer Dauerpräsenz und der Primat einer ursprünglichen Landnahme in grauer Vorzeit rechtfertige aktuelle Expansionsansprüche.

Nur die wenigsten deutschsprachigen Vertreter dieser Strömung haben sich der durchgängigen radikalen Parteilichkeit und gegenwartsbezogener Politisierung sowie den damit verbundenen Einbußen wissenschaftlicher Objektivität und Innovation entziehen wollen oder können. Die gesamte Begrifflichkeit entwickelte sich in engster Berührung mit der politischen Sprache der völkisch-rassistischen, aber auch nationalkonservativen Kräfte und schmiegte sich nach 1933 der politischen Sprache der NS-Diktatur auch bei denjenigen Vertretern an, die persönliche Distanz gegenüber den rassenanthropologischen und rassenhygienischen Kernelementen der nationalsozialistischen Volksbegriffs hegten [*Oberkrome 1993, 1999*]. In international vergleichender Perspektive außergewöhnlich ist die breite Verankerung, welche die Volksgeschichte dabei innerhalb der deutschen und österreichischen Geschichtswissenschaft gewinnen konnte. Zwar blieben vor allem Vertreter der älteren Generation meist den Traditionen einer nationalkonservativen, staatszentrierten Geschichtsdeutung treu, doch vor allem unter den jüngeren Historikern gewann diese Richtung zahlreiche Anhänger. Nach den Berufsverboten und Vertreibungen seit 1933 gerieten schließlich alle im Land verbliebenen sozialgeschichtlichen Ansätze in den Sog dieses Denkstils.

Entsprechungen zu dieser deutsch-österreichischen Volksgeschichte finden sich vor allem im östlichen Europa. Sowohl tschechische wie polnische oder serbische Forschergruppen sahen nach 1918 ihre Aufgabe darin, in pointierter Einseitigkeit die Spuren slawischer Landnahme in den neuerworbenen Gebieten bzw. auf dem Territorium des eigenen Staates nachzuweisen und damit deutsche bzw. ungarische Ansprüche auf Grenzrevisionen oder nationalminoritäre Sonderrechte zurückzuweisen. Auch hier lässt sich beobachten, wie biologistische Leitideen und substantialistische Kontinuitätsannahmen («Rassen», «Völker») vor allem in enge Verbindung mit autoritär-nationalistischen Strömungen im politischen Leben traten.

Doch lassen sich auch volksgeschichtliche Strömungen beobachten, in denen solche rassistischen Radikalisierungen keine oder nur eine untergeordnete Rolle spielen. Der Hauptvertreter der ungarischen Version einer Volksgeschichte Elemér Mályusz betonte die Rolle kultureller Traditionen und Vergemeinschaftungsformen für die Genese des ungarischen Volks als einer zugleich sozialen, kulturellen und ethnischen Einheit. Auch Mályusz und seine Schüler verbanden ihre konkreten Studien zur ungarischen Landnahme, zu Siedlungsgrenzen und Siedlungsstruktur in Mittelalter und Früher Neuzeit (zumeist als detaillierte Regional- oder Lokalstudien) mit der aktuellen politischen Zielsetzung, den Zusammenhang zwischen der ungarischen Bevölkerung diesseits und jenseits der Grenzen des Vertrages von Trianon 1920 zu stärken. Ganz wie im deutschen Fall wurden ungarische Siedlungsinseln und Einwanderungszonen bevorzugte Objekte dieser Richtung [*Vardy*, 102–120].

Das in der europäischen Volksgeschichte allgegenwärtige Thema der Grenze tritt in den japanischen Spielarten ganz in den Hintergrund. Hier lässt sich beobachten, wie sich neben der kulturgeschichtlichen Forschungsrichtung eines Tsuda Sôkichi oder Yanagita Kunio, welche sich seit den 20er Jahren dem Alltag des einfachen Volkes zuwandte und in enge Verbindung mit der Volkskunde trat, in den 30er Jahren dann eine nationalistische Variante in der sogenannten Kyôto-Schule etablierte. Hier wurde der populistische Impuls, welcher die Eigenständigkeit der japanischen Kultur in enge Beziehung zur ethnischen Homogenität des japanischen

Volkes setzte, autoritär-etatistisch gewendet, indem nun die Harmonie zwischen Kaiserhaus und Volk zum Wesenskern der japanischen Kultur und Grundmotiv der «Volks»geschichte stilisiert wurde. Auch in diesem Fall handelt es sich um eine «ultranationalistische» [*Conrad*, 51] Geschichtsforschung, welche unmittelbar den Expansionszielen der Kriegszeit 1931–1945 zuarbeitete.

Gerade das Beispiel Japans lässt erkennen, dass für die Volksgeschichte besonders günstige Entwicklungsbedingungen vorlagen, wenn der Nationalismus sich in dezidierter Abwehrstellung zu universalistischen Modellen artikulierte, also die Einzigartigkeit und in der Regel damit verbunden auch die Überlegenheit der eigenen Nation, ihrer Geschichte und Gegenwartsziele betonte. Die Ablehnung westlicher Demokratie und damit verbunden der entsprechenden aufklärerischen Kulturwerte und der modernen «materialistischen» Zivilisation durch faschistische und rechtsnationalistische politische Strömungen verschärfte diese Tendenz.

Die wissenschaftlichen Ergebnisse der Volksgeschichten fallen recht unterschiedlich aus. Die symbiotische Verbindung politischer und historischer Begriffe, die Instrumentalisierung bzw. Selbstmobilisierung für nationalistische Tagesziele haben die meisten Studien zu Musterbeispielen für die Produktion pseudowissenschaftlicher Halbwahrheiten im Schattenreich zwischen Ideologie und Geschichtswissenschaft werden lassen, deren Nutzung durch die spätere Forschung mühsam und schwierig ist. Dass dies aber keineswegs ausgeschlossen ist, dafür wird uns das große Mittelmeerbuch Fernand Braudels ein Beispiel liefern.

3. Materialistische Kritik: Partikulare Interessen, Ideen und große Politik

Die nationalistische Welle zwischen 1914 und 1945 provozierte jedoch auch Abwehrreaktionen. Skepsis und Distanz gegenüber den nationalpolitischen Instrumentalisierungen regte sich vor allem in Frankreich, den Vereinigten Staaten und Großbritannien. Prägnant formulierte Marc Bloch seine Gegenposition in einer von nationalen Leidenschaften geprägten Wissenschaftslandschaft: «J'ai horreur du nationalisme scientifique» («Mir ist der Nationalismus in den Wissenschaften ein Greuel») [*Schöttler 1999*, 33]. Die Antworten der Annales-Historiographie werden wir im nächsten Kapitel genauer darstellen. Neue kritische Perspektiven für die Erforschung von Verfassungen bzw. politischen Institutionen knüpften vor allem an interessentheoretischen Ansätzen an, fragten nach ökonomischem Nutzen und sozialen Lagen. Gerade die heroisierenden und idealisierenden Tendenzen in nationalen Geschichtsdarstellungen weckten kritische Revisionsbemühungen.

In der Weimarer Republik formulierte Eckhart Kehr seine Gegenposition zu der nationalistischen Orthodoxie in Auseinandersetzung mit der Außenpolitik des Kaiserreichs. Die für den deutsch-englischen Gegensatz ausschlaggebende deutsche Flottenrüstung deutete er als Ergebnis eines vorrangig innenpolitisch motivierten Interessenbündnisses zwischen Agrariern und Schwerindustriellen. (*Kehr*) Der britische Historiker Lewis B. Namier widmete sein 1927 erschienenes Hauptwerk (*Namier*) der Entzauberung der in Großbritannien dominierenden Whig-Interpretation der neuzeitlichen Nationsbildung und Verfassungsgeschichte, die die Durchsetzung der Parlamentsherrschaft als Einbahnstraße einer siegreichen politischen Idee interpretierte. In seiner prosopographischen Untersuchung über das englische Parlament beim Regierungsantritt Georges III. analysierte Namier die beiden politischen Parlamentsparteien Whigs und Tories als Ensemble, die vorrangig durch privates Interessenkalkül, soziale Klientelbildung und materielle Vorteile zusammengehalten wurden. Politische Ideen bildeten in seiner Analyse nur ideologisches Beiwerk für Machtkämpfe innerhalb einer quasi geschlossenen politischen und sozialen Elite.

Auch in der Alten Geschichte artikulierten sich Gegenpositionen zu idealisierenden Deutungstraditionen. Die russische Tradition der Wirtschaftsgeschichte wurde von Rostovtzeff im Exil fortgeführt, und seine Wirtschafts- und Sozialgeschichte des römischen Kaiserreichs verarbeitete die Erfahrungen der russischen Revolution und rückte auf der einen Seite Klassengegensätze und auf der anderen Seite die Kosten imperialer Machtbehauptung ins Zentrum seiner Interpretation. In ganz ähnlicher Weise wurde Ronald Symes prosopographisch fundierte Studie über die Krise der späten römischen Republik, den Aufstieg Octavians-Augustus' und die Gründung des Prinzipats vom spektakulären Aufstieg der Diktatoren in den 30er Jahren beeinflusst. Wie Namier spürte Syme den Strukturen einer oligarchischen Herrschaftsordnung nach, widmete sich aber vor allem deren krisenhafter revolutionärer Umwandlung. Dabei interessierte ihn weniger die Verfassungsordnung des Prinzipats, die er als Fassade deutete, sondern er suchte die Interessenlagen der Politiker und die Konflikte innerhalb der römischen Oberschicht offenzulegen (*Syme*).

4. Zwei Beispiele

***Michael Rostovtzeff**, The Social and Economic history of the Roman Empire, 1926 (dt. Gesellschaft und Wirtschaft im Römischen Kaiserreich, Leipzig 1929).*

Das zwischen 1920 und 1925 entstandene Werk des russischen Historikers umspannt in chronologischer Darstellung den Zeitraum vom 1. Jahrhundert v. bis zur Regierungszeit Kaiser Diokletians am Ende des 3. Jahrhunderts n. Z. Wie im Falle von Sombart handelt es sich also um eine breit angelegte Übersichtsdarstellung. Rostovtzeff rückt jedoch keine Wirtschaftsform, keine Typologie in den Mittelpunkt, sondern folgt der Leitidee, soziale Revolutionen, die wiederum aus spezifischen wirtschaftlichen Problemlagen resultierten, hätten die Entwicklung der römischen Geschichte bestimmt.
Hinter der Leitidee des gesamten Werkes, dass nämlich soziale Revolutionen in der späten römischen Republik und im 3. Jahrhundert entscheidende Weggabelungen waren, lässt sich unschwer die Erfahrung Rostovzeffs als Zeitgenosse der russischen Revolutionen entdecken: Der Bauernfrage und den Agrarverhältnissen schenkte er große Aufmerksamkeit und der Analyse des Gegensatzes zwischen Stadt und Land widmete er Schlüsselpassagen seines Gesamtwerkes, in denen er für die Provinzen im Osten und Westen des römischen Reiches detailliert die Lage der Landwirtschaft, die ländlichen Besitzverhältnisse, schließlich die kulturellen Unterschiede zwischen Stadt und Land für die Jahrzehnte am Ende des 1. und zu Beginn des 2. Jahrhunderts analysierte. Seine Schlussfolgerungen waren eindeutig: Die wirtschaftliche und soziale Basis des Kaiserreichs war instabil und schwach, Steuerdruck und ständige militärische und administrative Anstrengungen lasteten drückend auf der ländlichen Bevölkerungsmehrheit. Vorangestellt war dieser detaillierten Situationsanalyse eine breitere chronologische Darstellung der Stabilisierung der römischen Wirtschafts- und Sozialordnung unter Augustus. Sie beruhte im Wesentlichen auf einem Interessensausgleich innerhalb der städtischen Oberschicht sowie der Autonomie der Städte und ihrer dynamischen Wirtschaftskräfte. Der Schlussteil ist den Krisenphänomenen des 2. und 3. Jahrhunderts gewidmet. Rostovzeff verbindet eine wirtschaftsgeschichtliche Krisenanalyse mit einer sozialgeschichtlichen Gesamtdeutung, wenn er den

Weg in die Militärmonarchie und die Etablierung eines orientalischen Despotismus als Schlusspunkt einer Entwicklung interpretiert, die auf einem Bündnis zwischen Armee und Bauern gegen die städtischen Oberschichten aus senatorischem Adel und Ritterstand beruhte und zu einem drückenden Staatsinterventionismus in einer geschwächten Wirtschafts- und Sozialordnung führte: In der Begriffswahl ist Rostovtzeff modern, spricht von «Bourgeoisie» und «Kapitalismus», sein kritisches Panorama liest sich in vielen Aspekten wie ein althistorischer Kommentar zur Entwicklung der russischen Gesellschaft im 19. und 20. Jahrhundert. In Übereinstimmung mit älteren Positionen betonte Rostovzeff die modernen Elemente des städtischen antiken Wirtschaftslebens, zeigte aber gleichzeitig die kulturellen, sozialen und wirtschaftlichen Grenzen dieser im hellenistischen Osten des Mittelmeers bereits ausgeformten städtischen Oberschichtenkultur. Dieses kontrastreiche Bild verband sich bei Rostovtzeff schließlich mit einer weitreichenden These: Er machte den Staat, seine überhöhten Leistungsanforderungen und Regelungszwänge, für den wirtschaftlichen Niedergang der spätrömischen Zeit verantwortlich. Rostovzeffs Werk ist nicht zuletzt zu einem Klassiker der antiken Wirtschaftsgeschichte geworden, weil es in methodischer Hinsicht in bislang unbekanntem Maße Münzen, Inschriften, Papyri und Ausgrabungen als Quellen für seine Darstellungen herangezogen hat.

Literatur: D. Saunders/J. J. Paterson, Art. in: [Cannon, 356–358]; J. A. S. Evans, Art. in: [Boyd, 1017 f.]; H. Heinen, Art. in: [Reinhardt, 539–543]; K. Christ, M. I. Rostovtzeff, in: ders., Von Gibbon zu Rostovtzeff, Darmstadt 3. Aufl. 1989, 334–349; M. A. Wes, M. Rostovtzeff, Historian in Exile, Stuttgart 1990.

***Otto Brunner**, Land und Herrschaft. Grundfragen der territorialen Verfassungsgeschichte Südostdeutschlands (ab der 4. Aufl. stattdessen: «Österreichs») im Mittelalter, Baden bei Wien/Leipzig 1939.*

Gegenstand dieses Buches ist die Darstellung des «inneren Baus» eines politischen Herrschaftsgebildes, der landständisch verfassten Territorien in den südöstlichen Teilen des Alten Reiches. Konkret untersucht Brunner Rechtsbegriffe, Rechtsfälle und Institutionen, die sich auf die Ausübung öffentlicher Herrschaftsfunktionen vom frühen Mittelalter bis ins frühe 17. Jahrhundert beziehen. Dieser breite zeitliche Rahmen hängt aufs engste mit der Grundabsicht Brunners zu-

sammen, eine stabile, zeitlich sehr dauerhafte Grundstruktur zu analysieren.
Die Studie umfasst vier eher locker miteinander verknüpfte Teile: Zuerst untersucht Brunner die Vorstellungen, die in den Begriffen Friede und Fehde zum Ausdruck kamen. Die Pointe seiner Analysen ist darin zu sehen, dass er die Fehde in strenger Homologie zum «Frieden» als ein rechtlich gebundenes Element der Herrschaftsordnung analysiert, durch das die kriegsfähigen Herren teilhaben an Rechtsfindung und Herrschaft. Auf dieser Basis kritisiert Brunner scharf die ältere Literatur zum mittelalterlichen Staat. Er folgt hierbei vor allem den Argumenten nationalsozialistischer Staatsrechtstheoretiker wie Carl Schmitt oder Ernst R. Huber, die für die Gegenwart die Überwindung des liberalen Trennungsdenkens von Staat und Gesellschaft propagierten und glaubten, mit der Denkfigur der konkreten Ordnungen eine Verfassungsordnung für eine totalitäre Volksgemeinschaft und Führerdiktatur schaffen zu können. Im Teil «Land und Landrecht» fragt Brunner nach den Trägern des territorialen Herrschaftsgebildes «Land» und kommt zu dem Schluss, dass es sich um den Zusammenschluss einer Rechtsgenossenschaft waffenfähiger Herren mit einem Landesherrn gehandelt habe. Im vierten Teil beschäftigt sich die Studie mit den Grundlagen der politischen Verfassungsordnung im engeren Sinne, nämlich der Grundherrschaft als umfassender Verfügungsgewalt des Herrn über seine Bauern. Dieses Ausbeutungs- und Machtverhältnis sieht Brunner vorrangig als System wechselseitiger, personaler Bindungen nach dem Modell der patriarchalischen Großfamilie.
Brunners volksgeschichtlich inspirierte Studie hat ihren Platz in der mittelalterlichen Verfassungsgeschichte behaupten können, weil sie eine umfassende und überzeugende Kritik der anachronistischen Begriffe und Modelle in der älteren Forschung formuliert und die ebenso präzise wie breite begriffshistorische Untersuchung zeitgenössischer Schlüsselbegriffe als unabdingbare Voraussetzung historischer Modellbildung eingeführt hat. Zweitens hat er eine radikal strukturalistische Deutung sozial und kulturell eingebetteter Formen politischer Herrschaft vorgelegt. Haus, Herrschaft, Land, Fehde: Diese und andere Institutionen bilden in seiner Deutung eine geschlossene «Volksordnung», die einen stabilen Rahmen für geregelten Konflikt und Konsens schafft. Die Wirtschafts-, Sozial- und Verfassungsgeschichte bringt nur Aspekte dieser durchgängigen Bauform zum Vorschein, erst die Integration in ein Gesamtmodell liefert den Schlüssel zum Verständnis des Ganzen. In dieser Geschlossenheit glaubt Brunner auch die Ursache für die jahrhundertelange Stabilität eines

spezifischen Herrschaftstyps «Alteuropas» zwischen 1300 und 1800 aufgedeckt zu haben.

Wohl in keinem anderen Werk der Volksgeschichte sind die wissenschaftlichen Leitideen und politischen Gegenwartsinteressen so eng an den historischen Untersuchungsgegenstand herangeführt worden, dass bei vielen Lesern der Eindruck entstand, der Autor sei seinem Anspruch gerecht geworden, ein umfassendes Modell eines spätmittelalterlich-frühneuzeitlichen Typs raumbezogener Herrschaftsbildung direkt aus der Quellensprache, gestützt allein auf eine sorgfältige hermeneutische Auslegung, zu entwickeln. Die Faszination dieses Buchs beruht darauf, eine Herrschaftsstruktur als geschlossene, durch vielfältige Analogien und Querverbindungen verknüpfte Sozialordnung und Sinnwelt darzustellen. Durchdrungen ist das Buch von der strukturalistischen Mystik einer Ganzheit, die aus lauter konkreten Ordnungen zusammengesetzt ist. Konflikte und Interessengegensätze zwischen Herrschenden und Beherrschten, zwischen Landständen und Landesherren sind darin aufgehoben, Gewaltverhältnisse unter Bezug auf übergreifende Normen nicht kritisierbar, mittelalterliche oder frühneuzeitliche Herrschaft erscheint bei Brunner prinzipiell als fraglos Vorgegebenes und grundsätzlich als berechtigt, weil als reziprokes Rechtsverhältnis fundiert.

Literatur: *M. Borgolte, Art. in: [Reinhardt, 68–71]; S. K. Chenault, Art. in: [Boyd, 147 f.]; Christof Dipper, Otto Brunner aus der Sicht der frühneuzeitlichen Historiographie. Annali dell'Istituto storico italo-germanico in Trento 13 (1988), 73–96; Otto G. Oexle, Sozialgeschichte – Begriffsgeschichte – Wissenschaftsgeschichte. Anmerkungen zum Werk Otto Brunners, in: VSWG 71 (1984), 305–341; Gadi Algazi, Otto Brunner – «Konkrete Ordnung» und die Sprache der Zeit; in: [Schöttler 1997, 166–203].*

VI
Die *Annales*-Tradition: Denkstil und Netzwerk einer neuen Wirtschafts-, Sozial- und Kulturgeschichte

1. Die Situation der Geschichtswissenschaft in Frankreich zwischen den beiden Weltkriegen

Als Siegernation erlebte Frankreich die Zwischenkriegszeit stärker als seine östlichen Nachbarn in der Kontinuität der politischen, sozialen und intellektuellen Ordnungen der Jahrhundertwende. Dies gilt auch für das französische Historikerfeld. Die in den drei Jahrzehnten vor dem Ersten Weltkrieg etablierte universitäre Geschichtswissenschaft hatte sich ganz ähnlich wie die amerikanische oder britische als dezidiert politik- und institutionenzentrierte Richtung mit starker Betonung methodischer Strenge, nüchterner Faktenorientierung und einer ausgeprägt empiristischen Theorieskepsis profiliert [*Lingelbach* 2002]. Dieser Denkstil prägte auch noch die wissenschaftliche Produktion der Zwischenkriegszeit. Der fachliche Konservatismus der französischen Historikerzunft wurde durch die schwierige finanzielle Lage von Hochschulen und wissenschaftlichen Einrichtungen in diesen Jahrzehnten noch verstärkt: es wurden kaum neue Stellen an den Hochschulen (66 Professuren 1920, 69 1939) geschaffen, die Mittel für größere Forschungsvorhaben und Editionen waren sehr knapp. Die universitäre Historikerschaft alterte zusehends, der wissenschaftliche Nachwuchs musste lange warten, bis er eine Stelle fand oder seine Karriere mit einer Berufung an eine der Pariser Hochschulen krönen konnte [*Dumoulin*].

Hinzu kam, dass diese gealterte, wenig dynamische Geschichtswissenschaft auch an intellektuellem Ansehen und öffentlichem Interesse verlor: Die neuen Nachbardisziplinen Psychologie oder Soziologie gingen ihre eigenen Wege, die Studenten der geisteswissenschaftlichen Klassen der Elitehochschule Ecole normale supérieure interessierten sich eher für Philosophie als für Geschichte, das breite Publikum las lieber die Geschichtsbücher der rechten Publizisten Gaxotte oder Bainville [Carbonell/Livet].

Angesichts dieser Situation formierte sich an der Universität Strasbourg die Opposition der jüngeren Generation. Die Berufung jüngerer Vertreter in den Geistes- und Sozialwissenschaften schuf günstige Bedingungen für interdisziplinären Austausch: um Marc Bloch und Lucien Febvre bildete sich hier das erste Netzwerk von Historikern, Soziologen und Geographen heraus, auf das sich das Zeitschriftenprojekt *Annales d'histoire économique et sociale* später stützen konnte. Wortführer der Kritik wurde Lucien Febvre, Spezialist für das 16. Jahrhundert, Absolvent der Ecole normale, in seiner Jugend Dreyfusard mit sozialistischen Neigungen, der seit den internationalen Methodenkontroversen um 1900 im Lager der Reformer stand und angesichts der intellektuellen Selbstgenügsamkeit der etablierten Geschichtswissenschaft für die «Öffnung» des Faches hin zur Wirtschafts-, Sozial- und Kulturgeschichte, hin zu den Nachbardisziplinen und deren neuen Fragen und Methoden plädierte (*Febvre 1953*). In der 1900 gegründeten *Revue de synthèse historique* fand Febvre auch ein erstes Forum für seine Reformpläne und in deren Herausgeber Henri Berr einen Mitstreiter für die Idee der interdisziplinären Kooperation als Weg zu neuen Formen der wissenschaftlichen Synthese.

Ihm zur Seite stand in Strasbourg Marc Bloch, Mediävist, ebenfalls Normalien und Sohn eines Sorbonne-Professors, Dreyfusard mit linksrepublikanischer Tendenz. 1914–1918 nahm er als Offizier am Ersten Weltkrieg teil und gehörte übrigens zu den wenigen Historikern, die aus dem eigenen Kriegserleben methodische und konzeptionelle Schlussfolgerungen für die eigene Berufspraxis zogen [*Fink, Raulff 1995*].

2. Das Profil der neuen Zeitschrift

Im ersten Jahrzehnt nach Kriegsende artikulierten Febvre und Bloch immer wieder in Rezensionen ihre Kritik am etablierten Wissenschaftsbetrieb, legten in Aufsätzen und Monographien die Ergebnisse ihres eigenen Forschungsansatzes vor, ohne dass jedoch spürbare Veränderungen im französischen Historikerfeld eingetreten wären. Der Durchbruch gelang erst 1929 mit der Gründung der eigenen Zeitschrift *Annales d'histoire économique et sociale.*

Bloch und Febvre verbanden mit der Gründung der neuen Zeitschrift ein klares wissenschaftliches Programm. Zuallererst ging es ihnen darum, ein französisches Organ für die Wirtschafts- und Sozialgeschichte zu schaffen, um den Rückstand gegenüber der internationalen Forschung aufzuholen. Dabei konzipierten sie die neue Fachzeitschrift auch als Forum, um im Fach methodische Neuerungen vorzustellen und anzustoßen. Im Mittelpunkt stand die Überwindung der philologischen Selbstgenügsamkeit («Geschichte geht von Texten aus»): Luftbildgeographie, Siedlungsforschung, Kartographie, Katasterauswertung, schließlich mittelalterliche Archäologie und volkskundliche Forschungen sollten in den *Annales* präsent sein, um die Forschungsgewohnheiten der Fachkollegen zu verändern. Schließlich träumten die Herausgeber davon, die Gegenwartsanalyse zu einem festen Bestandteil ihrer neuen Zeitschrift zu machen. «La solidarité du passé et du présent» war die Formel, mit der sie die wechselseitige Bezogenheit gegenwarts- und vergangenheitszentrierter Forschung verdeutlichen wollten. Dementsprechend gehörten Berichte und Analysen von Wirtschaftswissenschaftlern, Bankexperten, Soziologen oder Agrarwissenschaftlern vor 1939 zum festen Bestandteil der Zeitschrift. Mit dieser Öffnung hin zur Gegenwart verbanden die Gründer auch den Traum, der Zeitschrift einen größeren Leserkreis jenseits der universitären Fachwelt zu erschließen. Sie hofften darauf, eine «kleine Kulturrevolution» auszulösen, indem sie gegenwartsbezogene Expertise auf hohem Niveau systematisch mit historischen Studien zu vergleichbaren Phänomenen in der Vergangenheit verbanden und damit die historische Kultur der politischen und wirtschaftlichen Eliten ihres Landes auf eine neue, aktuellere und problemnähere Grundlage stellten [*Raphael 1992*].

Statt ideologischer Parteinahme sollte die Zeitschrift Materialien für wissenschaftlich reflektierte, historisch kenntnisreiche Gegenwartsentscheidungen liefern. Dieser Teil des Redaktionsprogramms beanspruchte bis 1939 erhebliche Mühe seitens der Herausgeber, er nahm immerhin zwischen 20 und 25 % des Seiteninhalts bei den Aufsätzen und Beiträgen und 37,5 % der rezensierten Titel in Anspruch. Dabei beschäftigten sich die Beiträge vor allem mit der Banken- und Agrarkrise während der Weltwirtschaftskrise, mit Faschismus und Nationalsozialismus, den Entwicklungen in der Sowjetunion, den USA und den Kolonien. Der erhoffte Erfolg beim

Publikum blieb den *Annales* jedoch versperrt: Eine breitere bürgerliche Leserschaft war nicht zu gewinnen, stattdessen begeisterte sich eine wachsende Zahl von Studenten und Nachwuchswissenschaftlern der Sozial- und Geisteswissenschaften für das Programm der Zeitschrift. Sie gewann an fachlicher Ausstrahlung, konnte sich aber nicht als intellektuelles Reformprogramm etablieren.

In den ersten zehn Jahrgängen lag der Schwerpunkt der historischen Beiträge eindeutig auf dem Gebiet der Wirtschaftsgeschichte (58 % der Seiten). Kultur- und sozialgeschichtliche Themen (je 10,4 %) waren deutlich seltener vertreten. Chronologisch dominierten Mittelalter und Frühe Neuzeit. Es waren zwei Generalthemen, denen die *Annales d'histoire économique et sociale* besondere Aufmerksamkeit zuwandte: das war zum einen die Entwicklung des Handelskapitalismus im Übergang vom Mittelalter zur Frühen Neuzeit, zum zweiten die Analyse der Agrarstrukturen Frankreichs vom Mittelalter bis zur Französischen Revolution.

Die Wege der neuen Zeitschrift begannen sich frühzeitig von denen einer üblichen Neugründung zu trennen. Trotz konzeptioneller Offenheit und ohne institutionelle Verankerung wurde sie zum Kristallisationspunkt eines Denkstils. Vor allem Febvre fasste dies sehr plastisch in der Formel «Nous, les annales», mit der er seine Stellungnahmen und Kritiken hin und wieder versah. Auf diese Formel griffen dann die Erklärungen der Redaktion zurück. In Rezensionen und Aufsätzen wehte damit allmählich der Geist der *Annales*, «l'Esprit des annales». Die Borniertheit der politischen Ereignisgeschichte und einiger ihrer Vertreter diente als Feindbild und Kontrastfolie für die sich formierende Minderheit, die Werke von Febvre und Bloch boten die Muster, an denen man sich bei eigenen Vorhaben orientieren konnte.

3. Die intellektuellen Kontexte: Anreger, Gesprächspartner und Vorbilder

Angesichts der vielfältigen intellektuellen Interessen der beiden *Annales*-Gründer und der interdisziplinären Breite auch des Mitarbeiterstabs der neuen Zeitschrift wird jede Untersuchung der intellektuellen Entstehungskontextes diskutable Ergebnisse präsentieren. Bereits die Unterschiede zwischen Febvre und Bloch zwingen zu Nuancierungen. Neben den gemeinsamen wissenschaftspolitischen Zielen und vor dem Hintergrund eines politisch-intellektuellen

Grundkonsenses, der die *Annales*-Historiographie zu einem nach links offenen Projekt von Demokraten und Liberalen machte, das dem rationalistischen Fortschrittsdenken und Universalismus der Aufklärung verbunden blieb, lassen sich drei größere Komplexe wissenschaftlicher Ideen und Praktiken eingrenzen, die in den *Annales*-Denkstil Eingang gefunden haben.

Zum einen ist der Beitrag der französischen Humangeographie zu nennen. Unterstützt durch die enge Verbindung der beiden Fächer Geschichte und Geographie in der Gymnasiallehrerausbildung, deren Curriculum wiederum über die bevorzugte Rekrutierung von agrégés als wissenschaftlichem Nachwuchs die gesamte Fachkultur dominierte, gewann die historische Geographie großen Einfluss. Sie lieferte den *Annales*-Historikern mit direkter Beobachtung und Datensammlung im Feld, mit Kartographie und Statistik methodische Ergänzungen. Die Frage nach den naturräumlichen Bedingungen menschlicher Verhaltensweisen eröffnete einen neuen Problemhorizont; das Konzept der «Lebensweise» (genre de vie) schließlich lieferte einen Bezugspunkt, um stabile soziale, wirtschaftliche und kulturelle Strukturen mit Siedlungsformen und Agrartechniken einer historischen Landschaft oder Region zu verknüpfen. Lucien Febvre schrieb 1922 das für gut 40 Jahre maßgebliche französische Werk zu den geographischen Grundlagen der Geschichtswissenschaft (*Febvre 1922*).

Zweitens beeinflusste Henri Berrs Leitidee einer historischen Synthese den *Annales*-Denkstil. Sie fand sich in der Leitformel der «Öffnung» wieder, die Lucien Febvre nicht müde wurde zu wiederholen. In den Händen der *Annales*-Historiker wurde Berrs Aufforderung zur fächerübergreifenden Kooperation und zur Integration der verschiedenen Aspektforschungen zu einem ambitionierten Programm, die Geschichtswissenschaft zu einer Art Integrationswissenschaft weiterzuentwickeln, welche die Ansätze und Ergebnisse der Nachbardisziplinen weiter zu verarbeiten in der Lage ist. Ein solches Wissenschaftsprogramm war verknüpft mit einer Revision gängiger wissenschaftstheoretischer Selbstbeschreibung der Geschichtswissenschaft. Febvre und Bloch orientierten sich dabei an den Umbrüchen in den modernen Naturwissenschaften, um für eine dringende Revision auch in den Sozial- und Geisteswissenschaften zu plädieren: Statt der alten objektivistischen Ideen gelte es durch klare Fragestellungen und Mobilisierung aller verfügbaren

Methoden und Quellen zu ihrer Beantwortung ähnlich günstige Bedingungen wie im naturwissenschaftlichen Labor oder Experiment zu schaffen. Die «histoire-problème» wurde für Febvre das polemische Gegenbild einer faktenorientierten Ereignisgeschichte oder fachbornierten Institutionengeschichte.

Drittens nahmen die *Annales*-Historiker Anregungen der Durkheim-Soziologie auf. Zwar lehnten sie deren Anspruch ab, gewissermaßen das gesamte Feld der Geschichtsforschung beerben und unter die neuen Regeln der soziologischen Methode, wie sie Durkheim 1894 formuliert hatte, subsumieren zu können, aber die «soziologische Idee» im Gepäck der jüngeren Vertreter der Durkheim-Schule wie Marcel Mauss, Maurice Halbwachs, François Simiand oder Louis Gernet beeinflusste die erste Generation der *Annales*, voran Marc Bloch, spürbar [*Heilbron*]. Sie alle rückten dauerhafte soziale Gebilde in den Mittelpunkt wissenschaftlicher Aufmerksamkeit, Simiand entwickelte auf dem Gebiet der historischen Preis- und Konjunkturforschung die Grundlagen für eine empirisch-induktiv ausgerichtete, auf Methoden der historischen Statistik fußende Nationalökonomie, die starke Parallelen zur jüngeren historischen Schule der deutschen Nationalökonomie aufwies. Schließlich adaptierten Febvre wie Bloch Konzept und Idee der Durkheimschen Soziologie: «Im sozialen Leben ist alles Vorstellung, Idee, Gefühl». Strukturanalytischen oder ereignisgeschichtlichen Untersuchungen mussten also entsprechend präzise Untersuchungen über Genese und Wandel kollektiver Vorstellungen zur Seite gestellt werden. Bloch hat dies etwa in seiner Studie über die wundertätigen Könige geleistet (*Bloch 1924*). Hier liegt ein wesentlicher Impuls für die Weiterentwicklung der Ideengeschichte zur Mentalitätengeschichte.

4. Zwischenbilanz: das Erbe von Bloch und Febvre

Während des Zweiten Weltkriegs drohte das Zeitschriftenprojekt ganz unterzugehen. Die antisemitischen Maßnahmen des Vichy-Regimes und der deutschen Besatzer zwangen Bloch, seine Herausgebertätigkeit zu beenden. Über der Frage, ob unter diesen Bedingungen die Zeitschrift eingestellt werden sollte, kam es fast zum Bruch mit Febvre. Bloch selbst engagierte sich seit 1942 im Widerstand gegen das NS-Regime und Vichy, wurde 1944 verhaftet und von der Gestapo in Lyon ermordet. Blochs politisch-militärisches

Engagement und sein Tod im Widerstand ließen ihn posthum noch weiter aus der Reihe seiner Kollegen heraustreten und zu einer der markantesten Historikerpersönlichkeiten des 20. Jahrhunderts werden [*Raulff 1995*, *Fink*].

Fachliche Wirkungen gingen von den frühen *Annales* vor allem in drei Richtungen aus:

1.) Sie erweiterte den Forschungshorizont der Sozialgeschichte: Anstelle der politisch-ideologisch omnipräsenten Kollektivgebilde wie Klasse, Volk oder Nation rückte die *Annales*-Geschichtsforschung andere, kleinere bzw. analytisch präziser zu fassende soziale Einheiten: Familie, Dorf, Berufsgruppen. Gleichzeitig ersetzte sie die Suche nach kausalen Abhängigkeiten und Hierarchien (Ökonomie versus Kultur versus Politik) durch die Leitvorstellung relationaler Vernetzungen und entsprechender Wechselwirkungen.

2.) Sie entwarf die Kultur- und Ideengeschichte neu als eine historische Psychologie. Gefühle, Sinneswahrnehmungen und Denkformen galten nunmehr als gleichermaßen relevante Forschungsobjekte; an die Stelle der vielfach abstrakt gebliebenen Rede von der Trägerschaft von Ideen setzten Febvre und Bloch die Denkfigur der «Lebensweise», der «façons de sentir», schließlich bürgerte sich dafür der Terminus Mentalitäten ein.

3.) Sie formulierte neue Leitbilder historiographischer Synthese. Mit der Idee der «histoire-problème» und der «histoire totale» schuf Lucien Febvre zwei griffige Formeln, die jedoch ambivalent blieben und entsprechend vielfältige Auslegungen und Anwendungen gefunden haben. Während die «histoire totale» den alten Traum einer umfassenden Darstellung des «Zusammenhangs» einer Epoche wiederbelebt, also durchaus dem Ganzheitstraum der Volksgeschichte oder anderer zeitgenössischer Synthesen verbunden bleibt, gleichzeitig «Breite» wie «Tiefe» der Darstellung, analytische Schärfe und darstellerische Anschaulichkeit postuliert, formulierte Febvre mit der «histoire-problème» ein zwar ebenfalls ambitioniertes, der wissenschaftlichen Alltagspraxis aber zweifellos näherstehendes und logisch geschlossenes Konzept. Geschichtsforschung und Geschichtsdarstellungen sollen Antworten auf eine wissenschaftliche Fragestellung sein, die Selektivität der Materialsichtung und der Darstellung hat sich streng an der Konstruktionsleistung des Historikers zu orientieren.

International schufen die Zurückdrängung nationalistisch-völkischer Richtungen in der Geschichtswissenschaft nach der Kapitulation der Achsenmächte und Japans, der Export der marxistischen Historiographie sowjetischer Prägung mit der Entstehung des sozialistischen Blocks in Europa und Asien Konstellationen, die der Annales-Historiographie günstige nationale und internationale Aufnahmebedingungen brachten.

In Frankreich selbst rückte eine jüngere Historikergeneration nach, deren Vertreter bereits von den Vorbildern Bloch und Febvre geprägt worden waren bzw. als Schüler der beiden wichtigsten Historiker der *Annales*-Richtung in den 50er und 60er Jahren, Fernand Braudel und Ernest Labrousse, ihre wissenschaftliche Laufbahn begannen: Letzterer war Nachfolger Blochs auf dem Lehrstuhl für Wirtschaftsgeschichte an der Sorbonne und beeinflusste durch die Vergabe von Forschungsthemen und die methodisch-konzeptionelle Betreuung zahlreicher thèses d'Etat auf dem Feld der Politik-, Sozial- und Wirtschaftsgeschichte Frankreichs zwischen 1750 und 1950 nachhaltig die Ausrichtung der französischen Forschung in der Neueren und Neuesten Geschichte. Da Labrousse es vermied, in den politisch-ideologischen Konflikten im dominant linken Meinungsspektrum der Intellektuellen Partei zu ergreifen, gehörten sowohl Kommunisten wie Sozialisten und Gemäßigte zu seinen Schülern. Labrousse selbst verband aufs engste die Traditionen der historischen Schule der Nationalökonomie mit denen der sozialistischen Geschichtsschreibung in Frankreich.

Offenheit gegenüber marxistischen Strömungen zeichnete trotz größerer Distanz des eigenen Ansatzes auch Fernand Braudel aus, der als Spezialist der Geschichte des Mittelmeerraums und des frühneuzeitlichen Kapitalismus zahlreiche Kontakte und Verbindungen zu ausländischen Fachkollegen pflegte und seit 1956 als Präsident der neugegründeten VI. Section der Ecole pratique des hautes Etudes (ab 1972 dann Ecole des Hautes Etudes en Sciences Sociales) dafür sorgte, dass diese Pariser Hochschule (1947 gegründet) zu einem internationalen Zentrum für Wirtschafts- und Sozialgeschichte sowie für die Kooperation zwischen Historikern und ihren Nachbardisziplinen wurde [*Mazon, Gemelli*].

Die dreifache institutionelle Verankerung – in der Zeitschrift *Annales E.S.C.*, in den französischen Universitäten und schließlich an der stärker international ausgerichteten VI. Section – schuf die Grundlagen dafür, dass Stellenangebote, Publikationschancen und Auslandskontakte die intellektuellen Impulse und Anregungen des *Annales*-Denkstils verstärkten, und sorgte dafür, dass die kleine Gruppe der Neuerer innerhalb von knapp 20 Jahren eine einflussreiche, in manchen Bereichen der Neuzeitforschung beherrschende Gruppierung im französischen Historikerfeld wurde [*Raphael 1994*].

6. Das Forschungsprogramm der fünfziger und sechziger Jahre

Zusammenhalt und Orientierung stifteten in dieser Phase raschen Wachstums die Bezüge zur eigenen Vergangenheit: Die Werke von Febvre und Bloch avancierten rasch zu Klassikern der neuen Strömung. Ihnen zur Seite traten aber rasch auch die Schriften Ernest Labrousses für diejenigen Sozial- und Wirtschaftshistoriker, die sich mit der französischen Geschichte der Neuzeit beschäftigten. Ernest Labrousses Untersuchung über die Konjunkturzyklen am Ende des Ancien Régime (*Labrousse*) lieferte das Modell statistischer Beschreibungskunst von Preisbewegungen und Einkommensverhältnissen: Seine Schüler gingen in den 50er und 60er Jahren daran, in den Archiven die bislang übersehenen Datenreihen zu Preis, Vermögen und Besitz von agrarischer und gewerblicher Produktion auszuwerten, mit deren Hilfe sie die Wirtschafts- und Sozialstruktur französischer Regionen zwischen 1700 und 1900 neu kartierten.

Gestützt auf diese methodischen und theoretischen Grundlagen forschten Vertreter der «dritten Generation» der *Annales* wie Emanuel Le Roy Ladurie, François Furet, Pierre Goubert, Michel Vovelle oder Maurice Agulhon zunächst einmal auf den Gebieten neuzeitlicher Wirtschafts- und Sozialgeschichte: Schwerpunkte waren die Geschichte der Agrarstrukturen und des Handels. Bis zum Ende der 60er Jahre sind so zahlreiche Studien zu Frankreich zwischen 1700 und 1900 sowie zum westlichen Mittelmeerraum zwischen 1500 und 1800 entstanden, die der *Annales*-Strömung wachsende internationale Anerkennung einbrachten. Bis Ende der 60er Jahre rückte dabei das Interesse an der Weiterentwicklung quantifizierender Methoden immer stärker in den Vordergrund.

Die internationale Ausstrahlung von Braudels Arbeiten war jedoch ungleich stärker. Sein erstes Hauptwerk (*Braudel 1966*), zuerst

1949 erschienen, 1966 in zweiter, überarbeiteter Auflage wiederaufgelegt, versuchte radikal wie kein anderes Werk der *Annales*-Historiographie das Programm einer histoire totale, einer «Gesamtgeschichte» zu realisieren. Braudel entwarf das dreigeteilte Panorama von geohistorischen Grundlagen, wirtschaftlich-sozialen Konjunkturen sowie politisch-militärischen Ereignissen des Mittelmeerraums in der 2. Hälfte des 16. Jahrhunderts. Lange Dauer, Strukturen und Konjunkturen wurden Leitbegriffe des *Annales*-Denkstils, die Dreiteilung historischer Zeiträume in eine quasi immobile Geschichte der materiellen Lebensgrundlagen und geographischen Rahmenbedingungen, die 30, 50 oder gar 100 Jahre umspannenden Zyklen sozialer und wirtschaftlicher Konjunkturen sowie die Dramatik kurzfristiger politischer, aber auch sozialer und kultureller Ereignisse zum bevorzugten Gliederungsmuster ihrer Studien. Die theoretischen Beiträge Braudels der späten 50er Jahre explizierten diese Denkfiguren, die das Profil der *Annales*-Richtung in den folgenden zwei Jahrzehnten prägten (*Braudel 1969*). Dieses Zeitschema war aufs engste verknüpft mit einer dreistöckigen Architektur der geschichtlichen Welt. Das «Kellergeschoss» der materiellen Kultur, der naturgeographischen und biologischen Grundlagen historischen Geschehens wurde als Reich dauerhaft wirksamer Trägheitsgesetze, als Bereich der «immobilen» Geschichte, der unmerklichen und äußerst langsamen Veränderungen konzipiert. Das Erdgeschoss bevölkerten die Phänomene der Wirtschafts- und Sozialgeschichte: Hier herrschen die großen, Kollektive tragenden Trends, die wiederkehrenden Zyklen, und hier lassen sich die epochalen Zusammenhänge erkennen, aus deren Strukturen und Konjunkturen sich die Logik der politischen und sozialen Konflikte erklären lässt. Das oberste Stockwerk war der Ereignisgeschichte des politisch-militärischen Geschehens, der großen Männer und ihrer Ideen, der kurzfristigen Planungen, aber auch der kollektiven Leidenschaften vorbehalten.

Unklar blieb, welcher Platz der Mentalitäten- und Kulturgeschichte zugewiesen werden sollte. Sie war in sich bereits sehr heterogen und umfasste neben den immobilen Prägungen der Zivilisationen auch die eher ephemeren Schöpfungen von Kunst und Literatur oder die dauerhaftere Welt kollektiver Gefühle und Vorstellungen. Die von Febvre und Bloch so stark betonte sozialpsychologische Dimension aller historischen Phänomene wurde bei

Braudel zu einer Zwischenwelt, in der die Verspätungseffekte kultureller Anpassungsleistungen an veränderte Strukturen und Konjunkturen zu beobachten waren. Zum geflügelten Wort wurde Labrousses Kommentar, als er von den Mentalitäten als «Gefängnissen der langen Dauer» sprach und damit dieses Stockwerk quasi zwischen Keller- und Erdgeschoss ansiedelte.

Die in den Nachkriegsjahrzehnten so erfolgreichen empirischen Sozialwissenschaften wurden für einen Teil der *Annales*-Historiker zum neuen Leitbild. Die *histoire sérielle*, die quantifizierende Auswertung gleichförmiger Massenquellen, wurde zum Leitbild vor allem bei größeren Forschungsvorhaben. Doch nur wenige *Annales*-Historiker traten den Weg in die «historischen Sozialwissenschaften» bzw. die historische Ökonometrie an, wie sie sich zeitgleich in Nordamerika und den europäischen Nachbarländern entwickelte. Die Mehrheit blieb konventionelleren Formen beschreibender Sozial- und Wirtschaftsgeschichte treu.

Als Forschungszusammenhang profilierte sich die *Annales*-Strömung zwischen 1949 und 1969 am Centre de recherches historiques an der VI. Section. Hier ließ sich erproben, wovon die erste Generation der *Annales*-Historiker geträumt hatte: in Analogie zum Labor in den Naturwissenschaften auch in der Geschichte «kollektive» Forschungsarbeit zu leisten, in Arbeitsteams übergreifende Problemstellungen über einen längeren Zeitraum zu untersuchen und zu gemeinsamen Ergebnissen zu gelangen. Nach bescheidenen Anfängen wuchs seit 1958 dieses Forschungsinstitut dank Stellenausbau und Forschungsförderung rasch zu einem Großforschungszentrum, an dem 1971 schließlich 89 wissenschaftliche Mitarbeiter beschäftigt waren, welche in längerfristig zusammenarbeitenden Forschergruppen bzw. kurzfristig zusammengestellten Projektteams eine immer breitere, aber auch immer zusammenhanglosere Palette von Themen von der Alten Geschichte bis zur Zeitgeschichte bearbeiteten. Während in der Frühphase, noch unter eher bescheidenen Rahmenbedingungen, ein kleines Team von Wirtschaftshistorikern sich vor allem mit Editionsprojekten und eigenen Forschungen zur Wirtschaftsgeschichte der Frühen Neuzeit beschäftigte, traten bald als neue wichtige Arbeitsfelder die historische Demographie, die mittelalterliche Archäologie, schließlich die Kultur- und Medizingeschichte des 17. bis 19. Jahrhunderts hinzu. Die Boomphase zwischen 1966 und 1973 stand deutlich im Zeichen der neuen quantifizierenden Ansätze, die im CRH von der Wirtschafts- und Sozialgeschichte auch auf kulturgeschichtliche Problemstellungen übertragen wurde. Das Vordringen quantitativer Methoden ist ohne diese spezifischen institutionellen Voraussetzungen nicht denkbar [*Raphael* 1994, *Burke* 1990].

Neben diesem wirtschafts- und sozialgeschichtlichen Hauptstrom entwickelte sich seit den späten 50er Jahren eine Sozialgeschichte kultureller Phänomene, die sich selbst als «Mentalitätengeschichte» präsentierte. Georges Duby und Robert Mandrou griffen zum einen auf Ansätze von Febvre und Bloch zurück, zum andern nahmen sie die vielfältigen Impulse auf, die seit den 50er Jahren von der Kulturanthropologie ausgingen. Einflussreich wurde drittens der tiefenpsychologische Deutungsansatz von Alphonse Dupront, der in den massenhaften Kulturphänomenen die Spuren eines kollektiven Unbewussten zu finden hoffte. Vorstellungswelten und Denkmuster sozialer Gruppen, ja ganzer Epochen wurden zum Gegenstand dieser Forschungsrichtung. Auch ihr Hauptarbeitsfeld waren Mittelalter und Frühe Neuzeit. Typischerweise kombinierten zahlreiche Vertreter der «Dritten Generation» wie Emanuel Le Roy Ladurie, Georges Duby, Jacques le Goff, Pierre Chaunu oder François Furet die Fragestellungen der beiden Hauptrichtungen der *Annales*-Historiographie der 60er Jahre: In ihren besten Werken blieb die neue Mentalitätengeschichte aufs engste mit der älteren Wirtschafts- und Sozialgeschichte verknüpft.

Im Unterschied zu anderen Schulbildungen entwickelte sich somit die *Annales*-Richtung zu einer Art von Pakt, der Anfang der 70er Jahre bereits vier Historikergenerationen umfasste und in faszinierender Weise die eigenen Traditionen pflegte und zugleich das Ziel innovativer Forschung weiterverfolgte. Doch bereits die «vierte Generation», welche dann in den 70er Jahren nachrückte, arbeitete unter gänzlich anderen Bedingungen als ihre Vorgänger. Die leitenden Ideen der *Annales*-Gründer waren inzwischen Gemeingut der französischen Historiker geworden, die Sozial- und Wirtschaftsgeschichte hatte sich innerhalb des Faches durchgesetzt, zentrale Ideen der *Annales*-Richtung wie die «lange Dauer» und die Trennung von Struktur und Ereignis waren zu Denkgewohnheiten zahlreicher Historiker geworden. Die Innovationen der *nouvelle histoire* lagen auf dem Feld der Mentalitätengeschichte, die sie zur «historischen Anthropologie» erweiterte. Die Kulturgeschichte frühneuzeitlichen Alltagslebens mit den zentralen Themen Tod, Geburt, Krankheit, Heirat, die Sozialgeschichte der Familie und drittens die Hinwendung zur Geschichte der Marginalisierten und Unterdrückten wurden ihre zentralen Arbeitsgebiete. Geprägt blieb diese Richtung von den kulturkritischen und fortschrittsskeptischen Perspektiven, die im Zuge der kulturellen Umbrüche nach 1968 innerhalb des intellektuellen Feldes an Einfluss gewannen. Damit ging sie zugleich auf in den größeren internationalen Strömungen einer neuen Kulturgeschichte, welche nicht mehr primär durch nationale Traditionen geprägt worden ist.

7. Internationale Verbindungen und Wirkungen

Am Beginn des 21. Jahrhunderts sind zahlreiche Werke und Autoren der *Annales*-Strömung weltweit bekannt, sie genießt international hohes Ansehen. Dieser Erfolg hat sich jedoch erst allmählich und eigentlich sehr spät eingestellt. Bis 1939 war das Echo auf die französische Neugründung zunächst noch ausgesprochen leise gewesen, bei einer Auflagenhöhe zwischen 500 und 1000 Exemplaren pro Heft ging nur ein kleiner Anteil der Abonnements ins Ausland. Die internationalen Kontakte der Herausgeber stützten sich zum einen auf die Kooperation der Wirtschafts- und Sozialhistoriker auf dem Gebiet der Preisgeschichte der Frühen Neuzeit, darüber hinaus beruhten sie jedoch vor allem auf Gemeinsamkeiten theoretischer und methodischer Art. Klärung der Fachbegriffe und politischer Schlüsselbegriffe in den europäischen Sprachen, Relativierung der nationalgeschichtlichen Betrachtungsweise durch übergreifende Fragestellungen und die Suche nach möglichen Gemeinsamkeiten waren Ziele, die auch heute noch aktuell sind, zum damaligen Zeitpunkt aber radikale Gegenmaßnahmen gegen die fortschreitende nationalistische Parteilichkeit und ihre ideellen Autarkietendenzen darstellten.

Eine breitere Wirkung entfalteten die *Annales* jedoch erst nach dem Zweiten Weltkrieg, vielerorts sogar erst nach 1960, als bereits eine weitere Generation von Historikern die Impulse der Gründer weitergetragen, eigene hinzugefügt und die Zeitschrift mit neuen Themen und Konzepten gefüllt hatte. Marc Blochs Bücher wurden seit 1949/50 übersetzt, zunächst ins Italienische, später dann ins Englische, Spanische, Russische sowie ins Deutsche. Lucien Febvres internationaler Siegeszug begann wie der Braudels und der jüngeren *Annales*-Autoren eigentlich erst in den 70er Jahren.

Selbstverständlich bedarf eine so pauschale Bewertung der Nuancierung: In der Alten Geschichte sowie in der Erforschung des 20. Jahrhunderts blieb das internationale Echo gering. Auf diesen Forschungsfeldern hatte die *Annales*-Strömung nur wenig zu bieten oder aber wurde nicht entsprechend wahrgenommen. Unter Mediävisten und Neuzeithistorikern war das Interesse an den Forschungen der Annales deutlich größer. Die Forschungen zum langen 19. Jahrhundert (1789–1914) stellen bereits einen Übergangsbereich dar. Angesichts der ausgeprägten nationalgeschichtlichen Besonderheiten dieses Forschungsgeländes waren die Exportchancen auf diesem Gebiet bereits deutlich geringer.

Zum großen internationalen Echo trugen die *Annales*-Historiker maßgeblich durch ihre entschieden internationale Ausrichtung bei. Die von Braudel geleiteten Pariser Wissenschaftseinrichtungen, Maison des Sciences de l'Homme, VI. Section und das Centre de recherches historiques zogen immer wieder ausländische Historiker an und machten Paris zu einem internationalen Zentrum der Wirtschafts- und Sozialgeschichte der Neuzeit. Vor allem jüngere Forscher aus der romanischen Welt, aus Polen und Ungarn, seit den 70er Jahren dann auch aus den angelsächsischen Ländern traten in direkten Austausch mit den *Annales*-Historikern. Das unorthodoxe Idiom der *Annales*-Historiographie war in besonderem Maße geeignet, in Zeiten des Kalten Krieges und der Blockkonfrontation eine Brückenfunktion zu übernehmen [*Gemelli*].

Unter Labrousse und Braudel wuchs der Einfluss marxistischer Ideen, mit Pierre Vilar, Spezialist für die Wirtschafts- und Sozialgeschichte Spaniens seit dem 18. Jahrhundert, gehörte ein marxistischer Historiker zum engeren Kreis der 2. Generation, viele Schüler Ernest Labrousses verbanden die strenge sozial- und wirtschaftsstatistische Methodik mit einer marxistisch inspirierten Klassen- und Konflikttheorie. Auf den unterschiedlichen Forschungsfeldern suchten die *Annales*-Vertreter den Dialog mit ihren marxistischen Kollegen, ertragreich wurde diese Kooperation vor allem im Fall unorthodoxer Fachvertreter aus Lateinamerika, Italien, Großbritannien, Polen und Ungarn. Gleichzeitig hielten sie Kontakt zum mainstream der Sozialhistoriker in den westlichen Historikerfeldern, die eher bei Max Weber oder anderen Klassikern der Soziologie konzeptionelle Anknüpfungspunkte für die eigene Arbeit fanden.

So spielen die politischen Systemgrenzen nur eine nachgeordnete Rolle in der weltweit recht unterschiedlichen Verbreitung der *Annales*-Ideen und Werke. Im sozialistischen Lager stehen Ländern wie der Sowjetunion, China oder auch der DDR, in denen die *Annales*-Historiographie vor 1985/89 kaum oder gar keine Wirkung zeigte und Vertreter der orthodox marxistischen Hauptströmung eine ernsthafte Auseinandersetzung mit ihren Ideen vereitelten, die Fälle Polens oder Ungarns gegenüber, in denen es in den 60er und den 70er Jahren zu einem intensiven Austausch mit der Annales-Historiographie kam. Polnische und ungarische Wirtschafts- und Sozialhistoriker pflegten einen ausgesprochen engen Kontakt mit ihren Pariser Kollegen, und mit György Ránki, Bronislaw Geremek, Witold Kula oder Jerzy Topolski sind zugleich einflussreiche Historiker dieser Länder genannt, welche sich darum bemühten, die Anregungen der Annales für die Weiterentwicklung der eigenen Geschichtswissenschaft zu nutzen [*Pomian*].

Auch die besonders frühen Erfolge der *Annales*-Strömung in den romanischen Ländern spiegeln ihre Akzeptanz in beiden ideologischen Lagern des Kalten Krieges. In Spanien, Lateinamerika und Italien bahnten die Wissenschaftskontakte, welche Fernand Braudel, Pierre Vilar und andere Historiker aufgebaut hatten, den Weg zu einer breiteren Rezeption der gesamten Strömung. Zugleich war in diesen Ländern die fachinterne Konstellation ganz ähnlich der Situation, der die *Annales* in Frankreich ihren Aufstieg zu verdanken hatte. Auch hier dominierte eine eng gefasste Politik- und Ideengeschichte die Institutionen, und der Aufbau einer Wirtschafts- und Sozialgeschichte war gemeinsames Anliegen von Spezialisten der unterschiedlichsten politischen und methodischen Ausrichtung. Die *Annales*-Historiographie lieferte hier internationale Unterstützung, und ihre Werke wurden als Musterbeispiele methodisch innovativer Geschichtsforschung rezipiert.

In Ländern, in denen bereits eigene sozialgeschichtliche Traditionen und Schulbildungen existierten, war die Aufnahme naturgemäß verhaltener, mal kritischer, aber vor allem auch passiver bei den Fachexperten. In den Vereinigten Staaten, Großbritannien, den skandinavischen Ländern und in der Bundesrepublik etwa war es das breitere Publikum, das den *Annales*-Autoren zum Durchbruch verhalf und dann einer jüngeren Generation von Historikern den Weg zu erneuter, aufnahmebereiterer Lektüre wies.

Nach 1970 verstärkte sich schließlich der Trend zur Spezialisierung der internationalen Kontakte: er ließ internationale Fachgemeinschaften entstehen, die vielfach Vertreter der *Annales* in ihren Reihen aufnahmen. Schließlich ist auch andersherum zu beobachten, wie seit den 70er Jahren die nouvelle histoire nun ihrerseits diese neuen Tendenzen im Ausland aufnahm: das intellektuelle Profil der *Annales ESC* in den 70er Jahren ist stark geprägt worden durch Aufsätze amerikanischer oder britischer Sozialhistoriker. Die quantifizierende historische Soziologie, die new urban history, die new economic history, die historische Familienforschung, schließlich die neuen kulturgeschichtlichen Forschungen US-amerikanischer oder britischer Provenienz fanden nun verstärkt Eingang in die französische Zeitschrift. Während für eine breitere Leserschaft erst jetzt die Zeit der Entdeckung der neuesten französischen Geschichtsschreiber begann, setzte in der Kommunikation unter Spezialisten bereits eine neue Phase ein, in der der Ideentransfer nach Frankreich wieder zunahm und die jüngste französische Geschichtswissenschaft sich stärker als in der Blütezeit der *Annales* auch für die Innovationen außerhalb des eigenen Historikerfeldes interessierte.

8. Fazit: «Denkstil» und «historische Ideen» statt Paradigmen

Streng genommen veränderte sich der Charakter der *Annales*-Richtung seit 1929 so stark, dass Zweifel anzumelden sind, ob sie en bloc mit anderen Ansätzen oder Strömungen der modernen Geschichtswissenschaft verglichen werden kann. Dennoch veranschaulicht ihre internationale Erfolgsgeschichte exemplarisch die Konstellation, in der Theorien und Methoden forschungswirksam wurden, nämlich als praxisleitende Denkstile, welche sich an konkreten Lösungen in Form vorbildlicher Werke und an einige leitende «historische Ideen» im Sinne Kracauers hielten. Auffällig ist auch, dass selbst der «Schul»-Begriff an dieser Stelle zu eng ist.

Bei der *Annales*-Strömung handelte es sich bis in die 50er Jahre um eine kleine Gruppe, die häufig durch persönliche Kontakte verbunden, einem gemeinsamen «Denkstil» verpflichtet blieb. In der Folgezeit wandelte sie sich in ein lockeres Zweckbündnis und einen offenen Ideenzusammenhang von Wirtschafts-, Sozial- und Kulturhistorikern, deren institutionelles Rückgrat die VI. Sektion war und die sich einer gemeinsamen Tradition verpflichtet fühlten. Dabei haben Begriffe und Leitideen der Nachbarfächer immer wieder die Sprache der *Annales*-Historiker angereichert, hinterließen Marxismus und Strukturalismus als die beiden erfolgreichsten Theorieentwürfe in den französischen Humanwissenschaften der 60er Jahre nachhaltige Spuren. Entsprechend unterschiedlich fallen immer noch Urteile und Deutungsversuche aus, wenn es darum geht, den Platz der *Annales* in der modernen Geschichtswissenschaft zu bestimmen. Die intellektuelle Krise der politischen Nationalgeschichte in der Zwischenkriegszeit war ihr Ausgangspunkt. Die Innovationen der frühen *Annales* gehören in den internationalen Zusammenhang zahlreicher Neuansätze hin zu einer breiteren, den neuen Massenphänomenen in Wirtschaft und Gesellschaft Rechnung tragenden Forschung. Die *Annales*-Historiker haben dabei nach 1945 den Weg einer politikfernen Sozialgeschichte beschritten, die soziale Prozesse, kollektive Kräfte und vor allem die Trägheitsgesetze von «Strukturen» ins Rampenlicht gerückt hat. Erfolgreicher als die meisten anderen Neuansätze hat sie dabei zugleich auch die Muster nationaler Geschichtskultur umgeprägt: Ein wesentliches Ergebnis von mehr als 30jähriger Forschungsarbeit der *Annales*-Strömung ist wohl darin zu sehen, dass sie die nationale Erinnerung auf das vielfältige Kulturerbe aller sozialer Schichten der vorindustriellen Zeitalter gelenkt hat. Markant ist auch, dass sie seit ihren Anfängen den schwierigen Balanceakt zwischen wissenschaftlicher Distanz und politischem Engagement immer wieder von neuem bewältigt hat und damit einen wichtigen Beitrag leistete, die Autonomie historischer Forschung zu verteidigen.

Schließlich dürfen die literarischen Qualitäten der *Annales*-Historiographie nicht vergessen werden. Sie haben vielen Werken eine breite Leserschaft gesichert, und die *Annales* haben sicherlich dazu beigetragen, die Kluft zwischen einem breiteren Publikum und der «Avantgarde» der Geschichtswissenschaft in Frankreich zu verkleinern. An diesem Punkt trennten sich auch die Wege der *Annales* von jenen, die in einer historischen Sozialwissenschaft, in der weiteren Verfachlichung der historiographischen Darstellungsformen die Zukunft des Faches sahen.

9. Zwei Beispiele

***Marc Bloch**, La société féodale, 2 Bde. Paris, 1939, 1940 (dt. Die Feudalgesellschaft, Frankfurt/M. 1982).*

Blochs Übersichtsdarstellung erschien unmittelbar vor der Niederlage Frankreichs. Ganz ähnlich wie Brunner geht es Bloch darum, das Ensemble von Rechtsformen, Sozialbeziehungen und politischen Verhältnissen zu analysieren und darzustellen, das mit dem «Lehen» (feudum) eine strukturelle Verbindung eingegangen ist und eine ganze Epoche der europäischen Geschichte geprägt hat. Kernbereich seiner Untersuchung sind der karolingische Okzident und England im Zeitraum zwischen 850 und 1250. Im ersten Band beschäftigt Bloch sich mit der Herausbildung personaler Abhängigkeiten und Bindungen, die schließlich in Grundherrschaft und Lehenswesen ihre institutionelle Verfestigung finden. Die Genese erklärt Bloch aus den zeittypischen Kontexten: den Invasionen des 8. und 9. Jahrhunderts, den materiellen Lebensbedingungen und dem geistigen Klima. Die Einrichtungen personaler Abhängigkeiten sieht Bloch eingebettet in spezifische Formen des Fühlens und Denkens. Erst vor diesem Hintergrund analysiert Bloch die unterschiedlichen Formen von Abhängigkeit, Blutsbande, Verwandtschaften, Vasallität und Lehensbindungen, die er jeweils in ihrem Grundtyp und in ihren regionalen Differenzierungen darstellt. Besondere Aufmerksamkeit widmet er der Ausprägung der Grundherrschaft und den Formen von Hörigkeit und abgestufter Freiheit.
Im zweiten Buch «Die Klassen und die Verwaltung über die Menschen» stellt Bloch die sozialen Gruppenbildungen und politischen Herrschaftsformen dar, die aus den Institutionen des Lehenswesens resultieren. Nacheinander schildert er Adel, Klerus, Bürger und Bauern und deren Lebenswelten und zeichnet anschließend den Weg vom Zerfall und Wiederaufstieg regionaler bzw. zentraler Herrschaftsstrukturen nach, der in den langen Prozess moderner Staatsbildung in Europa seit dem 14. Jahrhundert einmündet. In einem knappen Schlusskapitel skizziert Bloch den Feudalismus als einen sozialen Typus und vergleicht ihn mit ähnlichen Phänomenen in Japan.
Bloch stellt das Lehenswesen als Ergebnis brutaler Auflösungsprozesse und kriegerischer Invasionen und eines parallel laufenden Prozesses der Aneignung bäuerlicher Arbeitskraft und -erträge durch lokale Waffenträger dar. So bildet sich eine markante Ungleichheit heraus, die gleichzeitig durch ein Netzwerk persönlicher Bindungen, durch Personenverbände sozial strukturiert wird. Dabei konzipiert Bloch die Feudalgesellschaft anders als Brunner keineswegs als geschlossenes

System. Freie Bauern, Kommunen und Genossenschaften entwickelten Gegenmodelle horizontaler Beziehungen, daneben existierten ältere Ordnungssysteme wie Großfamilie und Staat weiter. Klerus und Stadtbevölkerung verblieben außerhalb der feudalen Ordnung. Bloch nimmt das Durkheimsche Modell ernst und interpretiert den Zusammenhang der Feudalgesellschaft auf ihrem Höhepunkt als Ergebnis sozialpsychologischer Wirkungszusammenhänge: Personale Abhängigkeit, ihre Riten und Rechtsformen prägten Denken und Fühlen der Menschen.

Literatur: L. Kuchenbuch, Art. in: [Reinhardt, 52–55]; L. Boia, Art. in: [Boia, 221–223]; Atsma, H./Burguière, A. (Hgg.), Marc Bloch aujourd'hui. Histoire comparée et sciences sociales, Paris 1990.

***Fernand Braudel,** La méditerranée et le monde méditerranéen à l'époque de Philippe II, Paris 1949, 1966 (dt. Das Mittelmeer und die mediterrane Welt in der Epoche Philipps II., 3 Bde., Frankfurt/M. 1990).*

Braudels erstes Hauptwerk ist nach mehr als zehnjährigen Forschungsreisen in die Archive der Mittelmeerländer geschrieben worden. Die erste Auflage erschien 1949, eine zweite, grundlegend überarbeitete Auflage 1966. Berühmt geworden ist die Dreiteilung, die Braudel seinem Werk zugrunde legte: im ersten Band schildert er die geographischen Raumstrukturen in der Mittelmeerwelt des 16. Jahrhunderts, im umfangreichsten zweiten Teil untersucht er die Grundformen von Wirtschaft, Gesellschaft, Politik und Kultur, im dritten Band schildert er das machtpolitische Geschehen im Mittelmeer während der Regierungszeit Philipps II. von Spanien (1556–1598). Diesen drei Darstellungsebenen ordnete Braudel unterschiedliche Zeitmaße zu: der quasi unbewegten Geschichte der Umwelt folgt die Ebene langsamen Strukturwandels in Wirtschaft, Gesellschaft und Kultur, bevor im 3. Teil die bewegte Oberfläche des vor allem politischen Tagesgeschehens zur Darstellung kommt. Im ersten Band stützt sich Braudel vor allem auf die zeitgenössische geographische Forschungsliteratur, wenn er unterschiedliche Naturräume des Mittelmeerraums schildert – im Zentrum stehen dabei interne Austauschbeziehungen (Nomaden, Transhumance, Wanderungen zwischen Berg und Ebene) und die Öffnung des Mittelmeerraums hin zu seinen «Randzonen». Der zweite Band entwirft ein wirtschaftshistorisches Tableau von Landwirtschaft, Handel und Gewerbe des Mittelmeerraumes. Die Gesellschaften des westlichen Mittelmeerraums sieht Braudel gekennzeichnet durch die grundherrliche Reaktion des Adels und die Hinwendung des Handelsbürgertums zu Landbesitz und Nobilitierung, während die Unterschichten verelendeten.

Die machtpolitische Konfrontation zwischen Spanien und dem Osmanischen Reich, deren Ereignisgeschichte während der Regierungszeit Philipps II. von Spanien im dritten Band erzählt wird, beruht für Braudel auf der schroffen Abstoßung der primär religiös geprägten Kulturwelten des islamischen Ostens und Südens und der christlichen Westhälfte des Mittelmeerraums.

Braudels Buch ist seit seinem Erscheinen als Musterbeispiel für eine neuartige «histoire totale» gelesen worden – darin sind sich Bewunderer und Kritiker einig. Zunächst in den romanischen Ländern, mit der englischen Übersetzung (1973) auch in der englischsprechenden Welt – frühestens in den achtziger Jahren dann auch im deutschsprachigen Raum wurde Braudels erstes Hauptwerk zu einem Klassiker der französischen Annales-Strömung. Entscheidend dazu beigetragen hat, dass es in eleganter Sprache historische Bilder gestaltet und exemplarische Geschichten erzählt, die durch alltagssprachliche Begriffe argumentativ verknüpft sind. Vor allem die zahlreichen pittoresken Details schaffen Anschaulichkeit. In dieser Hinsicht steht das Werk in der Tradition der Historiographie des 19. Jahrhunderts. Aus der farbigen Darstellungsweise resultiert aber auch eine schillernde Vielfalt, die den Kontroversen um das Werk weitere Nahrung gegeben hat. Die konzeptionellen Grundlagen dieses Buches sind ausgesprochen heterogen. Braudel hat zahllose Forschungsergebnisse von Historikern, Nationalökonomen und Geographen verarbeitet und sich offen gezeigt für die unterschiedlichsten Ansätze und Ideen, insbesondere die deutsche Antropogeographie (und deren Gliederungsschema Raum – Wirtschaft – Gesellschaft) und die historische Schule der Nationalökonomie (v. a. Sombart). Das konkrete Vorbild lieferte aber die Studie *La Franche Comté à l'époque de Philippe II* seine Mentors Lucien Febvre. *La Mediterrannée* hat anhaltende Aufmerksamkeit vor allem aufgrund folgender drei Aspekte errungen: 1. durch seinen geohistorischen Ansatz. Indem Braudel französische Traditionen unter dem Einfluss der deutschen Antropogeographie weiterentwickelt, unterstreicht er die Abhängigkeit der Menschen in der Mittelmeerwelt des 16. Jahrhunderts von ihren naturräumlichen Bedingungen und die Langsamkeit von Veränderungen auf dieser ersten Ebene der historischen Zeiten. Braudel betonte die Grenzen menschlicher Gestaltungsspielräume und das Gewicht geographischer Faktoren in der Mittelmeerwelt. 2. wurde das Buch zum Modell für eine historiographische Synthese, die um das Konzept der «Struktur» kreist. Braudel fasst den Begriff deskriptiv, um dauerhafte Zusammenhänge zwischen konkreten Sachlagen und Verhaltensweisen zu bezeichnen, lehnte also abstrakt-formale Varianten des Begriffs auch in der 2. Auflage ab. Hier bediente er sich dazu der historischen Konjunkturforschung und der historischen Statistik, wie sie von Ernest Labrousse in die Annales-Historiographie eingeführt worden sind. Ihre Ergebnisse dienen dazu, Rhythmus und Umfang der Bewegungskräfte zu bestimmen.

Drittens hat die Trennung der politischen Ereignisgeschichte von den geohistorischen und strukturgeschichtlichen Teilen des Werkes nachhaltige Wirkungen und Kontroversen ausgelöst. Obwohl Braudel dieser Welt des Kurzzeitigen und Kurzweiligen grundlegende Bedeutung beimaß, weil nur sie Einsicht in die Lebens- und Erfahrungswelt der historischen Akteure gewährt, hat er diese Dimension seines Werkes nach 1949 de facto selbst abgewertet. Das architektonische Grundmodell von Schichten bzw. Etagen historischer Kausalitäten und Zeiten suggerierte Fernwirkungen von Geographie, Wirtschaft und Gesellschaft auf die politische Ereignisgeschichte und reduzierte im Gegenzug deren Eigengewicht.

Literatur: *L. Raphael, Art. in: [Reinhardt, 62–65]; G. Lewis, Art. in: [Boyd, 113–115]; P. Burke, Art. in: [Cannon, 50 f.]; B.S. Bailyn, «Braudel's Geohistory – a Reconsideration», in: Journal of Economic History, 11 (1951), 277–282; H. Kellner, «Disorderly Conduct: Braudel's Mediterranean Satire», in: ders., Language and Historical Representation, Madison 1989, 153–188; S. Kinser, «Annaliste Paradigm? The Geohistorical Structuralism of Fernand Braudel», in: American Historical Review, 86 (1981), 63–105; W. Reinhard, «Ein sozio-ökonomischer Schöngeist», in: Zeitschrift für historische Forschung, 19 (1992), 233–240.*

VII
Umwege und Sackgassen der marxistischen Geschichtswissenschaft

Gemessen an Umfang und Weite der historiographischen Produktion, aber auch an der Zahl der Historiker stellt die marxistische Geschichtsforschung zweifellos die größte Einzelrichtung innerhalb der Ökumene der Historiker dar. Auch hinsichtlich ihrer Internationalität sind ihr keine anderen Richtungen ebenbürtig. Dennoch ist ihr Status in der Geschichtswissenschaft des 20. Jahrhunderts viel prekärer, als es die triumphalistische Selbstsicht erwarten ließ, welche die offiziellen Vertreter der marxistisch-leninistischen Geschichtswissenschaft der sozialistischen Länder, aber auch die neomarxistischen Historiker der übrigen Historikerfelder in ihrer ideologischen Selbstabgrenzung von der «bürgerlichen» Geschichtsforschung der übrigen Welt an den Tag legten.

1. Vieldeutigkeit des marxistischen Geschichtsmodells

In ihren Forschungsmethoden oder in der erkenntnistheoretischen Reflexion der eigenen Berufspraxis unterschieden sich marxistische Historiker in der Regel kaum von ihren «bürgerlichen» Kollegen. Trotz der beeindruckenden Geschlossenheit des marxistischen Geschichtsmodells handelt es sich um ein hybrides Gebilde. Es setzt sich aus mindestens vier unterschiedlichen Komponenten zusammen:

1. Zahlreiche Historiker in allen Regionen der Welt haben sich in ihrer Forschungsarbeit an den «historischen Ideen» von Marx und an den eigenständigen historiographischen Traditionen des Marxismus seit dem späten 19. Jahrhundert orientiert. Wir werden sehen, dass der Marxismus in diesem Sinne, verstanden als Orientierung an Marxschen Ideen, aber auch an Themen und Thesen einer eigenständigen Forschungstradition sehr vielfältige Formen und Varianten angenommen hat.

2. Die marxistische Historiographie war und ist aber auch Teil der sozialistischen Bewegung, in der politische Parteinahme, weltanschauliche Fixierung der Deutung der sozialen Welt und schließlich wissenschafts- und erkenntnistheoretische Festlegungen über den Status und die Form geschichtswissenschaftlicher Forschung zu einer Einheit zusammengefügt worden sind. In dieser explizit geschlossenen Form als politische Ideologie oder Weltanschauung blieb die marxistische Geschichtswissenschaft eine singuläre Erscheinung, ihr «bürgerlicher» Widerpart erhob keinen entsprechenden umfassenden Wahrheitsanspruch und vertrat eine Vielzahl abweichender wissenschaftstheoretischer Positionen, ganz zu schweigen von den politischen Meinungen.

3. Der aus dem geschichtsphilosophischen und wissenschaftstheoretischen Erbe des 19. Jahrhunderts stammende Alleinvertretungsanspruch des Marxismus tradierte ein Fachverständnis, das den positivistischen Objektivitätsanspruch der empirischen Einzelwissenschaften und den umfassenden Erklärungsanspruch einer Sozialphilosophie (historische Gesetzmäßigkeiten) zu *einem* szientistischen Modell verband.

4. Mit der Gründung der Sowjetunion und dem Aufbau einer eigenständigen sowjetischen Geschichtswissenschaft in den 20er Jahren wurden marxistische Historiker Teil des staatssozialistischen Legitimationsapparats, ihre Produkte wurden damit aber auch einer besonders scharfen politischen und ideologischen Kontrolle seitens der Parteiführung unterworfen. Ein paradoxes Ergebnis dieser Umformung zu einer Legitimationswissenschaft war, dass staatsloyale oder nationalistische Strömungen vor allem auf dem Feld der nationalen Geschichtsschreibung eine Chance zur Weiterexistenz im weiten Rahmen des offiziellen marxistischen Geschichtskanons erhielten und auch nutzten. Wir haben bereits gesehen, in welchem Maße im Verlauf des 20. Jahrhunderts «Klasse» als Leitkategorie in einen nationalgeschichtlichen Deutungskontext und Sinnzusammenhang überführt worden ist.

Schließlich sind die im Folgenden betrachteten, explizit marxistischen Richtungen zumindest analytisch zu trennen von der Breitenwirkung, die Marx als Gesellschaftsanalytiker und Historiker im 20. Jahrhundert vielfach jenseits der Grenzen einer marxistischen Geschichtswissenschaft entfaltet hat. Marx' Kritik an idealistischen Grundannahmen in der Geschichtsforschung, seine historische

Relativierung und Kritik der liberalen Marktwirtschaft, schließlich seine Theorie ökonomischer Fundierung sozialer Ungleichheit und Konflikte haben zahlreiche Historiker beeinflusst. Ähnlich wie andere «soziologische» Klassiker (Tocqueville, Durkheim oder Max Weber) hat Marx so Eingang in die historische Forschung des 20. Jahrhunderts gefunden.

Die marxistische Geschichtsschreibung sowjetischer Prägung lehnte jedoch die sozialwissenschaftlichen Weiterführungen Marxscher Ideen und Entwürfe ab, stigmatisierte sie als besonders gefährliche Strategie ideologischer Unterwanderung und Zeichen eines gefährlichen «Revisionismus». Damit wurden Entwicklungen abgebrochen, die gerade in den ersten drei Jahrzehnten des 20. Jahrhunderts zu beobachten waren, als mit der Wissenssoziologie Karl Mannheims, der frühen Kritischen Theorie und anderen Ansätzen Brücken zwischen Marxismus und Soziologie geschlagen und für eine neue Sozial- und Kulturgeschichte genutzt wurden.

2. Grundprobleme marxistischer Geschichtsforschung

Gerade die enge Verbindung von Politik und Geschichtsforschung hat im Marxismus eine Reihe von Grundproblemen ganz scharf hervortreten lassen, welche immer wieder in den Mittelpunkt der internen Debatten und wissenschaftspolitischen Maßnahmen rückten.

1) Das marxistische Grundaxiom, historisches Geschehen primär als Geschichte von Klassenkämpfen und als fortschrittsorientierten Prozess der Emanzipation zu deuten, bedurfte der Anpassung an die konkreten politischen Zielsetzungen der sozialistischen Parteien und Regime. Die Geschichte von Klassenkämpfen konnte dabei sowohl als teleologische Fortschrittsgeschichte bis zu den siegreichen proletarischen bzw. nationalen Revolutionen des 20. Jahrhunderts und damit als historische Rechtfertigung der Herrschenden in den sozialistischen Diktaturen dienen. Sie konnte aber auch als die offene Geschichte des Widerstands subalterner Klassen (Gramsci) und des sozialen, politischen und kulturellen Konflikts zwischen ökonomischen Klassen interpretiert werden. Beide Wege und zahlreiche Zwischenlösungen sind im 20. Jahrhundert gewählt worden, in beiden Fällen musste die nationale Deutungsperspektive mit eingebunden werden.

2) Das Spannungsverhältnis zwischen Produktionsverhältnissen und Produktivkräften als den beiden anonymen Triebkräften der

historischen Entwicklung von Gesellschaften und Zivilisationen: Diese sehr allgemein formulierte «historische Idee» von Marx enthält den Forschungsimpuls für eine breitangelegte, offene «Gesellschaftsgeschichte», welche sowohl die Wirtschafts- und Technikgeschichte als auch die Sozial- und Rechtsgeschichte mit einschließt.

3) Das Denkmodell der ökonomischen Determinierung politischer, sozialer und kultureller Erscheinungsweisen. Mit dem einprägsamen Basis-Überbau-Modell verfügte die marxistische Geschichtswissenschaft über ein eindeutiges, auch kausal gedachtes Zuordnungsschema von ökonomischen Entwicklungsphasen, sozialen bzw. politischen Konflikten und kulturellen Erscheinungsformen bzw. Deutungsmustern der sozialen Welt; sooft dieses Schema an der Komplexität der Phänomene scheiterte, bot Friedrich Engels' Formel der «letzten Instanz» Hilfe, um offenere Formen der Verbindungen zu postulieren, aber auch um autonome Entwicklungstendenzen in Politik, Kultur und Gesellschaft ernst zu nehmen.

4) Der universalhistorische Erklärungsanspruch: Aus der eurozentrischen Weltsicht des 19. Jahrhunderts entstammend, blieb die marxistische Geschichtsschreibung gerade wegen des weltweiten Erfolgs der sozialistischen Bewegungen und kommunistischen Revolutionen an Fragen der Universalgeschichte interessiert. Für die Einbeziehung der frühen Hochkulturen außerhalb Europas, die Etappen der vorkapitalistischen und dann der kapitalistischen Entwicklung in den kolonialisierten Ländern Afrikas und Asiens stand der marxistischen Tradition vor allem das Stadienmodell aufeinanderfolgender Gesellschaftsformationen zur Verfügung, das gewissermaßen das Grundmuster der Weltgeschichte formulieren sollte. Auch hier trennten sich die Wege zwischen jenen, die eine eurozentrische Engführung betrieben und letztlich auch die übrigen Regionen der Welt in das der europäischen Vergangenheit abgewonnene Ablaufschema: kommunistische Urgesellschaften – antike Sklavenhaltergesellschaft – Feudalismus – Kapitalismus – Sozialismus zu pressen versuchten, und Strömungen, die «Sonderwege» und «Varianten» bevorzugten bzw. ganz auf das Stadienmodell verzichteten und nur noch die Idee der Gesellschaftsformation für die empirische Forschung gelten ließen.

Aus der Bearbeitung dieser Grundprobleme resultierten auch spezifische thematische und sachliche Schwerpunkte marxistischer Geschichtsforschung im 20. Jahrhundert.

Naturgemäß stand die Erforschung von Revolutionen im Mittelpunkt des Interesses. Die europäische Geschichte lieferte die klassischen Themen: Der Reigen spannt sich von den Sklavenaufständen der Alten Welt über die Bauernrevolten und städtischen Unruhen im Mittelalter bis hin zum Zyklus der «bürgerlichen» Revolutionen. Dieser Zyklus reichte von der englischen Revolution über die amerikanische Revolution bis hin zur großen Französischen Revolution, dann den Revolutionen des 19. Jahrhunderts: Er wurde gewissermaßen als Vorlauf und Vorbild der sozialen Revolutionen des 20. Jahrhunderts gedeutet. Deren Erforschung beschäftigte dann die marxistische Zeitgeschichte und brachte deren Vertreter angesichts der unmittelbaren politischen Relevanz jeder Detailforschung auf diesem aktuellen Gebiet in besonders prekäre politische Lagen.

Daneben untersuchten marxistische Sozial- und Wirtschaftshistoriker die Übergangsphase zwischen «Feudalismus» und «Kapitalismus» mit besonderem Interesse. Damit knüpften sie an die Debatten an, welche bereits von den historischen Schulen der Nationalökonomie und der frühen Wirtschaftsgeschichte über die Genese des modernen Kapitalismus geführt wurden. Einen gewissen Höhepunkt dieser internationalen Debatte stellten die Jahrzehnte zwischen 1950 und 1970 dar, als angestoßen durch die Publikationen von Paul Sweezy und Maurice Dobb (*Dobb*, *Hilton*) über die Entwicklung des Kapitalismus mit Rodney Hilton, Witold Kula, Perry Anderson, Robert Brenner und Guy Bois sich hochrangige marxistische Neuzeitler und Mediävisten in diese Kontroversen einschalteten [*Sweezy*]. Neben der frühneuzeitlichen Wirtschaftsgeschichte Europas traten in zweiter Linie die wirtschaftlichen und sozialen Strukturen Lateinamerikas oder Asiens in der Phase der kolonialen bzw. imperialistischen Durchdringung in den Mittelpunkt von Forschungen und Kontroversen. Imperialismustheorie, Dependenztheorie und schließlich Weltsystem-Theorie markieren drei Varianten einer marxistischen Forschungsrichtung. Sie werden wir noch im Zusammenhang der Geschichte internationaler Beziehungen genauer kennen lernen.

Schließlich beschäftigten sich marxistische Historiker mit der Geschichte der modernen Arbeiterschaft, mit Streiks und Aufständen, mit politischen und gewerkschaftlichen Organisationen. Diese Forschung schwankte zwischen einer primär an den politischen Organisationen, Ideen und Ereignissen orientierten Arbeiterbewegungsgeschichte und einer stärker strukturgeschichtlich interessierten, an Mentalitäten, Lebensweisen orientierten Erforschung von Arbeitergruppen. Beide Aspekte verbanden nur wenige Forscher, welche nach dem konkreten Prozess der Klassenbildung fragten. Aus der Fülle der Forschungen und Forscher ragen hier die Arbeiten von Hartmut Zwahr und Edward P. Thompson zur Entstehung der Arbeiterklasse im 19. Jahrhundert hervor (*Zwahr*, *Thompson 1963*).

Deutlich behielt die marxistische Geschichtsschreibung einen starken neuzeitlichen, ja zeitgeschichtlichen Schwerpunkt. In den Historikerfeldern der sozialistischen Länder wurden natürlich auch frühere Epochen und andere Gegenstände erforscht, deuteten Althistoriker und Mediävisten ihre Epochen im Licht der «materialistischen» Geschichtsauffassung. Angesichts des ausgeprägten Gegenwartsbezugs des Marxismus trat dabei die ideologische Kontrolle durch die politischen Instanzen, aber auch die intellektuelle Prägung dieser Forschungen durch marxistische Ideen in den Hintergrund.

3. Traditionen der II. Internationale

Vor 1914 hatte nur eine kleine Minderheit marxistischer Intellektueller einen Platz im Wissenschaftssystem gefunden. Die Marxsche Ideologiekritik war ein ideales Instrument, um die bürgerliche Parteilichkeit der Geschichtswissenschaft anzuprangern und offenzulegen. Gerade in dieser Phase erfolgte die dogmatische Schließung der marxistischen Geschichtstheorie. In den unterschiedlichen Interpretationen bei Engels, Kautsky, Plechanov, Lenin oder Bucharin geriet der Marxsche Ansatz ganz stark in die Nähe einer Gesetzeslehre der Gesellschaftsentwicklung nach naturwissenschaftlichem Vorbild. Hinter Marx wurden Darwin und der zeitgenössische Evolutionismus das große Vorbild. Vor allem in Ländern mit stark positivistisch-szientistisch geprägten Wissenschaftskulturen blieb dieses Erbe in Form eines ökonomistischen Determinismus lebendig.

Die außeruniversitäre Geschichtsschreibung sozialistischer Intellektueller konzentrierte sich im Wesentlichen auf die Geschichte von Revolutionen und Klassenkämpfen. Eduard Bernstein schrieb über die radikaldemokratische Strömung der Leveller in der englischen Revolution, mit größerer Distanz zur marxistischen Orthodoxie der II. Internationale verfassten Beatrice und Sidney Webb ihre materialreichen Studien zur Geschichte der britischen Gewerkschaftsbewegungen und zur britischen Lokalverwaltung seit dem

17. Jahrhundert. Anders war die Situation in Frankreich. Hier entwickelte sich eine eigenständige sozialistische Revolutionshistoriographie, die marxistische Einflüsse mit Traditionen der republikanisch-demokratischen Revolutionsgeschichtsschreibung des 19. Jahrhunderts verknüpfte. Den Grundstein legte dabei der französischen Sozialistenführer und Historiker Jean Jaurès (1859–1914) mit seiner «Histoire socialiste de la Révolution Française» (*Jaurès*). Sie kombiniert die analytischen Kategorien des Marxismus mit einer sozialromantischen Schilderung revolutionärer Konflikte und Akteure, die an den großen französischen Revolutionshistoriker Jules Michelet anknüpfte. Die Erforschung der Wirtschafts- und Sozialgeschichte der Französischen Revolution, vor allem die Lage der Bauern und städtischen Unterschichten, wurde in der Zwischenkriegszeit von Albert Mathiez, Georges Lefebvre und Ernest Labrousse (Mathiez, Lefebvre, Labrousse) zu einem Schwerpunkt einer sozialistischen Revolutionsforschung ausgebaut. Erst nach dem Zweiten Weltkrieg entwickelte sich auf dieser Grundlage eine stärker an der kommunistischen Partei ausgerichtete, orthodox marxistische Revolutionsforschung, die in Albert Soboul ihren Wortführer fand. Sie etablierte sich schließlich als orthodoxe Interpretation in der französischen Revolutionshistoriographie: die Revolution war das Ergebnis einer Gesellschaftskrise, deren Komponenten im aufsteigenden Wirtschaftsbürgertum, in der Krise der grundherrschaftlichen Agrarverfassung sowie in den sich überlagernden Krisenzyklen der Wirtschaft identifiziert wurden. Diese kompakte Gesamtdeutung der Französischen Revolution als Kreuzungspunkt und Kumulation unterschiedlicher Strukturkrisen ist erst durch Studien der 70er und 80er Jahre in ihrer Gültigkeit grundlegend erschüttert worden [*Goldstone*, 170].

4. Die sowjetische Sackgasse: vom orthodoxen Marxismus zur parteiamtlichen Geschichtsschreibung

Nach dem Sieg im Bürgerkrieg 1921 begannen die Bolschewiki in der Sowjetunion mit dem Aufbau paralleler Wissenschaftsinstitutionen für eine zukünftige marxistische Sozialwissenschaft. Der Geschichtswissenschaft wurde dabei eine zentrale Rolle eingeräumt. Ihrem planmäßigen Aufbau dienten die Einrichtung der Roten Universitäten und eine strikte Trennung der neuen marxistischen Geschichtswissenschaft von den nach wie vor geduldeten, aber politisch überwachten «bürgerlichen» Historikern, von denen ein Teil im Land geblieben war und sich den neuen Machthabern zur Verfügung stellte [*Shteppa*, *Beyran*]. Michail N. Pokrovskij, bereits Parteimitglied vor 1914 und zugleich auch universitär ausgebildeter Historiker, wurde der Führer dieser neuen Richtung, die sich zunächst vor allem mit der Klärung der methodischen und konzeptionellen Grundlagen (Periodisierungsfragen, Grundkategorien) einer künftigen marxistischen Wissenschaft beschäftigte. Konkrete Muster für Forschung und Darstellung lieferte das Werk Pokrovskijs selbst. Er hatte vor dem Ersten Weltkrieg eine «Kurze Geschichte Russlands» publiziert, welche vor allem die staatszentrierten Interpretationen der meisten bürgerlichen Historiker zurückwies und den russischen Staat als Instrument der ökonomisch führenden Klassen interpretierte [*Enteen*]. Die neue und junge sowjetische Schule zeichnete sich vor allem durch politische Radikalität in der Beurteilung früherer Herrscher und Herrschaftsverhältnisse sowie gemäßigter Kräfte in den politischen Revolutionen aus, zweites Markenzeichen wurde ihr ausgeprägter Zug zur historisch-soziologischen Modellbildung, die sie in scharfe polemische Gegnerschaft zur personenorientierten Ereignisgeschichte brachte, ihr aber auch den Vorwurf des Schematismus und der Lebensferne einbrachte. Vor allem seitens der Partei wurde dieser Trend hin zu einer didaktisch aufbereitbaren, einfachen Geschichtslehre mit klaren Gesetzmäßigkeiten und Stadienmodellen von Gesellschaftsformationen sowie eindeutigen moralisch-politischen Bewertungen zunächst gefördert. Mit einer ersten politischen Säuberungswelle unter bürgerlichen Historikern an den Universitäten und an der Akademie der Wissenschaften 1929–1930 hatte diese erste Version einer orthodox marxistischen Geschichtswissenschaft für knapp vier Jahre das Monopol der historischen Interpretation im Lande inne.

Aber bereits 1934 leitete Stalin selbst den Sturz dieser Richtung ein: Er forderte eine noch stärkere Bindung der Geschichtswissenschaft an die Parteilinie und die Rückkehr zur konkreten historischen Erzählung. Eindeutig wurde dabei die klassische Politikgeschichte aufgewertet. Sowohl Vertreter der älteren «bürgerlichen» Geschichtswissenschaft als auch der neuen Pokrovskij-Schule wurden schließlich Opfer des großen Terrors zwischen 1934 und 1938, der die wissenschaftlichen Aktivitäten stark beeinträchtigte. Organisatorisch und personell wurden in dieser Phase die dauerhaften

Grundlagen für den Aufbau einer «bürokratisch verwalteten Wissenschaft, eines hierarchisch gegliederten Großunternehmens» [*Geyer*, 13] gelegt.

Der Kurswechsel von 1934 leitete auch eine Entradikalisierung der sowjetischen Historiographie im Bereich der nationalen Geschichte ein. Angesichts des Aufbaus eines neuen sozialistischen Militär- und Staatsapparats mit Großmachtambitionen rückte die imperiale Tradition Russlands in ein neues Licht, und russische Siege in europäischen Kriegen und die koloniale Expansion des Zarenreichs nach Asien wurden nun positiv bewertet. Der «Große Vaterländische Krieg» 1941–1945 brachte dann endgültig die Wende hin zu einer politischen Nationalgeschichtsschreibung, welche mehr oder weniger oberflächlich mit den Formeln des Marxismus-Leninismus in Einklang gebracht wurde. Die Gattung der historischen Biographie mit hagiographischen Zügen blühte angesichts des Personenkultes um Stalin auf: Iwan der Schreckliche wurde Gegenstand eines regelrechten Kults [*Perrie*], russische Generäle und Staatsmänner fanden ebenso ihre wohlwollenden Biographen wie die großen nationalen Schriftsteller und die Anführer bäuerlicher und proletarischer Aufstände.

Die bereits in der vorrevolutionären Geschichtswissenschaft gepflegten Traditionen einer romantisierenden Volksgeschichte wurden wieder aufgenommen und mit den Traditionen des Proletkults und einer heroisierenden Arbeiterbewegungsgeschichte verbunden. Prekär blieb diese Mischung für die Historiker der kleineren Sowjetrepubliken (Ukraine, Weißrussland, Georgien), weil sie pauschal unter dem Verdacht standen, nationale Unabhängigkeitsbestrebungen zu fördern. Für sie war die Austarierung zwischen dem politisch Geduldeten und dem fachlich Erforschten besonders schwierig [*Lindner*].

Parteigeist (Partinost) und Sowjetpatriotismus wurden die beiden Leitformeln, deren korrekte Auslegung letztlich in Händen Stalins und seiner Nachfolger lag. Für die weitere Entwicklung der sowjetischen Geschichtsschreibung blieben die Erbschaften der Stalinschen Ära prägend: Zum einen hielt die Partei an der Orthodoxie einer verbindlichen marxistisch-leninistischen Geschichtsbetrachtung fest, so dass bis auf die Nischen abgelegener Spezialforschung die dogmatischen Positionen bei Fragen der Periodisierung, der Begrifflichkeit und der historisch-politischen Bewertung offiziell aufrechterhalten werden mussten. Zum andern konnte sich die historische Forschung innerhalb des verbindlichen ideologischen Rahmens relativ frei in den Bahnen tradierter historischer Methoden, Ansätze und Fragestellungen bewegen, so dass die Impulse der sowjetischen Historiographie für eine genuin marxistische Geschichtsforschung seit dieser Zeit immer schwächer geworden sind. Daran haben auch die revisionistischen Versuche der 60er und 70er Jahre nichts ändern können, welche eine innersowjetische Erneuerung marxistischer Geschichtsforschung anstrebten. Deren Vertreter (Pavel V. Volobuev, Viktor P. Danilov oder Mikhail Gefter) wurden bereits in den frühen 70er Jahren wieder mit Arbeits- bzw. Publikationsverboten belegt [*Markwick*].

5. Die sowjetische Geschichtswissenschaft als Exportmodell

Die sowjetische Geschichtswissenschaft stieß bis 1945 auf fast einhellige Ablehnung unter Berufshistorikern Europas oder Nordamerikas. Selbst die wenigen Marxisten unter ihnen standen den ebenso radikalen wie schematischen Interpretationen eher skeptisch gegenüber. Erste Fernwirkungen erzielte der sowjetische Marxismus dagegen in Asien. In Japan etablierte sich in den 20er Jahren eine marxistische Strömung innerhalb der Geschichtswissenschaft. Sie führte zwischen 1927 und 1932 eine erbitterte interne Kontroverse über die Besonderheiten des japanischen Übergangs zum Kapitalismus in der Meiji-Ära nach 1868. Während die linken Dissidenten der rônôka-Gruppe in Übereinstimmung mit der linken Kritik an der Komintern-Politik dieser Jahre Japan seit 1869 auf dem Weg zu einem modernen Staat, einer bürgerlichen Gesellschaft und einem entwickelten Kapitalismus sahen, betonte die offizielle Parteilinie der Kôzaha-Gruppe die feudale Rückständigkeit Japans auch in dieser Phase der Öffnung [*Hoston*].

Über die Phase politischer Verfolgung 1931–1945 hinweg etablierte sich eine orthodox marxistische Historiographie in Japan. Sie konnte dann zwischen 1945 und 1960 zur einflussreichsten Deutungsrichtung der japanischen Zeitgeschichtsforschung aufsteigen. Mit Tôyama Shigekis Studie von 1951 (Meiji Ishin) lieferte sie die lange Zeit bis in die Lehrpläne der Schulen verbindliche Darstellung der Meiji-Ära als Übergangsperiode vom feudalen zum absolutistischen Staat und damit als einer japanischen Variante eines universalhistorischen Prozesses [*Conrad*, 101].

Eine ähnliche Breitenwirkung erzielte das marxistische Geschichtsmodell sowjetischer Prägung unter chinesischen Intellektuellen in den 30er Jahren. Es bot den Rahmen für eine Weiterführung der Debatten um die Neudefinition der nationalen Geschichte Chinas, welche die neue Geschichtswissenschaft westlicher Prägung bestimmt hatten. Der Marxismus betonte die Notwendigkeit einer sozialen Revolution und die Relevanz ökonomischer Entwicklungen für eine angemessene Periodisierung der chinesischen Vergangenheit. Wie im japanischen Fall waren die vorrangig theoretischen Debatten um die Existenz von Sklaverei in der chinesischen Frühzeit, um den Charakter des Feudalismus in der Kaiserzeit bzw. um die Existenz einer asiatischen Produktionsweise aufs engste mit den tagespolitischen Kontroversen unter kommunistischen und Kuomintang-Intellektuellen verknüpft. Die Wortführer einer marxistischen Neudeutung der chinesischen Geschichte stiegen dann nach dem Sieg der Kommunistischen Partei Chinas im Bürgerkrieg zu wichtigen Organisatoren der offiziellen marxistischen Geschichtsforschung der neuen Volksrepublik auf [*Dirlik, Wang 2000*]. Der Bruch mit der Sowjetunion Ende der 50er Jahre verstärkte die sinozentrischen Tendenzen: China galt jetzt in universalhistorischer Perspektive als Vorreiter und Maßstab in den historischen Entwicklungsstadien bis zur Entfaltung des Feudalismus.

Mit dem sowjetischen Sieg im Zweiten Weltkrieg und der Etablierung sozialistischer Regime in Osteuropa trat der sowjetische Marxismus dann auch außerhalb Asiens aus seiner fast zwanzigjährigen Isolierung heraus. Quasi über Nacht wurde die sowjetische Geschichtswissenschaft Vorbild für kommunistische Wissenschafts- und Geschichtspolitik in den neuen sozialistischen Ländern. Dies gilt sowohl auf institutioneller als auch auf ideologischer Ebene. Die historischen Abteilungen der Akademien der Wissenschaft, die in vielen dieser Länder bereits vor 1945 existiert hatten, wurden nun zu zentralen Forschungsinstituten ausgebaut, an denen planmäßig kollektive Forschungsarbeit geleistet werden sollte. Sowjetische Darstellungen der Geschichte der KPdSU und der russischen Revolution sowie die Studien sowjetischer Forscher zu den jeweiligen Ländern galten nun als Vorbilder, russische Geschichtswerke wurden in großer Zahl übersetzt und dienten als Lehrmaterial bei der Ausbildung einer neuen Generation von marxistischen Historikern.

Trotz der schematischen Übertragung des sowjetischen Modells entwickelten sich die Historikerfelder in den sozialistischen Bruderländern höchst unterschiedlich. Überall entstanden nach einer Phase linientreuer Adaptation eigene nationale Stile. Dies resultierte zunächst einmal aus der politischen Vorgabe, rasch eine umfassende Neuinterpretation der Nationalgeschichte aus regimetreuer, mit den Dogmen des Marxismus-Leninismus übereinstimmender Sicht zu produzieren. Damit wurde nach der frühen Phase rabiater ideologischer Kontrolle und Säuberung in der Phase des Stalinismus (1948–1956) eine Rückwendung zu den nationaldemokratischen Traditionen der bürgerlichen Geschichtsforschung der Vorkriegszeit möglich. In China, Polen oder Ungarn fanden sich nach 1945 zahlreiche Historiker, die bereit waren, sich den neuen politischen und ideologischen Vorgaben anzupassen, dabei aber eigene Forschungsansätze und Interpretationen weiterverfolgten.

Die kommunistischen Regime reagierten dabei höchst unterschiedlich auf revisionistische Tendenzen innerhalb der Historikerschaft. In China setzte mit einiger Verzögerung, nämlich seit dem großen Sprung nach vorn und dem Bruch mit der Sowjetunion eine Phase direkter politischer Instrumentalisierung und Kontrolle der historiographischen Produktion ein, die über die Jahre der Kulturrevolution bis zum Sturz der sogenannten Viererbande 1976 fortgesetzt wurde. Die unmittelbare Politisierung wurde in dieser Phase soweit getrieben, dass die Geschichtsschreibung den Berufshistorikern teilweise entzogen und in Hände gemischter Kommissionen von Historikern, Parteimitgliedern und Bürgerkomitees gelegt wurde, um so den Arbeitern und Bauern selbst ein starkes Gewicht beim Schreiben der Geschichte zu geben: Nützlichkeit (Lehren aus der Geschichte, politische Lehrstücke und moralische Vorbilder) und Parteilichkeit der Darstellung standen eindeutig im Mittelpunkt. Gleichzeitig wurde die in der marxistischen Historiographie in der gesamten Mao-Ära dominante Orientierung am Leitmotiv des Klassenkampfes auf die Spitze getrieben – zu Lasten von wirtschafts- und sozialhistorischen Strukturanalysen. Die chinesische Historiographie dieser Phase stellt damit das Extrembeispiel einer voluntaristischen Geschichtsdeutung dar, die seit den Manipulationen Stalins unter der Leitidee des Parteigeistes in den kommunistischen Regimen Verbreitung gefunden hatte. Erst der Kurswechsel der 70er Jahre führte in der Volksrepublik China zu größerem Spielraum für unabhängige Forschung.

Dem besonders krassen chinesischen Fall sind nur wenige andere sozialistische Länder zuzuordnen: Albanien etwa oder die CSSR nach 1968. Den Gegenpol bildeten die polnischen und ungarischen Historikerfelder, in denen sich nach 1956 eine revisionistische Forschungstradition herausbildete. In Polen knüpfte sie an die sozial- und wirtschaftshistorischen Forschungstraditionen an, die durch Rutlewski und Bujak in der Zwischenkriegszeit begründet worden waren und die personell und institutionell den Zweiten Weltkrieg und die Errichtung der kommunistischen Diktatur überdauerten. Deren Schüler, wie Witold Kula oder Jerzy Topolski, knüpften seit den 50er Jahren enge Kontakte mit westlichen Kollegen und entwickelten auch die theoretischen und methodischen Grundlagen einer neuzeitlichen Wirtschafts- und Sozialgeschichte weiter [*Zernack*]. Bis 1970 waren die Kontakte zur *Annales*-Strömung besonders eng. Ähnliches lässt sich in Ungarn beobachten, hier war es E. Molnár, der selbst zunächst dogmatische Positionen in der Debatte um den Feudalismus in Ungarn vertrat, dann aber mit Rückendeckung der Parteiführung in der Ära Kadár für eine Weiterentwicklung und Öffnung der ungarischen marxistischen Geschichtsschreibung eintrat. Im Ergebnis näherten sich die Debatten und Perspektiven der ungarischen Historiker immer stärker den westeuropäischen an. Marxistische Wirtschaftshistoriker wie Ivan T. Berend, György Ránki (*Berend/Ránki*), Historiker des Nationalismus wie Jenö Szücz (*Szücz*) leisteten wichtige Beiträge für die vergleichende Forschung Ostmitteleuropas und gewannen rasch internationale Anerkennung [*Seewann*].

Dem sowjetischen Vorbild am nächsten blieb die DDR-Historiographie. Spielräume für die eigenständige Weiterentwicklung marxistischer Ansätze oder gar die Weiterführung älterer Forschungstraditionen waren deutlich kleiner als in Polen, Ungarn oder der Tschechoslowakei bis 1968. Die Tatsache, dass die DDR-Historiographie als Alternative und Konkurrenz zur westdeutschen Geschichtswissenschaft entstand, haftete ihr bis zur Auflösung der DDR an: Sie war der dominierte Teil eines gespaltenen Historikerfeldes und angesichts ihrer national-geschichtlichen Zentrierung ständig fixiert auf ihren bürgerlichen Widerpart. Daraus resultierte eine besonders enge und dogmatische Handhabung des sowjetischen Modells [*Sabrow*]. Nur dort, wo ältere Traditionen weitergeführt und politisch unverdächtige Themen behandelt wurden, wie etwa im Leipziger Institut für Universalgeschichte oder im Institut für Wirtschaftsgeschichte bei der Akademie der Wissenschaften, entstanden eigenständige Beiträge zur marxistischen Historiographie.

6. Marxistische Geschichtswissenschaft außerhalb der sozialistischen Länder

Außerhalb des sozialistischen Lagers arbeiteten marxistische Historiker unter gänzlich anderen intellektuellen und organisatorischen Bedingungen. Sie waren meist Außenseiter oder bestenfalls eine einflussreiche Minderheit. Die fachinternen Vorbehalte gegen sie blieben vielerorts so groß, dass de facto nur wenige von ihnen geduldet wurden. In wenigen Ländern erlangten marxistische Schulen bzw. Ansätze zentrale Positionen im Historikerfeld. Frankreichs Revolutionshistoriographie ist ein Beispiel, die japanische Geschichtswissenschaft nach 1945 ein weiteres. Dort waren nach der Niederlage die dominanten nationalistischen Richtungen für längere Zeit verfemt, die orthodox marxistische Kôzaha-Schule trat zumindest bis 1960 an deren Stelle [*Conrad*]. In blockfreien Ländern, die ein eigenes staatszentriertes, «sozialistisches» Industrialisierungsprogramm vertraten, wie etwa Indien oder Tansania, gewannen Marxisten in den 60er und 70er Jahren deutlich an Einfluss. In Indien bildeten sie nach den Worten Sarkars sogar eine Art akademisches «Establishment» [*Sarkar*, 37]. Im westlichen Europa oder in Lateinamerika waren marxistische Strömungen dort besonders stark personell und institutionell verankert, wo wie in Chile (bis 1973), Frankreich oder in Italien starke kommunistische Parteien und ein breites prokommunistisches bzw. pro-sozialistisches Lager innerhalb der Intellektuellen vorhanden waren. Nach 1960 entwickelte sich z.B. in Italien die Zeitschrift *studi storici* des Parteiforschungsinstituts Istituto Gramsci der KPI zu einem der angesehensten Fachorgane der italienischen Geschichtswissenschaft.

Im Jahrzehnt universitärer Politisierung im Umfeld der Studentenunruhen der späten sechziger Jahre (1968–1978) gewannen marxistische Positionen im Bereich der Neueren und Neuesten Geschichte vielerorts deutlich an Einfluss. Rückhalt erhielt die nun entstehende neo-marxistische Historiographie durch die Marx-

Renaissance, welche im weiteren universitären und intellektuellen Umfeld zu beobachten war. Die Neue Linke und der westliche Marxismus hatten sich bereits seit 1956 in scharfer Kritik am sowjetischen Modell und in deutlichem Bruch mit vielen theoretischen Positionen des Marxismus-Leninismus (Abschied vom Proletariat, Rolle der Dritten Welt und ihrer Revolutionen) profiliert.

Zentrale Bedeutung für die westliche marxistische Historiographie erlangte die britische marxistische Geschichtsforschung [Shmuel]. Sie hatte ihren Ausgangspunkt in der Communist Party Historians Group [*Schwarz*]. Ihre Zeitschrift *Past and Present* (1952 gegründet) wurde zum Ausgangspunkt einer eigenständigen anglo-amerikanischen Spielart des westlichen Marxismus, die anders als die kritische Theorie in der Bundesrepublik oder der strukturalistische Marxismus in Frankreich vorrangig von Historikern getragen und vor allem historiographisch ausgerichtet war. Mit *Rodney Hilton, Christopher Hill, Edward P. Thompson* und *Eric Hobsbawm* gingen aus ihr international renommierte Historiker hervor, die maßgeblichen Einfluss auf die Sozialgeschichtsschreibung vom Mittelalter bis zum 20. Jahrhundert zunächst der englischsprachigen Welt, aber bald auch auf französische, italienische und deutschsprachige Forscher genommen haben. Über sie erlangten wiederum die Ideen des italienischen Marxisten Antonio Gramsci internationale Verbreitung. In Italien selbst hatten seine Schriften bereits in der unmittelbaren Nachkriegszeit die Öffnung der marxistischen Geschichtsschreibung für neue Fragen der politischen Ideen-, der Kultur- und Sozialgeschichte vorbereitet.

Antonio Gramsci ist zweifellos der einflussreichste Ideengeber für die marxistische Geschichtsschreibung außerhalb des sowjetischen Lagers geworden. Gramsci hatte sich in den Aufzeichnungen seiner Gefängnisjahre 1926–1937 (*Gramsci*) vor allem mit den kulturellen und ideellen Voraussetzungen, Phänomenen und Folgen von Klassenherrschaft beschäftigt. Damit erweiterte er den Horizont marxistischer Kritik an Ungleichheit und Herrschaft um die kulturelle Dimension: Mit der Kategorie «Hegemonie» bezeichnete er die Fähigkeit ökonomisch dominanter Klassen zur politisch-kulturellen Meinungsführerschaft, die auf Kompromiss und Konsensbildung zwischen unterschiedlichen sozialen Gruppen bzw. Klassen beruhte und deren Zustandekommen anders als in den mechanistischen Modellen der leninistischen Traditionen keineswegs aus dem

Besitz der politisch-militärischen Schlüsselpositionen und des ökonomischen Kapitals herzuleiten ist. Gleichzeitig fragte Gramsci nach den Entstehungszusammenhängen und der internen Struktur der Kultur bäuerlicher und städtischer Unterschichten. Deren Subalternität – so seine These – sei eine wichtige Voraussetzung für die Aufrechterhaltung von Klassenherrschaft. Faktisch lösten marxistische Forscher, die den Stichworten und Ansätzen Gramscis folgten, sich allmählich vom Basis-Überbau-Schema und entwickelten eine eigenständige, herrschaftskritische Kulturgeschichtsforschung.

7. Übergänge und Engpässe

Mit dem Zusammenbruch der meisten sozialistischen Staaten sowjetischen Typs ist auch die regimetreue marxistisch-leninistische Geschichtswissenschaft dieser Staaten mehr oder weniger sang- und klanglos untergegangen. Das Ende dieses spezifischen Typs politisch kontrollierter und fachlich durch Denkverbote, Konsenszwänge und Sprachregelungen gebundener Geschichtswissenschaft ist jedoch keineswegs identisch mit dem Ende der marxistischen Strömungen insgesamt. Vor 1990 hatten sich längst die meisten westlichen marxistischen Historiker vom theoretischen Erbe des östlichen Marxismus getrennt.

Viel stärker als die politischen Bindungen an die politische Utopie einer klassenlosen Gesellschaft traten in den letzten beiden Jahrzehnten die fachlichen Gemeinsamkeiten des marxistischen Ansatzes mit anderen – kapitalismusfreundlicheren bzw. politisch indifferenten – Großtheorien historischer Entwicklung hervor. Vor allem zur soziologischen Modernisierungstheorie bestehen zahlreiche Verbindungen: beide Konzepte legen Wert auf gesellschaftshistorische Erklärungsmodelle, betonen die enge Verzahnung zwischen den Ebenen von Wirtschaft – Politik – Gesellschaft – Kultur. Stärker als in der Modernisierungstheorie betonen die marxistischen Ansätze die Bedeutung der Konflikte bis hin zu den Revolutionen.

Mit den soziologischen Makrotheorien teilt der Marxismus auch die Neigung, seine Erklärungsmodelle für konkrete historische Entwicklungen auf die Zuschreibung sozialer Lagen und ökonomischer Interessen zu stützen. Die meisten marxistischen Arbeiten auf dem Feld der Sozialgeschichte haben eine Neigung zur sozialen Physik.

Die marxistische Geschichtsforschung wurde im 20. Jahrhundert der wichtigste Konkurrent und zugleich der Erbe des liberalen Fortschrittsmodells. Sie erweiterte den Kreis der geschichtswürdigen, im emphatischen Sinne historischen Akteure um die großen Mehrheiten. Unterschichten und neue soziale Klassen wurden als die Motoren eines großen zivilisatorischen Fortschrittskampfes aufgewertet, mit Bürgern, Arbeitern und Bauern drei universale Kollektivsubjekte entdeckt und historiographisch geschaffen, deren Siege und Niederlagen Gelegenheit boten für Empathie und Sozialromantik. Die große Politik und die großen historischen Ereignisse standen dabei aber immer im Mittelpunkt. Der blinde Fleck einer solchen Perspektive wurde im Lauf des 20. Jahrhunderts immer deutlicher: Andere Akteure, andere Formen des Widerstands und andere Formen des historischen Wandels als Konflikt und Revolution blieben im Schatten oder wurden systematisch ausgeblendet.

Die marxistische Geschichtsschreibung entwickelte erst spät eine flexiblere Herangehensweise, wenn es darum ging, die sozialen und kulturellen Weiterungen und Kontexte politischer und ökonomischer Interessenkonflikte herauszuarbeiten. Der Schematismus des ökonomischen Erklärungsmodells dominierte lange Zeit.

Doch machte die herrschaftskritische Brille marxistische Fachvertreter seit den 50er Jahren allmählich sensibler für eine verfeinerte Mikroanalyse von Herrschaftsbeziehungen und Alltagskonflikten oder für die Vielfalt vormoderner Formen des Sozialwiderstands. Hobsbawms Studien über Sozialrebellen und Banditen wurden hier zum Vorreiter (*Hobsbawm*). Dies machte sie zu wichtigen Gesprächspartnern für die neue, theoretisch offenere und parteipolitisch weniger stark gebundene Sozialgeschichte «von unten», die seit den 70er Jahren eine wichtige Unterströmung der internationalen Sozialgeschichtsforschung geworden ist.

8. Zwei Beispiele

***Edward P. Thompson**, The Making of the English Working Class, London 1963 (dt. Die Entstehung der englischen Arbeiterklasse, Frankfurt/M. 1987).*

Der britische Historiker E.P. Thompson schrieb seine Studie nach dem Bruch mit der orthodoxen britischen KP und auf dem Höhepunkt system-funktionalistischer Modernisierungstheorien. Gegen beide Ansätze, die sich im Zeichen von Fortschritt oder Evolution allein für die Sieger der Geschichte interessierten, untersuchte Thompson die politischen, religiösen Bewegungen in den handarbeitenden Unterschichten

Englands zwischen 1790 und 1832, die in mehrfacher Hinsicht zu den Verlierern der ökonomischen Entwicklung und der politischen Ergebnisgeschichte gehörten. Deren gemeinsamen Erfahrungen, so die These Thompsons, bildeten jedoch erst die Grundlage für die Entstehung einer klassenbewussten Arbeiterschaft im industriellen England der 1830er Jahre. Konkret untersucht Thompson drei Gruppen bzw. historische Konstellationen: Zunächst analysiert er die volkstümlichen Traditionen, welche in die jakobinisch-radikaldemokratische Agitation der 1790er Jahre mündeten. Hier kommen vor allem radikale Klubs, politische Schriftsteller, Londoner Handwerker und Dissenter in den Blick. Diese Welt wurde seit 1792 Opfer der polizeilich-juristischen Verfolgung. Der zweite Teil beschäftigt sich unmittelbarer mit den Umbrüchen in der gewerblichen Arbeit, mit dem Niedergang der traditionellen Handwerke im Kampf mit der aufkommenden Industrieproduktion und beleuchtet insbesondere den politischen Kampf dieser Unterschichten gegen die Verschlechterung ihrer Lebensbedingungen und die Veränderung ihrer Lebensweise. Besondere Aufmerksamkeit widmet Thompson schließlich der methodistischen Bewegung, die er als Antwort auf die ökonomischen und politischen Niederlagen interpretiert.

Der dritte Teil zeigt die Präsenz der Arbeiterschaft auf der politischen Bühne, beim Aufbau politischer Arbeiterorganisationen, in ihren Geheimbünden und Verschwörungen und endet mit dem Aufbruch des Chartismus, in dessen Reihen sich gewissermaßen die Erben der früheren Bewegungen sammeln. Er nahm deren Erfahrungen auf und fügte sie zu einem gemeinsamen Klassenbewusstsein zusammen.

Thompson beschreibt in seiner Studie die Entstehung der Arbeiterklasse in England primär als einen kulturellen Prozess, als Herausbildung gemeinsamer Werte und politischer Ideen, die in der Lage sind, gemeinsame – zumeist bittere – Erfahrungen zu artikulieren. Seit dem Erscheinen von Thompsons Klassiker ist es schwieriger geworden, die Entstehung von Klassen als quasi zwangsläufige, naturwüchsige Folge ökonomischer Entwicklungen zu unterstellen. Hierin lag zweifellos sein größter Impuls für die weitere sozialgeschichtliche Forschung.

Gleichzeitig handelt es sich um eine Studie über die Rolle radikaler Intellektueller als Wortführer und Theoretiker, aber auch als eigensinnige, autonome Weggefährten unterdrückter Schichten. Damit nimmt Thompson ein Thema auf, das in der marxistischen Tradition besonders starke Beachtung, zugleich jedoch auch größte Verdrängungsleistungen erfahren hat. Gegen den leninistischen Avantgardeanspruch marxistischer Intellektuellen, die sich zugleich als Proletarier

sozial tarnen, entwarf Thompson das Bild der radikaldemokratischen Vermittler und Anwälte für die Interessen der Arbeiterschaft. Ganz neue Wege schlug er schließlich mit seiner Verteidigung der vom kapitalistischen Forstschritt überrollten Handwerkergruppen ein. Die Hinwendung zu den Marginalisierten, den Verlierern und sozialen Absteigern war bislang in der marxistischen Tradition verpönt gewesen. Mit diesem humanistischen Eintreten für das Recht der historischen Akteure auf eine faire Behandlung durch die Nachgeborenen bahnte Thompson einer späteren Sozialgeschichte «von unten» den Weg.
Thompsons Werk hat kontroverse Reaktionen ausgelöst: den orthodoxeren Marxisten blieb der sozioökonomisch sehr vage, auf subjektive Erfahrungen und politisch-kulturelle Prägungen abhebende Klassenbegriff suspekt. Nicht-marxistische Historiker haben die sozialromantischen Projektionen hervorgehoben, mit welchen der kritische Intellektuelle Thompson die von ihm untersuchten Unterschichten befrachtet habe.

***Literatur:** U. Kühl, Art., in: [Reinhardt, 636–639]; R. McWilliam, Art. in: [Boyd, 1188 f.]; G. Lottes, Kopfgeburten der Sozialgeschichte – Ausgrabungen von unschätzbarem Wert, in: Neue politische Literatur 32 (1987), S. 477–489; C. Steedman, The price of experience: women and the making of the English working class, in: Radical History 59 (1994), 108–119.*

***Eugene D. Genovese,** Roll, Jordan, Roll: The World the Slaves Made, New York 1974.*

In seinem 665 Textseiten starken Werk beschreibt der marxistische Historiker Genovese detailliert Lebensweise und Wertvorstellungen der afro-amerikanischen Sklaven in den USA. Die spezifisch marxistische Sichtweise ist weniger an der Begrifflichkeit zu erkennen als vielmehr in der konsequent durchgehaltenen Perspektive, die schwarze Sklavenbevölkerung als Bestandteil einer antagonistischen Klassenbeziehung zu verstehen und ihre Lebensweise und Wertvorstellungen als Resultat der ebenso engen wie ausbeuterischen und unfreien Beziehung zur weißen Herrenklasse zu deuten. Genoveses Buch liest sich denn auch über weite Passagen als historiographische Studie zu Hegels Dialektik von Herr und Knecht. Kulturelle und soziale Grundlage der Produktionsverhältnisse in der Plantagenwirtschaft der Südstaaten vor 1865 ist für Genovese der Paternalismus. Er stellt das enge Netzwerk von wechselseitigen Verpflichtungen und Verantwortlichkeiten, ja sogar Rechten her, das jenseits von physischer Gewalt und direkter Kontrolle die beiden Hauptklassen der Südstaaten in einem ebenso ungleichen wie geschlossenen Sozialsystem zusammenschmiedet. Genovese stützt seine detaillierte Studie auf eine breit angelegte Sammlung verfügbarer Quellen zum Alltag im sklavenhaltenden Süden: die unterschiedlichen Stimmen aus Reiseberichten, Tagebüchern, aus den Lebenszeugnissen ehemaliger Sklaven, aus religiösem Schrifttum oder Zeitungen begleiten den Leser bei seiner Reise durch die Innenwelt der US-amerikanischen Sklavenhaltergesellschaft. Leitthema ist dabei die aktive Rolle der afro-amerikanischen Sklaven.

Im Mittelpunkt von Genoveses Untersuchungen stehen deshalb weniger die manifesten Formen von Unfreiheit, Ungleichheit und Ungerechtigkeit, welche die Sklaverei begleiten, als vielmehr die grundlegende Widersprüchlichkeit und moralische Ambivalenz, welche diese paternalistische Herrschaftsform kennzeichnet und welche sie in der 1. Hälfte des 19. Jahrhunderts bereits trotz des Fehlens offener Revolten zu einer höchst fragilen Form von Klassenherrschaft werden ließ. Der 1. Teil widmet sich einer minutiösen Analyse der moralischen Grundlagen und der emotionalen Codes, mit denen Sklaven und Herren in ganz unterschiedlicher Weise ihre wechselseitige Abhängigkeit erleben. Für die Seite der Sklavenhalter arbeitet Genovese das ganze Spektrum von Widersprüchen und Ambivalenzen heraus, in welche die Anerkennung elementarer Menschenrechte ihrer Sklaven und das Leitmodell fürsorglicher Herrschaft führten. Der Herrenmoral unbegrenzter Gewalt, aber auch freier Gabe und des freundlichen Entgegenkommens setzten die Sklaven ihr Recht auf gerechte Behandlung, Anerkennung und gleichrangige Höflichkeit entgegen.

Im 2. Teil unterstreicht Genovese die Bedeutung der Religion, die spezifische Aneignung des Christentums durch die schwarzen Sklaven, für den moralischen Widerstand und das humane Überleben in einem unmenschlichen Produktionssystem. Menschenwürde und Freiheitserwartung waren die Werte, welche die quietistische Hinnahme der Sklaverei begleiteten.

In den im engeren Sinne sozialgeschichtlichen Passagen des 3. und 4. Teils beschreibt Genovese die unterschiedlichen Lebenswelten der Afro-Amerikaner in den Südstaaten. Ihre Lebensweise wird hier in anschaulicher und umfassender Weise beschrieben, ihre Eigenständigkeit und kulturelle Dynamik immer wieder gegen ältere rassistische Klischees, aber auch miserabilistische Deutungen hervorgehoben.

Der letzte Teil mustert mit vergleichendem Seitenblick auf die übrigen sklavenhaltenden Plantagenkolonien der Karibik und Südamerikas die

Traditionen des Widerstands. Auch hier wertet Genovese die verdeckten, alltäglichen Formen der Resistenz auf und untersucht die moralische Ökonomie der kleinen Diebstähle und Brandstiftungen oder den wechselseitigen Schutz der Sklaven gegenüber Entflohenen und Straftätern. Insgesamt deutet er Hinnahme und Widerstand als die zwei Seiten eines umfassenderen Prozesses der Einpassung der Afro-Amerikaner in das ihnen aufgezwungene System.
Die differenzierten Einsichten, welche sich aus Genoveses dialektischer Sichtweise der Südstaaten-Sklaverei als einer besonderen Form paternalistischer Herrschaftsbeziehungen ergeben, haben allgemeine Zustimmung gefunden, die theoretische Fundierung im Marxismus blieb den meisten amerikanischen Lesern und Kritikern fremd. So ist Genoveses Buch zu einem sozialhistorischen Klassiker geworden, der bis heute das «lebendigste, einsichtsvollste und umfassendste Bild» liefert, «das wir vom Leben der Sklaven im Süden haben» (Davis).

Literatur: *P. P. Parish, Art. in: [Cannon, 154]; J. D. Smith, Art. in: [Boyd, 443 f.]; G. M. Fredrickson: Rez. in: Journal of American History 62 (1975), 130–133; Marion Kilson, Rez. in: American Historical Review 81 (1976), 209 f.; R. H. King: Marxism and the slave south, in: American Quarterly 29 (1977), 117–131.*

VIII
Die Geschichte der internationalen Beziehungen

Wohl kein Arbeitsfeld der Geschichtswissenschaften ist so stark durch Kontinuitäten und länderübergreifende Gemeinsamkeiten geprägt worden wie die Historiographie der Außenbeziehungen von Herrschaftsverbänden, Reichen, Staaten oder Nationen. Ob in Europa, China, Indien oder Japan, überall konnten Berufshistoriker bei ihrer Beschäftigung mit Kriegen, Friedensschlüssen, Bündnissen oder Verträgen auf ein reiches historiographisches Erbe zurückgreifen, das weit über die Anfänge der wissenschaftlichen Geschichtsforschung zurückreichte. Für viele Politik- und Diplomatiehistoriker in Europa und Amerika blieb zum Beispiel Thukydides der Maßstäbe setzende Begründer der eigenen Disziplin, Berufshistoriker der islamischen Welt, Chinas oder Japans knüpften an entsprechende eigene Vorläufer an.

1. Die Stellung innerhalb der Geschichtswissenschaft

Der Blick auf die militärischen Kräfteverhältnisse zwischen Herrschaftsverbänden, häufig verkürzt Staaten genannt, und die politisch-diplomatischen Ränkespiele und Schachzüge von Fürsten und Staatsmännern einte also ältere und moderne Historiker über die Zäsur der Professionalisierung und Verwissenschaftlichung hinweg. Entsprechend groß blieb auf diesem Arbeitsfeld auch die Konkurrenz von «Amateur»historikern: Diplomaten und Staatsmänner schrieben ihre Memoiren und beschäftigten sich mit dem diplomatischen Geschehen früherer Epochen, Offiziere erforschten die Schlachten von der Antike bis zum 20. Jahrhundert; Journalisten und Schriftsteller gestalteten – zum Teil mit großem Publikumserfolg – die Biographien großer Staatsmänner oder Generäle. Wohl nicht zuletzt gegen diesen Konkurrenzdruck entwickelten die Berufshistoriker der internationalen Beziehungen einen ausgeprägten Archivkult. Sie konnten sich in besonderem Maße auf Ranke als den gemeinsamen Urahnen berufen und mit ihm die minutiöse Kenntnis der amtlichen Archivalien zur unabdingbaren Grundlage einer seriösen Geschichtsschreibung staatlicher Außenbeziehungen erklären. Gleichzeitig lieferte Ranke das Vorbild distanziert-objektivierender Berichterstattung über die politischen Ereignisse der Vergangenheit. Nur der umfassende Zugang zu den Arcana imperii, den Quellen, die in den Staatskanzleien, Ministerien und anderen verantwortlichen Regierungsbehörden hinterlassen worden waren, schuf aus der Sicht der neuen Berufshistoriker die Voraussetzungen für eine Geschichtsschreibung der internationalen Beziehungen, die den fachlichen Ansprüchen der Objektivität und der Wissenschaftlichkeit genügen konnte. In nur wenigen anderen Teildisziplinen hat sich dann aber auch – Ironie dieser Absicherungsstrategie – die naiv positivistische Selbstverkennung der Objektivitätsproblematik so erfolgreich tradiert wie hier. Im Kern beruhte diese Haltung auf der Vorstellung, Zugang zu einer besonders aussagekräftigen Art von Quellen gewonnen zu haben, durch die bei entsprechender methodischer Anstrengung und Ausbildung der Historiker die Wirklichkeit vergangener Politik unmittelbar zu Tage tritt. Die dem Historikerberuf eigene Verkennung der Tatsache, dass die Archive und ihre Quellen selbst das Produkt staatlicher Tätigkeit sind und den Blick des Staates auf seine Umwelt wiedergeben, trat hier besonders deutlich hervor.

In allen nationalen Geschichtskulturen haben sich entsprechende Schulen und Traditionen gebildet, die für einen kontinuierlichen Fluss historiographischer Produktion zu allen Problemen der Außenbeziehungen der eigenen Nation und ihrer «Vorgänger»staaten sorgen. Die regelmäßige Öffnung neuer Archivbestände garantiert, dass die zeitgeschichtliche Diplomatiegeschichte weitgehend unbehelligt von Trends und Moden im größeren Historikerfeld ihre selbstgestellten Aufgaben und etablierten Problemstellungen abarbeitet. In international vergleichender Perspektive fällt auf, in welchem Maß die Reaktionen dieser Schulen in ihrer fachlich wie politisch motivierten konservativen Resistenz gegen Neuansätze und Trends insbesondere aus sozial- und kulturgeschichtlicher Perspektive übereinstimmen.

So ist es nicht überraschend, dass die traditionelle Diplomatiegeschichte von den trendsetzenden geschichtswissenschaftlichen Strömungen im 20. Jahrhundert entweder scharf kritisiert oder aber mit skeptischer Verachtung betrachtet worden ist. Die marxistische Geschichtsströmung hatte große Vorbehalte, die Besonderheiten der beteiligten Teildisziplinen anzuerkennen, sie sah – in Fortsetzung von Lenins Imperialismustheorie – in Diplomatie- oder Kriegsgeschichte bestenfalls fachlich nachrangige Spezialgebiete, und sie bestritt energisch die Eigengesetzlichkeit internationaler Beziehungen. Die Distanz zu einer engen ereignis- und personenbezogenen Politikgeschichte prägte, wie wir sahen, die *Annales*-Strömung seit ihren Anfängen. Noch viel polemischer war die Ablehnung einer methodisch konservativen Diplomatie- und Militärgeschichte durch neuere gesellschafts- und kulturgeschichtliche Ansätze seit den 1960er Jahren. Entsprechend geringe Aufmerksamkeit wird diesem Forschungsfeld in Übersichten zur Fachgeschichte entgegengebracht. Dies unterschätzt jedoch die Relevanz dieses Arbeitsfeldes für das gesamte Fach. Das gilt zunächst einmal mit Blick auf die nationalzentrierte Geschichtsforschung: Sie ist vielfach mit der Diplomatie- oder Militärgeschichte verflochten. Zum andern übersieht diese Ausblendung auch die große Bedeutung dieses Forschungsfeldes für die Geschichte weltweiter Vernetzungen, transnationaler, kulturübergreifender Beziehungen.

Spezialisten der Geschichte der internationalen Beziehungen nahmen vielfach intellektuell und institutionell besonders prestigeträchtige Positionen ein, ihre hervorragenden Vertreter hatten zahlreiche Schüler und bildeten eigene Schulen. Die Einrichtung spezifischer Forschungsinstitute oder Lehrstühle erfolgte in vielen Ländern deshalb häufig relativ spät und ist keineswegs als Hinweis für eine Marginalisierung dieser Forschungsrichtung zu deuten. Die Historiographie großer außenpolitischer Themen stand immer im Blickpunkt des öffentlichen Interesses. Kontroversen um Anlässe und Ursachen der Kriegsausbrüche 1914, 1939 oder 1941, um den preußisch-österreichischen Dualismus, die britische Seeherrschaft oder den Niedergang großer Reiche stießen immer wieder auf breite Resonanz im Publikum. Werke wie die Alan P. Taylors über die Ursachen des Zweiten Weltkriegs (*Taylor*) oder Fritz Fischers über deutsche Kriegsziele 1914 (*Fischer*) sind bekannte Beispiele für die international zu beobachtende hohe Publizität dieser Teildisziplin. Sie gilt bis heute als eine der «klassischen» Formen synthetisierender «allgemeiner Geschichte». Eindeutig liegt ihr zeitlicher Schwerpunkt in der Neuzeit und dort wiederum im 19. und 20. Jahrhundert.

Eine Sonderstellung nahmen dagegen in fast allen Ländern die Militärhistoriker ein: Neben Fachhistorikern waren auf diesem Feld vielerorts Militärs als Historiographen tätig. Sie waren vielfach integraler Bestandteil der militärischen Institutionen, unterrichteten an Offiziersschulen oder arbeiteten an eigenen Instituten. Ungehinderter Zugang zu neueren Militärarchiven stand wiederum nur ihnen offen. Vor 1945 beschränkte sich der Beitrag der Militärgeschichte im Wesentlichen auf jene Ereignisgeschichte von Feldzügen und Schlachten, die als typische «drum and trumpet» oder «Schlachten»-Historiographie unter Berufshistorikern bestenfalls herablassende Anerkennung fand. Gegen solche Tendenzen konnte sich eine breiter angelegte Militärgeschichte auf die Leitideen eines berühmten Vordenkers wie Carl von Clausewitz berufen, der bereits am Beginn des 19. Jahrhunderts die Relevanz politisch-institutioneller, sozio-ökonomischer, aber auch moralisch-ideologischer Faktoren für die historische Analyse des Militärwesens und des Kriegs betont hatte.

Militärhistoriker waren insbesondere für die offiziellen Darstellungen des militärischen Geschehens in beiden Weltkriegen zuständig. Vor allem auf dem Feld der militärischen Zeitgeschichte hat die Kontrolle über den Zugang zu den Akten lange Zeit für konforme Darstellungen gesorgt. Die historische Kritik an nationalgeschichtlichen Kriegsmythen, an militärischen Fehlplanungen und Niederlagen blieb Sache von Außenseitern, die gegen die militärgeschichtlichen Institutionen und ihre Fachvertreter antraten. Die westdeutsche Militärgeschichte nach 1945 bietet das eher noch seltene Beispiel für die Rückgewinnung bzw. Behauptung wissenschaftlicher Autonomie trotz institutioneller Abhängigkeit und Kontrolle vom Verteidigungsministerium.

2. Etablierung der nationalzentrierten Perspektive

Die politischen Archive haben einen besonderen Status, die Edition ausgewählter Dokumente der Außenpolitik wurde zu einer prestigeträchtigen und hochpolitischen Aufgabe für Historiker, die das Vertrauen der politischen Klasse ihres Landes genossen. Machtnähe bis hin zur Übernahme von Beratungs- und Ausbildungsaufgaben für Machthaber, Außenpolitiker oder Diplomaten blieb ein wichtiges Aufstiegsziel und höchste Anerkennung für Berufshistoriker in diesem Teilbereich.

Konzeptionell artikulierten sich diese institutionellen Bindungen in der Verteidigung einer spezifischen Perspektive auf vergangene Staaten und deren Beziehungen. Sie ist einerseits primär machtstaatlich orientiert, sah und sieht in der Sicherung staatlicher Unabhängigkeit und in der Sicherung bzw. der Vermehrung eigener «Macht» nach außen das letzte, essentielle, quasi natürliche Ziel der Militär- und Außenpolitik von Staaten; das Selbsterhaltungsinteresse, der «geheiligte Egoismus» (sacro egoismo) der Staaten stellt in dieser Sicht Ausgangspunkt und Grundaxiom jeder historischen Analyse dar. Dabei werden in einem ergänzenden zweiten Schritt den erfolgreichen Machtstaaten bzw. Großmächten besondere Gestaltungsrechte und Ordnungsaufgaben für die jeweilige historisch wandelbare Weltregion zugeschrieben.

In den Traditionen der US-amerikanischen Geschichtswissenschaft handelt es sich um einen sogenannten «realistischen» Blick auf die Geschichte der Außenpolitik, in der deutschen Tradition verband sich diese Perspektive mit dem Namen Rankes und prägte eine sogenannte neo-rankeanische Tradition [*Krill*]. In Frankreich lassen sich diesem Deutungsmuster gleich drei Generationen von Diplomatiehistorikern seit der Gründung einer eigenständigen Teildisziplin durch Albert Sorel am Ende des 19. Jahrhunderts zuordnen. Diese «realistische» Perspektive hat vor allem zwei Problemfelder der historischen Forschungen bearbeitet: Sie hat sich für die politischen Ziele der Entscheider und ihrer Berater, für die Handlungsspielräume der Staatsmänner interessiert und entsprechend präzise biographische Studien zu großen Männern der Staatengeschichte vorgelegt. Dem außenpolitischen Werk Richelieus, Friedrichs II. von Preußen, Metternichs, Palmerstons, Bismarcks oder Wilsons wurden immer wieder Detailstudien oder Gesamtdarstellungen gewidmet. Zwei Klassiker der «realistischen» Schule (Kennan, Iassinger) sind typischerweise von Historikern geschrieben worden, die ihrerseits in die Welt der Diplomatie eintraten.

Zum Zweiten hat sie nach den Konstanten in der Außenpolitik von Staaten über den Wechsel von Dynastien und Regimen hinweg gesucht: Die Verfolgung eines naturalisierten «nationalen Interesses» über Regimewechsel hinweg faszinierte die Anhänger dieser Deutungsperspektive. In dieser zweiten Version ist sie insbesondere für die Geschichte der neuzeitlichen Staaten und der daraus hervorgegangenen Nationalstaaten von großer Bedeutung geworden.

In den meisten Nationalhistoriographien stellt die Geschichte der Außenpolitik ein ganz wesentliches Element in den umfassenderen Geschichtsentwürfen nationalgeschichtlicher Sinnstiftung und Herrschaftslegitimation dar. Zentrale nationalpolitische Werte wie Größe und Freiheit der Nation sollten durch minutiöses Aktenstudium gestützt und häufig durch in nüchternem Ton geschriebene Studien zu Verträgen, Verhandlungen und Kriegsentscheidungen legitimiert werden. Daraus ergab sich wiederum ein markanter Trend hin zu einer anachronistischen Rückprojektion moderner, nationalstaatlicher Perspektiven der Diplomatiegeschichte auf ältere Reiche und Herrschaftsverbände. Die Rückverlagerung neuzeitlicher Staatsbildungsprozesse in das frühe und hohe Mittelalter gehörte bereits zu den klassischen Anachronismen der europäischen Historiographie des 19. Jahrhunderts und hat auch noch im 20. Jahrhundert die nationalzentrierte Historiographie in Versuchung geführt. Die Staatenwelt der griechisch-römischen Antike, aber darüber hinausgehend die Staaten bzw. Imperien der alten Hochkulturen wiederum lieferten so etwas wie historische Modelle, Grundmuster oder Exempla späterer machtpolitischer Konstellationen und außenpolitischer Entscheidungssituationen. Wir können hier sowohl in der westlichen wie in der chinesischen Historiographie die Fortdauer älterer historiographischer Beschreibungsmodelle beobachten, die sich mit dem vorherrschenden Interpretationsmodell der umfassenden Historisierung der Vergangenheit nicht ohne Brüche und Anpassungen verbinden ließen. Während die älteren religiösen, kulturellen, verfassungspolitischen und rechtlichen Rahmenbedingungen von einer fernen Vergangenheit kündeten, blieben Motivation und Mechanik des Machterwerbs, Souveränitätserhalts und schließlich der imperialen Expansion überhistorische, quasi naturgeschichtliche Konstanten in dieser Welt der Außenpolitikgeschichte.

Die nationalzentrierte Geschichte der Staatenbeziehungen kennt zwei unterschiedliche Sichtweisen, die immer wieder zu Kontroversen geführt haben. Primat der Innenpolitik versus Primat der Außenpolitik – so lauteten etwa die Schlachtrufe, hinter denen sich in der deutschen Geschichtsschreibung seit 1918 diese unterschiedlichen Perspektiven formierten: Während eine nationalkonservative Mehrheit die Eigenlogik («Staatsräson») außenpolitischer Selbstbehauptung des souveränen Staates – und damit auch die Autonomie der dafür zentralen Institutionen wie Militär, Regierung und Diplomatie – betonte, rückten linke Kritiker wie Eckart Kehr (*Kehr*) die innenpolitischen Interessenkalküle hinter außenpolitischen Verwicklungen und die sozio-ökonomischen Grundlagen aggressiv expansions- bzw. machtstaatsorientierter deutscher Außenpolitik im Kaiserreich in den Vordergrund. Daraus entspann sich in der deutschen Geschichtswissenschaft ein Dauerdisput mit wechselnden Protagonisten, der bis zur Gegenwart fortgesetzt worden ist [*Jäger, Conze*]. In den USA wird dieser Gegensatz markiert durch die Kontroverse zwischen «Realisten» und den Vertretern einer «progressiven» Diplomatiegeschichte, die sich an Analysen von Charles A. Beard orientierten und das Gewicht wirtschaftlicher Interessengruppen für die Formulierung außenpolitischer Ziele betonten. Den Streit mit der «realistischen» Orthodoxie, die auch in den USA über engste Beziehungen zu den politischen und militärischen Entscheidungszentren verfügte, setzten seit den 60er Jahren die Revisionisten fort. Immer ging es wie auch in anderen vergleichbaren Kontroversen darum, ob die Außenpolitik gewissermaßen aus sich selbst heraus, aus den Zwängen von Staatsräson und langfristigem nationalen Interesse sowie aus den individuellen Zielsetzungen der politisch Verantwortlichen und Diplomaten zu verstehen ist oder ob weitere innenpolitische Akteure wie Interessengruppen, Parlamente, öffentliche Meinung, in Erweiterung die sozialstrukturellen Grundlagen der politischen Verfassung den Handlungsspielraum der Diplomatie entscheidend einschränkten, Richtung und Dynamik des außenpolitischen Handelns prägten. Klassischen Ausdruck fand diese zweite Position in Studien zum innenpolitischen Entlastungsventil außenpolitischer Konfliktverschärfung und Machtdemonstration.

3. Rückkehr zur internationalen Perspektive

Historiographiegeschichtlich stellte die nationalzentrierte und häufig nationalistisch voreingenommene Diplomatiegeschichte seit der zweiten Hälfte des 19. Jahrhunderts einen Rückschritt dar: In Europa hatten die Aufklärungshistoriker eindeutig einen Standort bevorzugt, der den übergreifenden Zusammenhang der Staatenwelt zum Ausgangspunkt ihrer Untersuchungen und Darstellungen machen sollte. Auch noch Ranke hatte ganz anders als seine späteren Bewunderer die Perspektive der einzelnen europäischen Staaten transzendiert und die historische Ordnung des europäischen Mächtesystems als Bezugspunkt seiner diplomatiegeschichtlichen Untersuchungen gewählt. Erst das enge Bündnis zwischen Nationalstaat und neuer Geschichtswissenschaft seit dem letzten Drittel des 19. Jahrhunderts hatte diese universalhistorische bzw. internationalistische Perspektive in den Hintergrund gedrängt.

Im 20. Jahrhundert setzte jedoch bald eine Gegenbewegung ein, die zu einer breiteren internationalen Perspektive zurückkehrte. Die Kehrtwende betraf sowohl die Bewertungskriterien wie die Analyseinstrumente. Normativ knüpften die so genannten Internationalisten an die vielfältigen diplomatischen Bemühungen im 20. Jahrhundert um eine Fixierung konflikteindämmender Regeln, um die Etablierung einer internationalen Staatengemeinschaft und den Ausbau des Völkerrechts an. Als eigenständige Forschungsrichtung entwickelte sich daraus die kleine Strömung der historischen Konflikt- und Friedensforschung. Wichtigstes Analyseinstrument dieser internationalistischen Richtungen wurde die Leitidee staatenübergreifender Systeme, welche in formalen wie informellen Regelungen, in spezifischen Austragsformen von Konflikten, aber auch in gemeinsamen Kommunikationsformen und Ideen ihren Ausdruck finden. Damit rückten die einzelnen Akteure auf der Bühne der Diplomatie- und Militärgeschichte in einen weit komplexeren Zusammenhang von Verhaltensnormen, Leitideen, Handlungszwängen und Interessensartikulationen, als es die eng nationalstaatliche Souveränitätsthese wahrnahm. Einen ganz wesentlichen Impuls erhielt diese Richtung zunächst jedoch aus der Übersteigerung der nationalen Leidenschaften und durch die weltumspannenden Kriege der Großmächte im 20. Jahrhundert, vor allem die beiden Weltkriege und den Kalten Krieg. Die internationale Perspektive setzte sich auch insofern durch, als gerade die Katastrophe des Ersten Weltkriegs den Historikern vor Augen führte, dass ein gesamtes Staatensystem von diesem Konflikt in den Abgrund gerissen worden war, also eine Analyse der Grundlagen früherer funktionierender internationaler Staatensysteme, ihrer Balancen und Konflikte von großem aktuellen Interesse sein konnte.

Ausgangspunkt dieser Entwicklungen war paradoxerweise die Mobilisierung deutscher Historiker für das Ziel, Deutschland von der moralischen Hypothek der Kriegsschuld zu entlasten. Sie löste nach dem Ersten Weltkrieg jene Flut diplomatischer Akteneditionen aus, welche der zeitgeschichtlichen Diplomatiegeschichte den Schritt hin zu einer umfassenderen Geschichte der internationalen Beziehungen ebnete. Die deutsche Regierung machte in ihrem Abwehrkampf gegen den Kriegschuldparagraphen des Versailler Vertrags 1922 den ersten Schritt mit der Publikation eigener Akten in einer breit angelegten Edition (*Große Politik*). Angesichts des erklärten Ziels, die nationale Unschuld zu «beweisen», blieb die Aktenauswahl einseitig, belastendes Material wurde zurückgehalten; die Siegermächte folgten mit entsprechenden «Gegeneditionen»: 1926 begann Großbritannien (*British documents*), Frankreich folgte 1929 (*Documents diplomatiques*). Auch der Zweite Weltkrieg löste eine entsprechende Editionswelle aus, eine breite Auswahl der von den Alliierten beschlagnahmten Akten des Auswärtigen Amtes machte den Anfang, Editionen anderer Länder für die Zwischenkriegszeit folgten rasch. Die Verkürzung der Sperrfristen auf dreißig Jahre in den westlichen Demokratien sowie die partielle Öffnung der außenpolitischen Archive der ehemals sozialistischen Länder haben in den letzten zwanzig Jahren schließlich auch die Epoche des «Kalten Krieges» für die Ansätze einer multiarchivalisch arbeitenden Geschichte der internationalen Beziehungen geöffnet.

In der anhaltenden internationalen Historikerkontroverse um die Ursachen des Ersten Weltkriegs setzte sich allmählich der Standard der multiarchivalischen Fundierung, der notwendigen Einbeziehung der Gegenüberlieferung und Fremdperzeption durch. Eine solche Sichtweise war mit erheblichen sprachlichen, kulturellen und arbeitsökonomischen Anforderungen verbunden. Die Anhebung der fachlichen Standards gelang in der Praxis nur in begrenztem Maße, blieb aber ein wichtiges Korrektiv gegenüber nationalzentrierten Einseitigkeiten und Parteinahmen. Hier wurden vor allem britische und deutsche Traditionen international wirksam, die Beziehungen von Staaten anhand der Akten unterschiedlicher Herkunft kritisch zu analysieren. Auf alliierter Seite waren es vor allem amerikanische Historiker des Ersten Weltkriegs, welche in einer internationalistischen Perspektive die Verkettungen der Fehlentscheidungen und Fehlwahrnehmungen in der Julikrise analysierten. Sie öffneten den Weg zu einer differenzierteren Bewertung der einzelnen Phasen und Verantwortlichkeiten in der Eskalation des Konflikts. Die einflussreichste Darstellung der revisionistischen, pro-deutschen Position stammte aus der Feder des US-amerikanischen Historikers Sidney Fay. Dessen Studie (*Fay*) sowie spätere Darstellungen wie Luigi Albertinis Klassiker von 1942/43 (*Albertini*) tendierten dazu, den Kriegsausbruch als Ergebnis allgemeiner Fehleinschätzungen und Fehlkalkulationen darzustellen. Dieser Deutung stand und steht die Interpretation Pierre Renouvins entgegen, welcher die Verantwortlichkeit der deutschen und österreichischen Diplomatie in der Julikrise betont. Renouvins (*Renouvin 1925, 1934*) Darstellungen sind ihrerseits zu Klassikern geworden.

Paradoxerweise kam es gerade in der deutschen Historiographie, die bis in die 60er Jahre an ihrer einseitigen Gegenthese festgehalten hatte, mit der Fischerkontroverse zunächst einmal zu einer wiederum eng nationalzentrierten Revision bisheriger Positionen und Interpretationen. Eine stärkere Öffnung für internationale Perspektiven lässt sich erst in den achtziger Jahren beobachten.

Der Blick auf die Einbindung einzelner Staaten in spezifische Systeme von Außenbeziehungen konnte sich unbelasteter vom Druck nationaler Leidenschaften und politischer Legitimationsbedürfnisse in der Analyse von Konflikten und Staatenbeziehungen des 19. Jahrhunderts und der Frühen Neuzeit bewähren. Hier hatten bereits die Historiker des 19. Jahrhunderts wichtige Vorarbeit geleistet, waren einschlägige Dokumente bereits ediert, zahlreiche Einzelstudien publiziert worden. Neue interpretatorische Wege betrat die Forschung in dem Maße, wie sie die nationalhistorisch motivierten Teleologien der Staatsbildung (der Aufstieg Preußens, die Einigung und Expansion Frankreichs usw.) hinter sich ließ und nach den epochenspezifischen Grundlagen politischer Machtentfaltung und zwischenstaatlicher Beziehungen fragte.

Eine solche Perspektive setzte sich vor allem nach dem Zweiten Weltkrieg allmählich durch und führte seit den 60er Jahren zunächst in den angelsächsischen Ländern, dann auch in Frankreich oder der Bundesrepublik Deutschland zum Aufstieg einer «neuen» Militärgeschichte, welche zum einen den Zusammenhang zwischen Gesellschaft, Politik und Militärwesen erforschte, also vor allem in engere Verbindungen zur Sozialgeschichte trat, zum andern aber die Bedeutung von Militärtechnik und Kriegswesen für die Entwicklung der internationalen Beziehungen erforschte. In diesem Zusammenhang ist insbesondere die Geschichte des europäischen Kriegswesens seit dem Mittelalter bedeutsam geworden: Innerhalb

Europas rückte die Bedeutung stehender Infanterieheere mit Feuerwaffen für den Aufbau frühneuzeitlicher Steuer- und Verwaltungssysteme in den Mittelpunkt, in universalhistorischer Perspektive diente die These von der militärischen Revolution Historikern dazu, den Erfolg der europäischen Expansion zwischen 1500 und 1800 besser erklären zu können (*Parker*). Vor dem Hintergrund solcher Forschungen sind insbesondere die Geschichte des Dreißigjährigen Krieges und des Westfälischen Friedens als spezifische Phase im langfristigeren Prozess der neuzeitlichen Staatsbildung und eines entsprechenden Beziehungssystems europäischer Staaten interpretiert worden. Vergleichbare Studien haben sich mit der Herausbildung regionaler Ordnungssysteme zwischenstaatlicher Beziehungen in Süd- und Ostasien vor und nach Ankunft der Europäer beschäftigt.

4. Machtpolitik, Ökonomie und Kulturtransfer: Die Geschichte der europäischen Expansion, von Kolonialismus und Imperialismus

Einen Sonderstatus nehmen die Studien ein, die sich mit der Geschichte der europäischen Expansion, der kolonialen Erwerbungen und schließlich des Imperialismus beschäftigen. Hier sind die Übergänge zu benachbarten Arbeitsgebieten und Teildisziplinen der Geschichtswissenschaft besonders fließend: Zum einen interessierte sich, wie wir bereits gesehen haben, die Wirtschaftsgeschichte intensiv für die weltweite Ausdehnung des europäischen Kapitalismus, zum anderen wandte sich die Kulturgeschichte im Laufe des 20. Jahrhunderts immer mehr dem Transfer von Werten, Techniken, Wissenssystemen zu. Im Folgenden geht es um die Aspekte der Machtbeziehungen zwischen Staaten bzw. die militärisch-politische Dimension europäischer Durchdringung.

Lange Zeit verblieb die Geschichtsschreibung der kolonialen Expansion und imperialistischen Machtpolitik weitgehend im Horizont einer einseitig metropolenzentrierten politischen Perspektive [*Winks*]. Die ersten Generationen französischer, englischer, deutscher oder belgischer Kolonial- oder Imperialismushistoriker schrieben Erfolgsgeschichten nationaler Expansionspolitik im Zeichen des zivilisatorischen Fortschritts und unter den Voraussetzungen eines zum Weltsystem ausgedehnten Konkurrenzverhältnisses zwischen Großmächten. Kritisch wendete dies der amerikanische Diplomatiehistoriker William L. Langer 1935, als er den Hochimperialismus der 80er Jahre als Übersteigerung des Nationalismus in Europa interpretierte (*Langer*).

Erst als sich in den Kolonien und in den Metropolen die Kritik an Kolonialismus und Imperialismus artikulierte und ihrerseits politische und ökonomische Studien inspirierte, ging die Ära einer bloß affirmativen, nationalzentrierten Imperialgeschichtsschreibung zu Ende. Im Mittelpunkt der Kontroversen und empirischen Studien stand die Frage nach den entscheidenden ökonomischen Erklärungsfaktoren für den imperialen Expansionismus seit den 1880er Jahren. Für den Höhepunkt kolonialer Herrschaft und imperialistischer Konkurrenz zwischen 1880 und 1945 setzte sich in der Forschung nach dem Zweiten Weltkrieg – also bereits im Zeichen der Dekolonisation – eine starke politökonomische Strömung durch. Sie knüpfte an die älteren Imperialismustheorien an, die von Sozialliberalen und marxistischen Sozialwissenschaftlern seit der Jahrhundertwende formuliert worden waren [*Mommsen*]. Die Verschärfung der Konkurrenz zwischen den Großstaaten der kapitalistischen Weltwirtschaft stand in all diesen politökonomischen Modellen in unmittelbarer Beziehung zur ökonomischen Konkurrenz von Monopolen, Banken und Industrieunternehmen. Die Verfolgung unmittelbar ökonomischer Interessen außerhalb Europas galt als wesentlicher Antrieb für den Expansionsdrang europäischer Staaten und für die kriegerischen Konflikte, welche daraus resultierten. Insbesondere die orthodox marxistische Imperialismusforschung hat diese Lesart weiter zugespitzt – ihr antworteten wiederum Forschungen, welche die konkreten Anlageinteressen von Banken und der Exportwirtschaft mit deren Desinteresse an imperialistischer Expansionspolitik kontrastierten. Der politökonomische Ansatz ist insbesondere für Untersuchungen zur Etablierung von Formen des informellen Imperialismus bedeutsam geworden, bei denen sich die ökonomische Durchdringung eines politisch weiterhin souveränen Landes unter dem Banner von Freihandel und Gleichberechtigung vollzog. Diese Ausweitung des Forschungshorizonts über die klassische Welt der kolonial verfassten Imperien der europäischen Mächte (nach dem einflussreichen Bild von Robinson und Gallagher nur die «Spitze des Eisbergs») hinaus richtete vor allem den Blick auf die Abhängigkeit der unabhängigen lateinamerikanischen Staaten zunächst von britischen und dann seit den

1930er Jahren von US-amerikanischen Unternehmen und in deren Gefolge den Regierungen der USA.

Damit war zugleich auch der Anstoß gegeben für die weitere Erforschung ungleicher Austauschbeziehungen zwischen den Ländern der gesamten Dritten Welt und den westlichen Metropolen. Wiederum waren es marxistische Anregungen, die zur Dependenz-Theorie führten, die in den 60er Jahren in Chile und Brasilien zunächst von Wirtschaftswissenschaftlern als Gegenwartsanalyse mit historischer Tiefenstruktur entwickelt worden ist [*Meissner*].

Spätestens mit solchen Fragehorizonten hat der politökonomische Ansatz den Bezugsrahmen der traditionellen Geschichtsschreibung der internationalen Beziehungen gesprengt. Ganz ähnlich wie bei nationalzentrierten Ansätzen rückten in diesem Modell die sozialen und politischen Verhältnisse in den ehemaligen Kolonialgebieten in den Mittelpunkt, wurden verstärkt strukturelle Ursachen langer Dauer für die Kontinuität ökonomischer Abhängigkeit und politischer Subalternität der indigenen Eliten gesucht. Die Suche nach Kompradoreneliten als Mittlern zwischen den Vertretern der imperialen Metropolen und der einheimischen Wirtschaft und ihren Akteuren fand ihr Gegenstück in Forschungen zu den Trägern der kolonialen Expansion in den europäischen Ländern. Bereits die frühen Imperialismustheorien Max Webers oder Joseph Schumpeters hatten die Rolle vorkapitalistischer Eliten auf der Suche nach Sozialprestige und politischer Herrschaftslegitimation betont. Eine präzisere Wendung bekam diese Perspektive mit Forschungen über die Wahrnehmungsmuster und Entscheidungskriterien der außenpolitischen Entscheidungsträger. Für Großbritannien haben dies Gallagher und Robinson mit Blick auf die britischen Kolonialerwerbungen in Afrika getan. Sie betonten die Einheitlichkeit des imperialen «Denkstils» einer sozial geschlossenen Kaste, der Konflikte «vor Ort», vor allem aber die Krisen informeller Herrschaft immer wieder zum Anlass wurden für weitere Schritte kolonialer Machtentfaltung (*Robinson/Gallagher*).

Die Errichtung von Monopolen, die Verbindung ökonomischer und politisch-militärischer Ausbeutung in den Kolonien, der Transfer kolonialer Reichtümer in die Metropolen bildeten wichtige wirtschaftshistorische Forschungsthemen, die eine Brücke zwischen Studien zur frühneuzeitlichen europäischen Expansion und zum modernen Imperialismus schlugen. Insgesamt jedoch entwickelte sich die Geschichte der überseeischen Expansion angesichts der Vielgestaltigkeit der dabei auftretenden historischen Phänomene in ganz eigenständiger Weise und etablierte sich seit den 1960er Jahren zu einem Spezialbereich im Feld der Geschichte der internationalen Beziehungen, der sich der Vergangenheit der Nord-Südbeziehungen widmet. Dabei nahm die Erforschung der kolonialen Sklaverei in den Plantagenkolonien, die seit dem 16. Jahrhundert in der Neuen Welt entstanden waren, einen zentralen Platz ein. Die Erforschung des afrikanischen Sklavenhandels ist aufs engste mit der Geschichte der Beziehungen zwischen den europäischen Mächten, ihren lokalen Vertretern und den afrikanischen Herrschaftsträgern an den Küsten und im Landesinnern verbunden. Auch auf diesem Forschungsfeld richtete sich das Interesse der Historiker bald auf die innergesellschaftlichen Folgen und Begleiterscheinungen. Gerade für die afrikanische Geschichte ist dieser Aspekt der internationalen Beziehungen als traumatische Etappe kolonialer Durchdringung und Umformung etablierter Gesellschaften und Wirtschaftsformen von entscheidender Bedeutung geworden, für die Nationalgeschichte der amerikanischen Staaten mit großen Minderheiten ehemaliger Sklaven hat die umfassende historische Erforschung dieser Zusammenhänge im Verlauf des 20. Jahrhunderts in dem Maße an Bedeutung gewonnen wie diese Bevölkerungsgruppen, ihre politische und soziale Gleichstellung, Gleichberechtigung und kulturelle Anerkennung erkämpften.

Eine zweite Forschungsrichtung kehrte schließlich auch noch die aus dem 19. Jahrhundert ererbte Blickrichtung von den Metropolen auf die Kolonien bzw. informellen Einflussgebiete der Dritten Welt der südlichen Hemisphäre um, welche sowohl die imperialen Erfolgsgeschichten als auch die kritischen Imperialismusstudien bestimmt hatte. Zum einen rückten die Akteure vor Ort – seien es die europäischen Unternehmer, Verwalter oder Militärs, seien es die einheimischen Eliten, Herrschaftsträger oder die Bevölkerungsmehrheiten – und deren Einflussnahme auf die Entscheidungen in den Metropolen in den Blick. In einem zweiten Schritt fragten dann Historiker nach den kulturellen, sozialen und politischen Prägungen der kolonialen Expansion für das Machtgefüge und Selbstverständnis der europäischen Nationen. Die vielfältigen Ursachen des europäischen Auserwähltheits-/Sonderbewusstseins und Überlegenheitsgefühls rückten auf die Tagesordnung einer solchen Kulturgeschichte der westlichen imperialen Erfahrungen. Ihre Verbindung zur Geschichte der internationalen Beziehungen blieb zwangsläufig eng: Häufig hatte sie es mit den gleichen Akteuren zu tun, immer jedoch bewegte sich diese neue Richtung auf den lebensweltlichen, literarisch-kulturellen oder wissenschaftlichen Spuren, die die militärisch-politische Expansion Europas hinterlassen hat.

5. Die Internationale Geschichte und die Dynamik der Geschichtswissenschaft

Die Geschichte der internationalen Beziehungen ist breiter und vielfältiger geworden, den jüngsten kulturgeschichtlichen und sozialgeschichtlichen Erweiterungen des Arbeitsfeldes wird am besten die Bezeichnung «Internationale Geschichte» gerecht, welche sich am Ende des 20. Jahrhunderts durchzusetzen beginnt [*Loth/Osterhammel*].

Neue methodische und konzeptionelle Ansätze fanden lange Zeit nur in abgemilderter Form bzw. über Grenzgänger und Außenseiter Eingang in die Forschungspraxis. Typisch für die Wege der Anverwandlung fremder Ideen war die vorsichtige Öffnung der französischen Schule der Internationalen Geschichte unter ihren Wortführern Pierre Renouvin und Jean-Baptiste Duroselle für Fragen und Konzepte der Wirtschafts-, Sozial- und Mentalitätsgeschichte (*Renouvin/Duroselle*). Mit der ebenso flexiblen wie unpräzisen Formel der «forces profondes» wurden die Forschungsergebnisse der *Annales*-Strömung über Strukturen langer Dauer und das Gewicht kollektiver Kräfte als strukturelle Rahmenbedingungen konkreter diplomatischer oder militärischer Entscheidungen und Ereignisse in die historische Analyse und Darstellung mit einbezogen. Der Trend zu transnationalen Perspektiven bzw. zu bilateralen Beziehungsstudien durchzieht jedoch als ein allmählich dichter werdender roter Faden die Forschungsgeschichte seit den 20er Jahren. Dieser Trend blieb lange Zeit auf die Großmächte der Ersten Welt und die Geschichte ihrer Kriege, Austauschbeziehungen und Bündnisse beschränkt, bestimmte jedoch nach 1945 immer mehr auch die Studien zur außereuropäischen Geschichte und zur europäischen Expansion. Vor allem die Untersuchungen über die Beziehungen zwischen europäischen bzw. westlichen Mächten und asiatischen Staaten bzw. Gesellschaften haben in der neueren Forschung eine umfassendere Gesamtperspektive der internationalen Geschichte hervorgebracht: Ökonomische, diplomatische, militärische wie kulturelle Aspekte finden nunmehr in gleichem Maße Beachtung. Ein Musterbeispiel dieser neuen Zugangsweise bietet Osterhammels Untersuchung über den Wandel der internationalen Stellung Chinas seit dem 18. Jahrhundert. (*Osterhammel*)

6. Zwei Beispiele

***Ronald Robinson, John Gallagher** in Zusammenarbeit mit Alice Denny, Africa and the Victorians. The Official Mind of Imperialism, Basingstoke, London 1961.*

Die Studie über die britische Expansionspolitik im Zuge der kolonialen Aufteilung und Durchdringung Afrikas zwischen 1880 und 1900 hat heftige Kontroversen zwischen den Verteidigern eines politökonomischen bzw. sozio-ökonomischen Ansatz und den Anhängern einer stärker politikorientierten Position ausgelöst.

Robinson und Gallagher untersuchen die Entscheidungsprozesse im britischen Kabinett bzw. im Parlament, welche zu militärischen oder diplomatischen Interventionen Großbritanniens in Afrika führten und an deren Ende die Errichtung kolonialer Herrschaft und Eingliederung in das Empire standen. So verfolgen sie Schritt für Schritt den Ausbau des britischen Kolonialreiches in Afrika mit seinen vier geographischen Schwerpunkten Westafrika, dem Süden des Kontinents ausgehend von der Kapkolonie, Kenia/Uganda sowie dem Niltal. Die Hauptschauplätze sind dabei neben London die regionalen Konflikte in Ägypten und Südafrika. Robinson und Gallagher konzentrieren sich in ihren Untersuchungen auf regierungsinterne Planungen und Entscheidungsprozesse Großbritanniens, ergänzen ihre Quellenbasis aber immer wieder durch Parlamentsakten sowie die publizierten diplomatischen Akten der übrigen europäischen Mächte. Dabei kommen sie zu dem Ergebnis, dass in den unterschiedlichen Regionen jeweils andere Einzelmotive den Ausschlag für die koloniale Expansion gaben. Es überwogen, so ihre These, eindeutig Prestige- und Sicherheitsinteressen. Die Absicherung des britischen Empire mit seinem Zentrum in Indien stand bei den Entscheidungen zugunsten militärischer Intervention in Ägypten 1882 und dann im Sudan 1896 sowie zum Krieg gegen die Burenrepubliken Transvaal und Orange Free State 1899 im Mittelpunkt. Mit dieser These eines defensiven Imperialismus wollen Robinson und Gallagher vor allem das Paradox erklären, dass diese Entscheidungen von Kabinetten und Parlamentsmehrheiten gefällt wurden, die am Leitbild informeller Kontrolle und freihändlerischer Durchdringung Afrikas festhielten.

Als Gründe für den Politikwechsel nach 1880 arbeitet die Studie die nationalistischen Krisen in Afrika selbst heraus. Sie entstanden in Ägypten ebenso wie in Südafrika aus der wirtschaftlichen Öffnung der Regionen für britische bzw. europäische Wirtschaftsinteressen in den vorangegangenen Jahrzehnten. Die wechselnden Rivalitäten der europäischen Großmächte traten erst als sekundäre Faktoren hinzu.

Diese Logik genuin politischen Interessenkalküls sehen Robinson und Gallagher fundiert in einem gruppenspezifischen Wahrnehmungsmuster, welches alle Einzelentscheidungen der wechselnden Hauptakteure in der Metropole und in den kolonialen Außenposten bestimmt: Überlegenheitsgefühl, Fortschrittsglauben, Prestigedenken und schließlich ein ausgeprägtes Sicherheitsbedürfnis vor dem Hintergrund sinkenden Vertrauens in die Dauerhaftigkeit und Tragfähigkeit von Auswanderung, Seeherrschaft und Handelsmacht als Grundlagen des britischen Empire. Die Studie betont die Traditionen einer imperial ausgerichteten politischen Elite, welche die hohen Posten in Regierung und Verwaltung besetzt und durch gemeinsame Sozialisation und Herkunft eng miteinander verknüpft blieb. Nur sekundär wirkten die neuen Faktoren: chauvinistische Massenpresse, imperialistische Stimmung und Interessen wirtschaftlicher Lobbygruppen bei dem Umschlag britischer Afrikapolitik vom Freihandelsimperialismus zum kolonialen Annexionismus mit.

Literatur: *M. F. Chamberlain, Art. in: [Cannon, 147 f.]; Roger Louis, Imperialism: The Robinson and Gallagher Controversy, New York, London 1976, 2–51; John E. Flint, The Scramble for Africa, in: [Winks, 456–458].*

Georges Duby, *Dimanche de Bouvines, Paris 1973 (dt. Der Sonntag von Bouvines 27. Juli 1214, Berlin 1988).*

Georges Duby untersucht eine bedeutende Schlacht des europäischen Hochmittelalters: Den Sieg des französischen Heeres unter König Philipp II. August über die Truppen des welfischen Gegenkönigs Otto IV. 1214 bei Bouvines. Die Studie rekonstruiert diese für die Beziehungen zwischen Reich, England und Frankreich wichtige Schlacht, und Duby analysiert die vielen Interpretationen, welche sich an dieses militärische Geschehen geheftet und daraus eigentlich erst ein so großes

Datum der Staatengeschichte Europas gemacht haben. Schicht um Schicht deckt Duby die Dimensionen auf, welche von den Zeitgenossen und den Nachgeborenen dieser Schlacht zugeschrieben worden sind. An den Anfang stellt er eine Neuübersetzung der wichtigsten zeitgenössischen Quelle. Dann bietet er seine Interpretation in der klassischen Form des kritischen Textkommentars. Dabei behandelt er nacheinander: die Grundlagen mittelalterlicher Friedensschlüsse und die Technik und Ökonomie des Kriegs hinter der Fassade des ritterlichen Zweikampfes. Dabei gilt dem Spannungsverhältnis zwischen ritterlicher Lebensweise, die im Turnier ihren klassischen Ausdruck fand, und dem Geschäft des realen Krieges Dubys besonderes Interesse.

Dem schließt sich eine Analyse der Schlacht an: Sie selbst wird vor allem in ihrer zeitgenössischen religiösen Inszenierung und Wahrnehmung als Gottesurteil interpretiert; der vierte Aspekt, der Sieg, wird ebenfalls im Kommentar minutiös in seine unterschiedlichen Komponenten zerlegt: materielle Voraussetzungen und Folgen, die religiöse Deutung, schließlich die machtpolitischen Konsequenzen für alle Beteiligten.

Im dritten Hauptteil wendet sich Duby dem historiographischen Nachleben von Bouvines zu, rekonstruiert die Legendenbildung in der monarchistischen, dann nationalen Geschichtserzählung Frankreichs bis in die Schulbücher des 20. Jahrhunderts. Am Ende dieser narrativen Analyse ist das Knäuel von Bedeutungen und strukturellen Zusammenhängen gewissermaßen entwirrt, die Schlacht von Bouvines als ein äußerst vielschichtiges und vieldeutiges «Ereignis» der europäischen Staatengeschichte entzaubert worden. Dubys Studie historisiert radikal alle Aspekte dieses Geschehens und legt die ganz anderen Motivlagen, Strategien und Deutungen offen, welche die Akteure dieser Schlacht selbst bewegten. Damit wiederum liefert er ein virtuoses Beispiel für die neueren revisionistischen Tendenzen einer Internationalen Geschichte, die aufmerksamer geworden ist für die vielfältigen kulturellen Sinnwelten, in welche die Geschichte der Staaten eingebettet ist.

Literatur: *M. Jones, Art. in: [Cannon, 112 f.]; H. J. Nicholson, Art. in: [Boyd, 327 f.]; Otto G. Oexle, «Die Wirklichkeit» und das «Wissen». Ein Blick auf das sozialgeschichtliche Oeuvre von Georges Duby, in: Historische Zeitschrift 232 (1981), 61–91.*

IX
Mentalitäten, Begriffe und politische Sprachen: Wege der kultur- und ideengeschichtlichen Forschung

Am Beginn des 21. Jahrhunderts stellt sich die «Kulturgeschichte» als ein ebenso breiter wie diffuser Gegenstandsbereich und zugleich auch als der methodisch und konzeptionell anspruchsvollste und umstrittenste Zugang der Geschichtswissenschaft dar. Wir widmen ihr deshalb zwei Kapitel. Die aktuellen Debatten einer «neuen» Kulturgeschichte beziehen ihre Argumente im Wesentlichen aus den intellektuellen Neuansätzen und Umbrüchen, welche das weite Feld historischer Forschungen zu Gefühlen und Sinneswahrnehmungen, zu einzelnen Begriffen aber auch zu umfassenden Denksystemen seit den 70er Jahren kennzeichnet. Darauf werden wir in Kapitel XIII näher eingehen, wenn wir diese Umbrüche genauer analysiert haben. Hinter den scharfen Abgrenzungen von Anhängern der Diskursanalyse, der New Cultural History oder der Postcolonial Studies gegenüber ihren Vorgängern und Vorläufern ist jedoch eine viel kontinuierlichere Geschichte ideen- bzw. kulturgeschichtlicher Forschungen im 20. Jahrhundert zu entdecken, deren Grundlagen in den kultur-wissenschaftlichen Grundsatzdebatten um 1900 gelegt wurden und deren Ergebnisse seit den 20er Jahren vorlagen.

1. Kulturwissenschaftliche Impulse

Um 1900 lässt sich an den intellektuellen Kontroversen rund um den Globus beobachten, wie die Erfahrung der Beschleunigung der wirtschaftlichen, politischen und sozialen Prozesse zu einer größeren Aufmerksamkeit für den fundamentalen Prozess der Historisierung kultureller Wertsysteme und Deutungsentwürfe der sozialen Welt führte. Daraus ergab sich ein wachsendes historiographisches Interesse an Themen, die vorher im engeren Kontext theologischer, philosophischer oder philologischer Gelehrsamkeit, Überlieferungspflege und Auslegungskunst behandelt worden sind. Die Differenz fremder und vergangener Sinnwelten wurde umso aufmerksamer registriert und regte die Forscherneugierde an, als Traditionsverankerung und Fortschrittsglauben unter Intellektuellen und Gelehrten an Überzeugungskraft verloren. Außerhalb Europas waren und sind diese Debatten um die grundlegende Historisierung der Welt zudem noch verbunden mit der Frage nach der Erneuerung, gar der Überlebensfähigkeit, der eigenen (islamischen, hinduistischen, konfuzianischen usw.) Kulturwerte und Deutungsmuster.

Wir haben bereits gesehen, wie der Aufstieg der neuen Sozial- und Kulturwissenschaften insgesamt den Problemhorizont historischer Forschung um 1900 enorm erweitert hat. Für die Ideen- und Kulturgeschichte ist insbesondere die Erforschung kollektiver Denkformen und Weltanschauungen bedeutsam geworden. Ein Impuls ging hierbei von der Psychologie aus. Seit den 1880er Jahren etablierte sich diese neue Wissenschaft an den Universitäten Europas und der Neuen Welt und sorgte dafür, dass das Selbstbild des Menschen einer weiteren Runde der Entzauberung und der Rationalisierung ausgesetzt wurde. Vor allem die Entdeckung des Unbewussten, aber auch weniger schockierend, die Entdeckung der vielfältigen physiologisch-neurologischen Einwirkungsmechanismen auf Denken, Fühlen und Wahrnehmen öffneten die kulturgeschichtlichen Forschung hin zu anthropologischen Grundfragen.

Parallel dazu entwickelte sich ausgehend von Ideen Webers, Husserls, Diltheys und Simmels eine wissenssoziologische Strömung, welche die Zeit- und Standortgebundenheit aller Denk- und Wahrnehmungsformen des Menschen zum Ausgangspunkt ideengeschichtlicher Forschungen machte. Mannheim und Fleck entwickelten in Fallstudien neue Kategorien: Flecks Lehre vom Denkstil und seine Analyse wissenschaftlicher Denkkollektive geriet zunächst wieder in Vergessenheit, bevor sie dann spektakulär mit Kuhns Struktur wissenschaftlicher Revolutionen in die Diskussion zurückkehrte und seitdem die Wissenschafts- und Ideengeschichte inspiriert [*Fleck*]. Mannheims Analyse zu utopischem und konservativem Denken, seine Überlegungen zur Standortabhängigkeit von Denkprodukten oder zur Ausprägung generationsspezifischer Deutungsmuster regten seit den 30er Jahren immer wieder Forschungen darüber an, wie die Entwicklung von Ideen als intellektuelles Resultat sozial eingebundener Tätigkeit von Literaten, Gelehrten und

Wissenschaftlern einerseits, als «Ausdruck» von sozialen Lagen, politischen Konflikten und ökonomischen Interessen von Gruppen bzw. Klassen andererseits zu entziffern sei (*Mannheim*).

Einflussreich für die weitere Entwicklung einer Ideengeschichte sozialer Gruppen oder historischer Kollektive wurde auch die soziologische These Durkheims, wonach auch die als universell angesehenen Grundkategorien menschlicher Wahrnehmung wie Raum und Zeit historisch-genetisch zu erklären seien, weil eine grundlegende Übereinstimmung zwischen den Kategorien und Schemata des Denkens, Fühlens und Wahrnehmens und der Ordnung der sozialen Welt anzunehmen sei (*Durkheim/Manss*). Dies wiederum erlaubte es, die Genese aktueller Erscheinungsformen des Denkens und Fühlens in enger Verbindung mit Prozessen der sozialen Arbeitsteilung und der Entwicklung von Herrschaft zu untersuchen. Entsprechende religionshistorische, volkskundliche bzw. ethnologische Studien von Durkheim-Schülern über die sozialhistorische Genese elementarer Klassifikationssysteme verstärkten die Suche nach den «représentations collectives», den kollektiven Wahrnehmungsmustern und Darstellungsformen als den sozialpsychologischen Fundamenten von Vergemeinschaftungsprozessen.

Impulse für die Kulturgeschichte gingen schließlich auch aus zeitgenössischen ethnologischen Untersuchungen hervor. Sie legten den Gedanken nahe, dass frühere Epochen zugleich auch durch die Grenzen des Denkmöglichen bestimmt seien, im Entwicklungsgang der menschlichen Verstandeskräfte und Sinne gewissermaßen Etappen zwischen dem in jenen Jahrzehnten von der kolonialen Anthropologie vielfach beschriebenen und seltener analysierten «primitiven Denken» und der modernen wissenschaftsfähigen Vernunft herauszufiltern seien.

2. Ideengeschichtliche Grundpositionen

In internationaler Vergleichsperspektive lassen sich seit Beginn des 20. Jahrhunderts deutlich zwei Gegensatzpaare erkennen, welche im Meinungsstreit und Begriffswirrwarr der kulturgeschichtlichen Ansätze über die Grenzen der nationalen Historikerfelder hinweg für überraschende Parallelen gesorgt haben.

Zum einen standen sich universalistische und relativistische Positionen gegenüber. Auf der einen Seite finden wir die Vertreter eines rationalistischen, explizit fortschrittszentrierten Denkmodells. Es dominierte bei Historikern politischer Ideen oder der Wissenschaften. Diese universalistische Sichtweise vertrug sich mit so unterschiedlichen wissenschaftstheoretischen Hintergrundannahmen wie dem Positivismus, Pragmatismus oder dem Neoidealismus. Typisch für diese Position ist, dass ihre Anhänger die Debatten um die Historisierung der Welt entdramatisieren. In Verbindung mit eurozentrischer Voreingenommenheit führte dies aber auch dazu, dass die Achtung für die Gleichwertigkeit von Kulturen und die Aufmerksamkeit für deren Vielfalt vielfach wieder verloren ging. Politische Affinitäten ergaben sich vor allem zu liberalen, sozialdemokratischen oder sozialistischen Positionen. Verbreitet war diese universalistische Position vor allem in den angelsächsischen Ländern, in Frankreich, aber auch in Russland. Im Vergleich zur kulturrelativistischen Gegenposition war sie international bis 1970 eindeutig stärker und weiter verbreitet.

Der kulturrelativistische Standpunkt verteidigte dagegen die Standort- und Zeitgebundenheit aller Ideen. Er verband sich mit einer vielfach diffusen Fortschrittsskepsis und knüpfte an die Idee der Romantik an, wonach Kulturen einzelner Völker bzw. Nationen ihre individuelle, singuläre Form entfalten. Das Zentrum kulturrelativistischer Denkmodelle liegt bis zum Ende des Zweiten Weltkriegs eindeutig in deutschsprachigen Intellektuellenmilieus. Nur dort entfaltete sich in voller Breite die Erbschaft von Romantik und Historismus. Nietzsche wiederum lieferte die Grundlagen für eine radikale lebensphilosophische Vernunftkritik. Daraus bedienten sich vor 1945 kulturwissenschaftliche Denkmodelle, die dezidiert Gegenpositionen zum «westlichen» Fortschrittsdenken formulierten. Vor allem die Steigerung nationaler Leidenschaften und imperialistischer Konkurrenz in der Zwischenkriegszeit hat als externer Faktor Aufstieg und Radikalisierung dieser Gegenströmungen in Mitteleuropa, Asien und im Nahen Osten gefördert.

Das zweite Gegensatzpaar betrifft die methodische Herangehensweise an kulturelle oder ideelle Phänomene. Hierbei trennten sich internalistische und externalistische Betrachtungsweisen, die wiederum deutliche Affinitäten zu materialistischen und idealistischen Positionen zeigten. Die internalistische Betrachtungsweise beharrte auf der Eigengesetzlichkeit und Eigendynamik der Ideen, dem stellte die externalistische Perspektive die Genese oder funktionale

Abhängigkeit religiöser, politischer oder künstlerischer Phänomene aus den sozialen oder, enger gefasst noch, ökonomischen Lagen entgegen. Vielfach wurde diese Differenz der Blickwinkel jedoch verschärft durch weiterreichende Annahmen über den Primat von Ideen bzw. von sozialen Lagen oder ökonomischen Interessen. Hierzu trug natürlich auch die «materialistische» Geschichtsauffassung des orthodoxen Marxismus bei, dem eine betont idealistische Strömung entgegentrat, welche die Eigendynamik großer (religiöser, weltanschaulicher) Ideen und die Mobilisierungskraft von Idealen als Kern historischer Erkenntnis feierte.

Diese Grundpositionen sind in ganz unterschiedlicher Weise Kooperationen mit den Nachbardisziplinen eingegangen. Vor allem in Deutschland und Italien, aber auch in den USA war der Ideenaustausch mit der Philosophiegeschichte, der Kirchengeschichte, der Theologie und den Literaturwissenschaften sehr intensiv. Andersherum bevorzugten externalistische Zugriffe lange Zeit die Nähe zur Wirtschafts- und Sozialgeschichte oder folgten den Ansätzen der Wissenssoziologie.

Kulturrelativistische wie universalistische Positionen stimmten lange Zeit darin überein, sich auf die Geschichte besonders produktiver Denker, Gelehrter oder Staatsmänner zu konzentrieren, die Rolle schöpferischer Denkleistungen für die Bewältigung allgemeinhistorischer Probleme, für universellen «Fortschritt» oder kulturelle «Individualität» zu betonen.

Eine Veränderung trat jedoch spätestens in der Zwischenkriegszeit ein, als die volksgeschichtlichen Ansätze die Bedeutung kultureller Massenphänomene entdeckten und die Verbindungen zur Volkskunde, Sprachwissenschaften und Ethnografie verstärkten.

3. Verankerung in den nationalen Historikerfeldern

Diese Grundpositionen haben sich in den nationalen Historikerfeldern ganz unterschiedlich artikuliert. Leitbegriffe und Kontroversen waren von Land zu Land verschieden, die Übersetzung der jeweiligen Leitbegriffe ist immer nur annäherungsweise richtig. Grob lassen sich einige Hauptrichtungen unterscheiden [*Schulin 1981*]. In Italien und Deutschland, aber auch in den kleineren mittelosteuropäischen Ländern wie etwa in Ungarn etablierte sich die Ideengeschichte primär als Geistesgeschichte. Ihre Vertreter vertraten internalistische und zugleich auch idealistische Positionen und verbanden dies mit einem dezidierten Führungsanspruch gegenüber der Wirtschafts- und Sozialgeschichte, aber auch einer ereigniszentrierten Politikgeschichte. Führende Historiker dieser Richtung einer politischen Ideengeschichte wie Friedrich Meinecke in Deutschland, Bendetto Croce in Italien oder Gyula Szekfü in Ungarn hatten in der Zwischenkriegszeit einflussreiche universitäre Positionen inne und genossen hohes intellektuelles Ansehen. Zumindest drei Generationen lang wurde damit in diesen Historikerfeldern eine Geistesgeschichte politischer Ideen tradiert und fortgeführt, welche sich an den Vorbildern dieser Lehrer orientierte: die historische Interpretation klassischer Texte der politischen Theorie bzw. der philosophischen und literarischen Tradition in ihrer Verbindung zu den Grundfragen des zeitgenössischen politischen Lebens ihrer Nationen bzw. Staaten (*Meinecke*). Am ehesten vergleichbar mit den idealistischen Grundpositionen, aber ohne die starken relativistischen Akzente dieser mitteleuropäischen Strömung war die amerikanische Spielart einer internalistischen *History of Ideas*. Ihr Wortführer Arthur O. Lovejoy sorgte mit der Gründung der Zeitschrift *Journal of the History of Ideas* 1940 für das gemeinsame Kommunikationsorgan und entwarf ambitionierte Programme interdisziplinärer Forschung. Eine primär internalistisch, aber nicht zwangsläufig idealistisch ausgerichtete *Intellectual History* entwickelte sich dann seit den vierziger Jahren in den Vereinigten Staaten. Bis zum Ende der 60er Jahre stieg dieses Teilfach zu einem der intellektuell renommiertesten Zweige der amerikanischen Geschichtswissenschaft auf. Fachvertreter wie Perry Miller, Richard Hofstadter, sowohl Vertreter der in der Zwischenkriegszeit einflussreichen *progressive historians* und Anhänger der *New History* als auch deren Kritiker sowie schließlich die Vertreter der Nachkriegsgeneration entdeckten die Ideengeschichte als einen bevorzugten Zugang historischer Analyse. Auch in der universitären Lehre nahm die Ideengeschichte mit einem Anteil von 7–8 Prozent der Kurse in den 50er Jahren einen ebenbürtigen Platz neben den anderen Spezialgebieten des Faches ein [*Darnton*, 333].

Im britischen, französischen und in Teilen des amerikanischen Historikerfeldes spielte die Kultur- oder Ideengeschichte zunächst eine viel geringere Rolle, ein betont pragmatisch-nüchterner Zug sorgte dafür, dass die Sozialgeschichte der Ideen stärker gepflegt wurde. Die Geschichte kollektiv wirksamer Ideen, Deutungsmuster und Vorstellungen wurde hier früher erforscht und stärker beachtet als bei den beiden vorigen Strömungen. Forscher fragten dabei nach der Verbreitung von Ideen und Denkgewohnheiten, nach milieu- und klassenspezifischen Prägungen, aber auch nach den spezifischen Funktionen von Ideen im zeitgenössischen politischen und sozialen Leben.

Typischerweise entwickelte sich die ideen- oder kulturgeschichtliche Forschungspraxis bis weit in die fünfziger Jahre hinein in den meisten Ländern ganz diffus, bestenfalls lassen sich Gruppen- und Schulbildungen um einzelne Wissenschaftler erkennen, aber in den meisten Ländern blieb ganz ähnlich wie in der Diplomatiegeschichte der Bezug zur politischen Geschichte sehr eng. Aufsätze zu ideengeschichtlichen Themen erschienen in den unterschiedlichsten Fachorganen. Spezialbereiche der Ideengeschichte wie etwa die Geschichte der Medizin, der Naturwissenschaften, der Philosophie oder Religion waren in der Regel außerhalb der Geschichtswissenschaft angesiedelt, wurden von Vertreter der jeweiligen Disziplinen gepflegt. Entsprechend unterschiedlich, ja disparat entwickelten sich die einzelnen Forschungsfelder.

4. Weltanschauungen und Mentalitäten

Die Frage nach Weltanschauungen und kollektiven Vorstellungen profitierte vielleicht am stärksten von den kulturwissenschaftlichen Impulsen der Jahrhundertwende.

Am Beginn dieser Forschungen steht zunächst noch weitgehend isoliert das Werk Johan Huizingas. Seine Studie über die Leitbilder, Deutungsmuster und Gefühle von Handwerkern, Bürgern und Adeligen in den burgundischen Niederlanden des 14. und 15. Jahrhunderts entwarf bereits das gesamte Programm historischer Grundlagenforschung zum Wandel von Emotionen, Deutungsmustern und Wahrnehmungsformen (*Huizinga*).

Wir haben bereits beobachten können, dass die historische Schule der Nationalökonomie die Wirtschaftsgesinnung, den «Unternehmergeist» als eigenständigen Faktor der Wirtschaftsgeschichte bewertete. Sombart zum Beispiel stellte unter der Leitidee der Wirtschaftsgesinnung und der Lebensführung einen engen Zusammenhang zwischen Glaubensvorstellungen, religiösen Praktiken und wirtschaftlichem Handeln her, den Einzelstudien zu belegen versuchten. Bis in die 60er Jahre erhitzten die Kontroversen über die von Troeltsch und Weber formulierte Protestantismusthese die Gemüter von Historikern und Nationalökonomen: Weber hatte die Ursachen für den Aufstieg des westeuropäischen Wirtschaftsbürgertums in der Herausbildung einer spezifischen Form der Lebensführung innerweltlicher Askese und Berufstätigkeit gesehen, die er auf die theologischen und konfessionellen Besonderheiten des reformiert-kalvinistischen Protestantismus zurückführte (*Weber 1978*).

Den Einfluss der soziologischen und ethnologischen Ansätze kann man vor allem in den frühen Forschungen der *Annales*-Historiker beobachten. Lucien Febvre und Marc Bloch schenkten den kollektiven Wahrnehmungsmustern besondere Aufmerksamkeit, Lucien Febvre hat dem Wandel von Denkinstrumenten und Wahrnehmungsmustern in der Frühen Neuzeit mehrere Studien gewidmet (*Febvre 1942*).

Die Entfaltung der *Annales*-Strömung nach 1945 schuf den intellektuellen und institutionellen Rahmen für die Weiterführung dieser Ansätze [Raulff 1987]. Georges Duby und Febvres Schüler Robert Mandrou waren es vor allem, welche dem Konzept der Mentalitätengeschichte zum Durchbruch verhalfen. Sie musste ihren Platz neben der dominanten Strukturgeschichte der Wirtschafts- und Sozialräume finden. Entsprechend große Aufmerksamkeit räumten ihre Vertreter massenhaft verbreiteten halbbewussten Ideenkonglomeraten und tradierten Gewohnheiten ein. Die Mentalitätengeschichte der 50er und 60er Jahre wandte sich kulturellen Massenphänomenen zu und suchte methodisch den Anschluss an die Sozialgeschichte von Gruppen und Klassen. Die systematische, auch quantifizierende Auswertung von Visitationsberichten, Tauf- und Heiratsstatistiken war jedoch nur die eine, vor allem religionshistorische Seite (*Vovelle*), daneben behielt die quellennahe Beschreibung kollektiver Vorstellungswerte ihren festen Platz. Dabei trat immer wieder die Beharrungskraft kollektiver Vorstellungen zu Tage. Schwankend blieb die Haltung der meisten Mentalitätshistoriker bei der analytischen Zuordnung ihrer Befunde. Vielfach sahen sie in den kollektiven Vorstellungen und Gewohnheiten den Ausdruck langfristig wirksamer kollektiver Kräfte bzw. Substrate. Damit dominierte eine substantialistische Lesart.

Die Forschungsinteressen der *Annales*-Historiker waren keineswegs isoliert, in den Vereinigten Staaten entwickelte sich in den

30er Jahren eine breitere Forschung zu Weltbildern und kollektiven Deutungsmustern von Gesellschaft und Politik. Scharf trat dort der Gegensatz zu Tage zwischen Anhängern einer funktionalistischen Perspektive, welche die Einbettungen von Ideen in die sozialen Lagen und Interessen ihrer Trägergruppen in den Vordergrund rückten, und einer internalistischen Sichtweise, welche die Autonomie der Ideenwelten betonte. Perry Millers Studie über das im Wesentlichen bereits in England geformte religiöse Weltbild der Puritaner in den Kolonien Neuenglands folgte dieser letztgenannten Perspektive (*Miller*), während die ideengeschichtlichen Arbeiten der progressive historians in der Tradition der klassischen Studien von Beard und Becker an einer sozialfunktionalistischen Sicht festhielten, dabei aber keineswegs das Eigenleben der Ideen leugneten (*Becker, Beard*).

Nach dem Zweiten Weltkrieg verbreitete sich insgesamt das Interesse an Untersuchungen über kollektive Repräsentationen und Weltbilder. Ein Großteil dieses Interesses fand Eingang in den breiteren sozialgeschichtlichen Forschungsbetrieb. Auch in Großbritannien etablierten sich jetzt Ansätze, welche dem historischen Wandel von Deutungsmustern und kollektiv verbreiteten Gemeinplätzen nachgingen. Studien zum Wandel religiöser Vorstellungen im 16. und 17. Jahrhundert gehörten hier wie auch in der Bundesrepublik zu den ersten Themenschwerpunkten, in denen sich die neuen Leitfragen und Forschungsperspektiven der Mentalitätsgeschichte niederschlugen (*Thomas*).

5. Geschichte der Intellektuellen und ihrer Produktion

Eine besondere Richtung löste sich frühzeitig aus dem gerade genannten Kontext einer Sozialgeschichte von Ideen bzw. der Untersuchung epochenspezifischer bzw. klassenspezifischer Wahrnehmungsmuster. Die Beschäftigung mit Intellektuellen wurde angesichts der ebenso dramatischen wie tragischen zeitgeschichtlichen Geschichte von Intellektuellen im 20. Jahrhundert zu einem besonderen Untersuchungsfeld. Zudem hat die wissenssoziologische Frage nach spezifischen Trägern von Ideen sowie nach der spezifischen Rolle von Intellektuellen seit den 20er Jahren die ideengeschichtliche Forschung immer wieder inspiriert. Die Ideenwelt der Aufklärung und die politischen und kulturellen Rollen der Aufklärer haben eine große Zahl von Historikern beschäftigt. Zentren der Forschung waren die USA, Frankreich und Italien.

Die Erforschung der politischen und sozialen Ideenwelt deutscher Gelehrter zwischen Kaiserreich und Nationalsozialismus wurde ein Schwerpunkt der zeitgeschichtlich ausgerichteten Intellectual History (*Ringer*). Ähnliche Aufmerksamkeit genoss die Ideengeschichte der russischen Intelligentzia und ihrer führenden Vertreter (*Venturi*) – in diesem Fall war es der Sieg ihres radikalen Flügels in Gestalt der Bolschewiki, welcher die Leitfragen und die Erklärungsmodelle prägte.

Ganz eng mit der Geschichte moderner Intellektuellengruppen verknüpft war schließlich auch die Ideengeschichte der Sozial- und Kulturwissenschaften. Deren Anfänge zwischen 1880 und 1930 fanden bereits frühzeitig ihre Historiker (*Hughes*).

Einen Sonderfall in diesem Forschungsbereich stellte natürlich die Geschichte der Geschichtswissenschaft dar. Sie führte lange Zeit ein Schattendasein: Hier dominierten in besonderem Maße die Gelegenheitspublikationen – ergänzt noch um eine ins Hagiographische übersteigerte Whig-History dominierender Schulen. Lange Zeit überragte das große Übersichtswerk des Schweizers Eduard Fueter aus dem Jahr 1915 alle weiteren Studien (*Fueter*); in der Zwischenkriegszeit beherrschten internalistische Interpretationen das Feld. Dabei rückte in Europa das Thema des «Historismus» in den Mittelpunkt. Nach dem Zweiten Weltkrieg dominierten für gut zwei Jahrzehnte englische und nordamerikanische Historiker das Feld der Historiographiegeschichte. Von ihnen wurde vor allem die Erforschung der Formen und Traditionen der traditionellen islamischen, chinesischen oder japanischen Historiographie weiter vorangetrieben. Die europäische Historiographieforschung nahm dann seit den 80er Jahren nach langer Forschungspause wieder einen Aufschwung.

6. Von der Geschichte politischer Ideen zur Geschichte politischer Semantiken

Die politische Ideengeschichte profitierte zunächst einmal von ihrer hervorgehobenen Rolle als Expertin für ideelle Motive in der politischen Geschichte und hinter den öffentlichen Institutionen. Insofern knüpfte die Forschung in diesem Bereich auch vielfach unmittelbar an die lange Tradition der politischen Geschichtsschreibung an, die Ursachen und Folgen vergangener Staatspolitik aus der Binnensicht der Akteure, ihren ideellen Rechtfertigungen und propagierten Ziele zu rekonstruieren. Eine spezifische Staatsnähe der politischen Ideengeschichte ist in fast allen Historikerfeldern zu beobachten. Besonders krass trat diese Staatsfrömmigkeit in der deutschsprachigen Tradition der politischen Ideengeschichte hervor, welche seit dem 19. Jahrhundert die Eigengesetzlichkeit staatlicher Machtentfaltung und Selbstbehauptung als Ausdruck einer spezifisch neuzeitlichen Staatsräson ideengeschichtlich deutete und legitimierte. Vor allem Friedrich Meinecke hat seit der Jahrhundertwende und intensiver dann nach 1918 die politische Ideengeschichte kultiviert. In seinen Studien zur Idee der Nation und der Staatsräson untersuchte er an Hand der Texte und Äußerungen einflussreicher Staatstheoretiker, aber auch wichtiger Staatsmänner und Politiker die Ausformung leitender Ideen, die gewissermaßen über die Interessenkonflikte und taktischen Erwägungen des politischen Alltags hinweg Richtung und Ergebnis der Geschichte bestimmten (*Meinecke*). Singuläre Ideen, so die Grundannahme, entfalteten weitreichende Wirkungen als Handlungsmotivation großer Staatsmänner. Meineckes Ideengeschichte schreckte jedoch wie die übrigen Whig-histories davor zurück, den Schritt der Historisierung soweit zu treiben, dass er die Rahmenbedingungen und Bezugspunkte dieser neuzeitlichen politischen Ideen: Nation und Staat selbst in distanzierter Weise historisierte. Als moralisch-politische Orientierungspunkte blieben sie erhalten.

Neben den gegenwartsbezogenen Themenfeldern sind im internationalen Vergleich Studien zum Staatsverständnis und zu den politischen Ideen früherer Epochen wichtig. In den westlichen Historikerfeldern sind dabei insbesondere Forschungen zur politischen Ideengeschichte des Mittelalters und der Frühen Neuzeit zu nennen. In der Mediävistik ging es dabei zugleich auch um eine Überprüfung der eigenen staats- und rechtswissenschaftlichen Kategorien, welche den politischen Herrschaftsformen des 19. Jahrhunderts entstammten, anhand einer genauen Rekonstruktion der zeitgenössischen Begriffe und Ideen. Seit den 20er Jahren entstanden erstmals präzisere Studien, welche die Übertragung politischer Begriffe der Gegenwart bzw. Neuzeit auf die politischen Ordnungsideen dieser Epoche kritisierten. Die religiöse Fundierung und theologische Legitimation politischer Institutionen und politischen

Handelns wurde genauer untersucht, das Gewicht von Ritual und Zeremoniell beachtet, schließlich auch die volkstümlichen Vorstellungen für die Entwicklung politischer Ideen berücksichtigt.

Ein besonders fruchtbares Feld der politischen Ideengeschichte entstand aus der Verbindung deutscher und amerikanischer Forschungen zu Humanismus und Renaissance. In den 30er und 40er Jahren brachten Emigranten ihr Interesse für die politische Ideenwelt dieser Epoche mit in das US-amerikanische Historikerfeld. Barons These über den stadtbürgerlich-republikanischen «civic humanism» der Florentiner Gelehrten inspirierte eine ganze Generation von Ideenhistorikern. Der österreichische Philosophiehistoriker Paul O. Kristeller wurde dann zum wichtigsten Organisator und Ideengeber der nach 1945 sich stetig ausweitenden amerikanischen Forschungen zur Ideengeschichte der Renaissance (*Baron, Kristeller*).

Die Beschäftigung mit den spezifischen Traditionen politischer Ideen seit der Frühen Neuzeit hat schließlich seit den 60er Jahren zu einer methodischen und konzeptionellen Neuorientierung der politischen Ideengeschichte geführt. Gemeinsamer Nenner war dabei die präzisere Einordnung politischer Theorien in den jeweiligen historischen Kontext und die viel größere Aufmerksamkeit für die Eigendynamik der Sprache als Vehikel von Ideen, Ausdrucksform von Erfahrungen und Interessen sowie als Medium politischer Kommunikation. Ein Impuls ging dabei von der so genannten Cambridge School aus. Deren Hauptvertreter sind John G. A. Pocock und Quentin A. Skinner. Beide haben sich ausgehend von ihrer gemeinsamen Arbeit in Cambridge einer intensiven Erforschung der Argumentationsmuster, situativen Absichten und intellektuellen Ressourcen politischer Theorie in der Frühen Neuzeit Europas und Nordamerikas gewidmet. Pocock fasst diese intellektuellen Ressourcen als Ergebnis der Weitergabe und Umformung eines tradierten Bestands von Argumenten und Begriffen (*Pocock*). So konnte er unterschiedliche Sprachen identifizieren, welche sich die politischen Akteure bzw. Publizisten in der Frühen Neuzeit aneigneten und welche sie immer wieder den konkreten Konstellationen anzupassen suchten. Insbesondere hat er dabei die Vermischung zwischen den Sprachen des Naturrechts und denen des klassischen Republikanismus untersucht, die beide in Großbritannien und dann in den nordamerikanischen Kolonien im 17. und 18. Jahrhundert benutzt worden sind. Bei der ideengeschichtlichen Erforschung dieser politischen Sprachen haben Pocock, Skinner und ihre Schüler den engen Kanon der «großen Texte» verlassen und den konkreten argumentativen Kontext bislang als unbedeutend vernachlässigter Autoren erschlossen. Solche Sprachen müssen sich anhand nachvollziehbarer Kriterien identifizieren lassen: dazu gehört die Verwendung gleicher Begriffe in verschiedenen Texten und durch unterschiedliche Autoren, die gemeinsame Argumentation mit solchen Begriffen und die Zirkulation solcher Argumente. Ein wesentliches Ergebnis der Forschungen ist das Ende anachronistischer Aktualisierungen früherer «Klassiker» der politischen Theorie mit dem offenen oder verdeckten Ziel ideengeschichtlicher Traditionsbildung und gegenwartsbezogener Legitimation. Damit leiteten sie eine weitere Runde in der Historisierung politischer Argumente und Texte der britischen und amerikanischen Verfassung ein.

Einen ganz anderen Weg hat die deutsche Begriffsgeschichte in den 60er Jahren eingeschlagen. Sie ging von einzelnen, isolierten Schlüsselbegriffen aus, um anhand ihres Bedeutungswandels die grundlegenden politisch-sozialen Umwälzungen im deutschsprachigen Sprachraum zwischen 1750 und 1850 zu dokumentieren. Anders als im frühneuzeitlichen Fall Großbritanniens wurden nicht Begriffe als Elemente der unterschiedlichen zeitgenössischen Sprachen betrachtet, sondern vorab eine Auswahl von Leitbegriffen getroffen, von denen die Forscher – voran Reinhart Koselleck und Werner Conze – vermuteten, dass sie grundlegende Prozesse und Sachverhalte des realen historischen Wandels in der zeitgenössischen politischen Sprache und in der nachfolgenden Zeit zum Ausdruck gebracht haben. Die Liste der Begriffe reicht von den großen Verfassungsbegriffen über die Kampf- und Schlagworte der politischen Organisationen bis hin zu den Bezeichnungen sozialer Gruppen und den Termini der wissenschaftlich-theoretischen Beschreibung sozialer und politischer Zustände.

Das Lexikon der «Geschichtlichen Grundbegriffe» (*Brunner/Conze/Koselleck*) beschreibt nun in den Einzeleinträgen seiner 8 Bände den Bedeutungswandel des jeweiligen Begriffs, aber auch dessen Verhältnis zu den vor- bzw. außersprachlichen Wandlungen oder Kontinuitäten. Sach- und politische Ideengeschichte bleiben im Idealfall aufs engste miteinander verbunden. Dabei bevorzugt das Lexikon eindeutig neben den Lexika die theoretisch ambitionierte Höhenkammliteratur, erfasst also im Wesentlichen die politisch-soziale Semantik der gebildeten Schichten. Es setzt weithin darauf, die politische Reflexion einer ereignisreichen und bis zur Gegenwart nachwirkenden Periode aufzunehmen. Wie die Cambridge School schärfte Kosellecks Entwurf für das begriffsgeschichtliche Lexikon das Bewusstsein der ideengeschichtlichen Forschung für die komplizierte Dreiecksbeziehung zwischen realhistorischem Wandel, den Erfahrungen der historischen Akteure in diesem Wandel und der sprachlichen Fixierung beider in den politisch-sozialen Kategorien oder Sprachen, welche zu einem gegebenen Zeitpunkt zur Verfügung stehen [*Dipper*]. Während Konzept und Programm der Begriffsgeschichte bereits Ende der 60er Jahre formuliert waren, dauerte die konkrete Arbeit am Lexikon schließlich weitere 25 Jahre, ohne dass jedoch – auch in diesem Fall ganz ähnlich wie im Fall der Cambridge School – die neueren Ansätze der *New Cultural History* oder der Diskursgeschichte wesentlichen Einfluss auf die Durchführung des Projekts gewonnen hätten.

7. Langfristige Trends und Probleme

Bis in die 70er Jahre verblieb, wie wir sahen, die Ideengeschichte faktisch im Rahmen eines engeren Begriffs von Kulturwerten und Kulturphänomenen: Literatur mit dem Grenzfall frühneuzeitlicher Volkskultur, politische Theorie oder Philosophie, dazu die Traditionen von Bildung und Wissenschaft. Typisch für die fachinterne Ideengeschichte blieb auch, dass sie sehr zurückhaltend war, wenn es um das Terrain der benachbarten Disziplinen wie Literaturgeschichte, Kunstgeschichte, Wissenschafts- oder Philosophiegeschichte ging. Diesen Nachbarfächern schrieben die meisten Historiker zunächst einmal die Aufgabe zu, Ideengeschichte zu betreiben. Der Primat des Politischen ist deshalb keineswegs abgebaut, er ist bestenfalls durch die Entdeckung des Forschungsterrains sozialer Deutungsmuster und historischer Wahrnehmungsmuster erweitert worden.

Fachintern wuchsen hingegen im Verlauf der fünf Jahrzehnte zwischen 1920 und 1970 die methodischen und konzeptionellen Anforderungen. Sowohl die französische Mentalitätsgeschichte als auch die politische Ideengeschichte britischer oder deutscher Prägung haben den Grad der Überprüfbarkeit ideengeschichtlicher

Interpretationen und Wirkungsvermutungen erhöht. An die Stelle weniger großer Texte und kanonisierter Traditionen sind immer häufiger unbekannte Autoren, kleinere Texte bzw. Flugblätter oder Pamphlete getreten. Jenseits der theoretischen Umorientierungen vollzog sich in der Ideen- und Kulturgeschichte in diesem Zeitraum deutlicher als in anderen Teilgebieten der Geschichtswissenschaft ein Anstieg der fachlichen Mindeststandards. Während um 1910 die ideengeschichtlichen Methoden – jenseits der gesicherten Verfahren des philologischen Kommentars und der historisch-kritischen Interpretation – noch weitgehend fehlten, aber mit Massen- und Völkerpsychologie, Freuds tiefenpsychologischer Deutung, mit der Marxschen Ideologiethese oder Durkheims *représentations collectives* weitreichende funktionalistische Erklärungsmodelle bereitstanden, stellte sich die Forschungslandschaft um 1970 ganz anders dar: der Streit um die auf der Makroebene ansetzenden Erklärungsmodelle war keineswegs beendet, die Ideen- und Kulturhistoriker hatten aber inzwischen mehr Arbeitsinstrumente und Verfahren zur Hand, um ihre Kontroversen differenzierter führen zu können.

8. Zwei Beispiele

Johan Huizinga, *Herfstij der middeleeuwen. Studie over levens- en gedachtenvormen der veertiende en vijtiende eeuw in Frankrijk en de Nederlanden, Haarlem 1919 (dt. Herbst des Mittelalters, München 1919).*

«Aber die Geschichte der Kultur hat es ebensoviel mit den Träumen zu tun wie mit den Bevölkerungszahlen und Steuern». Gegenstand dieses Buchs sind die Vorstellungswelten, die Wahrnehmungsmuster der Menschen des burgundischen Raums im Spätmittelalter. Angesichts des Übergewichts literarischer oder historiographischer Quellen kommt dabei jedoch vor allem die Lebenswelt der adeligen und stadtbürgerlichen Eliten in den Blick. Huizinga entwirft ein Gesamtbild der kulturellen Ausdrucksformen, in denen die Eliten des 14. Jahrhunderts ihr individuelles wie kollektives Leben gestalten. Einheit entsteht dabei für Huizinga aus dem Spannungsverhältnis zwischen der Heftigkeit und Rohheit erlebter Leidenschaft und einer durch Unsicherheit geprägten pessimistischen Grundstimmung einerseits und der Gegenbewegung ästhetisierender Einhegung und Ummantelung andererseits. Verdeutlicht wird diese Grundthese erstens am höfischen Ritterideal, das er als Traumwelt und Rationalisierung der adeligen Elite Burgunds entziffert, zweitens in den durch drastische Todesbilder und Aberglauben geprägten religiösen Vorstellungen und drittens in den künstlerischen und theologischen Bemühungen, die vergängliche Welt in feste Ordnungen und stabile Wesenheiten einzubetten. Huizingas Studie steht an der Schwelle zwischen einer Ideengeschichte, die sich vor allem für die Kunst und die Bildungsgüter der Eliten interessierte, und den neueren Strömungen, welche die kulturellen Ausdrucksformen breiterer Bevölkerungsgruppen in den Mittelpunkt rückten. Vor allem mit seiner Aufmerksamkeit für bildliche Darstellungen, für Riten und Formeln und in der Aufnahme ethnologischer und psychologischer Forschungsergebnisse erweiterte Huizinga den Horizont der Kulturgeschichte. Seine ganzheitliche Deutung ganz unterschiedlicher Lebensäußerungen als Ausdruck der Lebensform einer Übergangsepoche hat frühzeitig den Status eines Klassikers erlangt und den anhaltenden Erfolg dieses Buches bei Fachkollegen wie aber auch bei einem breiteren, internationalen Publikum gesichert.

Literatur: *H. R. Guggisberg, Art. in: [Reinhardt, 293–297], Art. in: Biographisch-bibliographisches Kirchenlexikon, Bd. 18 (2001), Sp. 672–694; Art. in: [Boia, 178–180], in: [Cannon, 199 f.]; R. L. Colie, Johan Huizinga and the Task of Cultural History, in: American Historical Review 69 (1974), 607–630; E. Peters/W. Simons, The new Huizinga and the old middle ages, in: Speculum, 74 (1999), 587–621. C. Stupp, Johan Huizinga. Geschichtswissenschaft als Kulturgeschichte, Göttingen 2000.*

Ernst Kantorowicz*, The King's Two Bodies, Princeton 1957 (dt. Die zwei Körper des Königs, München 1990).*

Kantorowicz behandelt in seiner Studie ein viel enger gefasstes Spezialproblem der politischen Theologie des Mittelalters. Seine Untersuchung über Darstellungsweisen und Theorieentwürfe zu der Verdoppelung des königlichen Körpers wird zu einer breiten Fallstudie über die Herausbildung des abstrakt überpersönlichen Staatsbegriffs im europäischen Mittelalter. Die Vorstellung eines unsterblichen Königtums trotz der Sterblichkeit der einzelnen Herrscher entwickelte sich – so Kantorowicz – auf der Grundlage Christozentrischer Königsvorstellungen des Frühmittelalters. Dieses theokratische Denkmodell wurde jedoch in einem zweiten Schritt zu einer juristischen Denkfigur umgewandelt, bei der das Gesetz die ideale, dauerhafte Seite des königlichen

lichen Doppelkörpers darstellte. In einem dritten Schritt wurde das Königtum dann auf die politische Korporation bezogen, die in Analogie zur Kirche als mystischer Körper des Königs repräsentiert wurde.

Kantorowicz' Studie ist geprägt durch eine breite Dokumentation theologischer, juristischer Literatur von der Antike bis in die Frühe Neuzeit sowie künstlerischer Darstellungen oder Krönungsrituale, Begräbniszeremonien und liturgischer Formen. Kantorowicz schreibt die politische Ideengeschichte methodisch neu, insofern er die Genese der modernen Idee der Staatsgewalt als langfristigen Prozess kleiner Umwandlungen, situativer Neuinterpretationen und Übertragungen auffasst. Damit wird in kritischer Rückschau auch der moderne Mythos des Staates als Ergebnis einer langen Tradition politisch-theologischer Interpretationsarbeit und Legitimationskünste entzaubert. Darin ist dieses Werk zugleich auch Ergebnis der selbstkritischen Auseinandersetzung Ernst Kantorowicz' mit seiner eigenen Rolle als Wortführer einer neuen Mediävistik in der Weimarer Republik. Dort hatte er in seiner literarisch inspirierten, idealisierenden Darstellung des Kaisers Friedrich II. (1927) das Exemplum nationaler Heldenverehrung und deutschtümelnder Machtanbetung geliefert, das von Nationalsozialisten gern für eigene Zwecke genutzt worden ist.

Ein besonders plastisches Beispiel liefert die Untersuchung, wie die Steuern – zunächst noch als blanke situative Notwendigkeit interpretiert – allmählich als Ausdruck der ewigen Dauer des Imperiums legitimiert wurden. Für die politische Ideengeschichte ist Kantorowicz' Studie in methodischer Hinsicht sehr wichtig geworden: Die Wirkungskraft von Ideen und Theorien wurde nicht einfach als gegeben postuliert, sondern ihre Verankerung und Genese in konkreten Netzwerken von argumentativen Verweisen und Analogien vor dem Hintergrund politischer Erörterungszusammenhänge und Legitimationszwänge analysiert.

Literatur: D. Abulafia, Art. in: [Cannon, 222 f.]; C. H. Clough, Art. in: [Boyd, 631 f.]; R. Benson, J. Fried (Hgg.), Ernst Kantorowicz: Erträge der Doppeltagung Institute for Advanced Study, Princeton, J. W. Goethe-Universität Frankfurt, Stuttgart 1997.

X
Aufstieg und Fragmentierung der Sozialgeschichte (1960–1990)

Wir sind der «Sozialgeschichte» bereits mehrfach begegnet. Fasst man unter diesen Begriff eine spezifische Betrachtungsweise der Vergangenheit, bei der dem Bereich des Sozialen, also den unterschiedlichen Formen der Vergesellschaftung oder Gemeinschaftsbildung von Menschen, eine grundlegende Bedeutung für das Verständnis früherer Zeiten zugeschrieben wird, so lassen sich in der Tat zahlreiche ansonsten ganz unterschiedliche Richtungen und Werke unter dieser Rubrik zusammenfassen: Wirtschafts- und Sozialgeschichte, Volksgeschichte, die «histoire-problème» oder histoire totale der *Annales*-Strömung, schließlich die marxistische Gesellschaftsgeschichte, alle diese Tendenzen gehören in diesem Sinn zur großen Familie der Sozialgeschichte, denn sie räumen dem Sozialen einen besonderen Platz ein. Deshalb kann man durchaus von einer Kontinuität sozialgeschichtlicher Ansätze und Forschungen im 20. Jahrhundert sprechen. Sie wurde in vielfältiger Weise unterstützt durch den Formwandel politischer Herrschaft, der im 20. Jahrhundert zu beobachten war. Die große Mehrheit der Bevölkerung wurde zu Staatsbürgern, deren Beteiligung an der Politik über demokratische Wahlen oder Massenakklamationen unabdingbar wurde. Die Nationalhistoriographie konnte immer weniger auf eine Sozialgeschichte des common man verzichten. Insofern gehört auch die frühe Kultur- und Volksgeschichte bereits zur Vorgeschichte der Sozialgeschichte.

Auffällig ist jedoch, dass in vielen der genannten Strömungen, besonders deutlich in der marxistischen Geschichtsforschung, Politik und Wirtschaft in den Vordergrund des Interesses traten. Als eigenständige Forschungsrichtung mit dem entsprechenden Etikett setzte sich die Sozialgeschichte, social history bzw. histoire sociale erst nach dem Zweiten Weltkrieg durch. Sie wurde angesichts der

Vielgestalt historischer Formen des Sozialen sehr rasch zu «einem formlosen Container» (*Eric Hobsbawm*) für alles: von der Geschichte der menschlichen Körperlichkeit bis zur Geschichte von Symbolen und Riten, für die Lebensgeschichten von Bettlern und Kaisern [*Kocka 1989*, 1]. Andererseits hat sich die Sozialgeschichte noch bis zur Gegenwart etwas vom Charme ihrer oppositionellen Anfänge bewahrt und tritt als kritische Alternative zu den etablierteren Strömungen und Spezialfeldern wie Politik- oder Diplomatiegeschichte, aber auch zur Ideengeschichte auf.

Der sozialgeschichtliche Aufschwung lässt sich rund um den Globus beobachten, er führte in enger Verbindung mit dem Zuwachs an Berufshistorikern in den 60er und 70er Jahren zu einem ausgeprägten Boom einschlägiger Forschungen. Vielfach wurden nun Sozialhistoriker der älteren Generation zu Wortführern und Vorbildern breiter Forschergruppen. In Frankreich prägten Fernand Braudel, Ernest Labrousse, Roland Mousnier oder Pierre Vilar eine ganze Generation von Nachwuchshistorikern, die in den 50er Jahren an die Universität kamen, in Großbritannien beeinflusste vor allem die marxistische Historikergruppe um Past and Present, voran E. P. Thompson, die jüngeren Sozialhistoriker, in der Bundesrepublik spielte neben Werner Conze der ins amerikanische Exil gezwungene Hans Rosenberg eine wichtige Rolle als Anreger für die erste Nachkriegsgeneration von Sozialhistorikern. In Japan und in den Vereinigten Staaten waren die Traditionen sozialhistorischer Forschung vor 1945 breiter, entsprechend viele Wege (Einzelforscher, Universitätstraditionen) führten zum Aufschwung der 60er und 70er Jahre. Sozialhistorische Themen gewannen auch in der Geschichte Afrikas, Lateinamerikas oder Indiens an Gewicht. Die Sozialgeschichte war nicht zuletzt so erfolgreich, weil sie von einer politisierten Studentengeneration vielfach begeistert aufgegriffen und als Fortsetzung ihres gesellschaftskritischen Engagements gedeutet wurde. Darauf werden wir noch einmal zu sprechen kommen.

Im Ergebnis konnte die internationale Sozialgeschichte bereits nach knapp zwanzig Jahren stattliche Erfolgsbilanzen vorlegen, die eine enorme Steigerung des sozialhistorischen Grundlagenwissens dokumentieren [*Schieder/Sellin, Kocka 1989, Stearns 2001, Zunz, Charle*]. Dennoch wurde der Weg der Sozialgeschichte in der zweiten Hälfte des 20. Jahrhunderts dorniger und gewundener, als es die Wortführer und Enthusiasten der ersten Stunde erwartet hatten. Schnell forderte die Logik der Spezialisierung ihren Tribut und führte seit den 80er Jahren zu einer Aufsplitterung der Sozialgeschichte in zahlreiche Spezialbereiche, die nur noch lose miteinander in Verbindung stehen. Gleichzeitig führten die unterschiedlichen Theoriebezüge und methodischen Ansätze zu zahlreichen internen Kontroversen. Sie rankten sich gern um komplementäre Gegensatzpaare wie Mikro- versus Makrogeschichte, Alltags- versus politische Gesellschaftsgeschichte, Sozial- versus Kulturgeschichte, um nur einige der klassischen Kontroversen der letzten drei Jahrzehnte zu nennen. Pluralität der Ansätze und Konkurrenz der Sachthemen wurde zum Charakteristikum dieses weiten Forschungsfeldes. Weder als *Annales*-Konzeption noch als historische Sozialwissenschaft oder als social science history etablierte sich die Sozialgeschichte als dominantes Paradigma in irgendeinem nationalen Historikerfeld. Dabei existierten von Anfang an zwei komplementäre Formen fachlichen Selbstverständnisses unter Sozialhistorikern: Die einen definierten ihr Arbeitsgebiet als Teildisziplin neben Politik-, Ideen- oder Kulturgeschichte, die anderen verstanden sich als Allgemeinhistoriker, die einer besonderen Perspektive folgten, dabei aber einen umfassenden Deutungsanspruch für eine Gesamtgeschichte oder histoire totale formulierten. In der deutschen Debatte hat dies Langewiesche als Unterschied zwischen Aspektwissenschaft und Integrationswissenschaft thematisiert [*Langewiesche,* 10].

1. Theoretische Geltungsansprüche und methodische Innovationen

Die methodisch präzisere Absicherung makrohistorischer Beschreibungen und Kausalitätsvermutungen bildete bei all diesen Entwicklungen so etwas wie den neuen Konsens sozialgeschichtlicher Forschungsarbeit. Orientierungspunkt war dabei die empirische Sozialforschung. Die Sozialgeschichte profitierte weltweit vom Aufstieg der Sozialwissenschaften. Ausgehend von den Vereinigten Staaten traten sie in den ersten drei Nachkriegsjahrzehnten ihren Siegeszug in der Ersten und Dritten Welt an und sicherten sich auch in den sozialistischen Ländern einen immer wieder ideologisch angefeindeten, aber letztlich geduldeten Platz. Ihre Fachvertreter erhoben «Sozialdaten» mit Hilfe verfeinerter statistischer

Verfahren und entwickelten mit Vorliebe Theorien «mittlerer Reichweite» zur Erklärung sozialer Problemlagen, aber vor allem auch zur Begründung von Trends und Prognosen. Ihr Einfluss auf die Problemsichten und Lösungsvorschläge von Politikern in der Ersten und Dritten Welt war groß, vor allem die politischen Konzepte von «Entwicklungshilfe» und «Modernisierung» stützten sich auf die Prognosen und Modelle sozialwissenschaftlicher Expertise [*Wagner*].

Diese Spielart der Sozialwissenschaften knüpfte an positivistische Traditionen an, wenn sie methodische Strenge bei den Forschungsverfahren mit Modellen induktiver Theoriebildung verband. Attraktiv wurde sie für Sozialhistoriker auch in ihrem Anspruch «wertneutraler» Erkenntnis (*Bryant*). Diese Positionen kamen den Traditionen der Geschichtswissenschaft entgegen. Sie erweiterten das Ideal historischer «Tatsachenerkenntnis» bzw. «Objektivität» um die Dimensionen Theoriebezug und sozialwissenschaftliche Methodik.

Damit veränderte der Aufstieg der Sozialgeschichte das wissenschaftstheoretische Selbstverständnis der Fachcommunities: Lehrbücher wurden neu konzipiert, quantifizierende Verfahren und sozialwissenschaftliche Theorien wurden neue Gegenstände der Fachausbildung. In vielen Ländern griffen Sozialhistoriker auf Modelle der Sozialwissenschaften zurück, um ihr Forschungsmaterial zu strukturieren und Erklärungsmodelle zu entwickeln. In dieser Konstellation erlangten auch Theorien der historischen Soziologie erstmals größere Bedeutung für die Forschungspraxis. Neben Max Weber und den amerikanischen Spielarten der Modernisierungstheorie ist auf diesem Weg auch der Marxismus wieder zu einem wichtigen Bezugspunkt nicht parteigebundener westlicher Sozialhistoriker geworden.

Der Umgang mit den sozialwissenschaftlichen Theorien entwickelte sich jedoch sehr unterschiedlich. Das Spektrum der Möglichkeiten lässt sich anschaulich durch das Dreieck abstecken, das die englischen, französischen und westdeutschen Versionen der Sozialgeschichte bilden. Für die britische Sozialgeschichte blieb eine pragmatische Vielfalt eher lockerer Bezüge zu sozialwissenschaftlichen Theorien typisch [*Rose*]. Frühzeitig spezialisierten sich die Sozialhistoriker, und Stadt-, Familien- oder Bevölkerungshistoriker bezogen sich mit Vorliebe auf Theorien mittlerer Reichweite der entsprechenden Spezialsoziologien bzw. benachbarter social sciences. Ein gemeinsamer Theoriebezug entstand bestenfalls in der Sozialgeschichte von Klassen oder Revolutionen, der Arbeiterbewegung oder des Sozialprotestes. Hier war der Einfluss marxistisch orientierter Historiker dominant. Dieser Marxismus war durchdrungen vom Modell eines empirischen Rationalismus, der formalisierten Modellbildungen und weitreichenden Theoriekonstruktionen skeptisch gegenüberstand. E. P. Thompson hat in seiner polemischen Auseinandersetzung mit strukturalistischen Spielarten des Neo-Marxismus in radikaler Weise diese Position begründet (*Thompson 1978*). Typischerweise blieb das marxistische Idiom der britischen Sozialgeschichte offen für eklektische Anleihen, und ihre Vertreter traten in einen engen Forschungsdialog mit anderen sozialhistorischen Ansätzen.

In Frankreich prägten die Sozial- und Wirtschaftshistoriker der *Annales*-Strömung die Art und Weise, in der sozialwissenschaftliche Theorien Eingang in die Sozialgeschichte fanden [*Lequin, Charle, Histoire*]. Hier etablierte sich ein Konzept, das wohl am besten als integratives Stufenmodell beschrieben werden kann: Die Sozialgeschichte hatte die Aufgabe, die systematischen, aber immer partiellen Zugänge der Nachbardisziplinen Demographie, Ökonomie, Soziologie, Geographie und Ethnographie – um nur die wichtigsten zu nennen – in einer möglichst umfassenden Rekonstruktion gesellschaftlicher Zustände früherer Zeiten zu integrieren. Braudels Leitidee der unterschiedlichen Veränderungstempi verband sich mit der Suche nach spezifischen Regelmäßigkeiten für Teilstrukturen. Die französische Sozialgeschichte blieb entsprechend offen für die verschiedenen, jedoch immer partiellen Theorieangebote der Sozialwissenschaften. Sie sah gerade in der Breite des eigenen Zugangs und in der Fähigkeit zur integrativen Gesamtdarstellung das Spezifikum des eigenen Zugangs in Differenz zur älteren Politik- oder Ideengeschichte, aber auch zur historischen Soziologie.

In der Bundesrepublik gewann mit dem Konzept der «historischen Gesellschaftswissenschaft» dagegen ein viel stärker theorieorientiertes Gesamtkonzept eine dominante Position in den Grundsatzdebatten um Sozialgeschichte, während in der Praxis immer eine viel größere Breite von Ansätzen anzutreffen war [*Ritter*]; (*Wehler* 1973). Es forderte einen kohärenten und expliziten Theoriebezug, betonte das Gewicht sozioökonomischer bzw. soziopolitischer

Kausalfaktoren. Immer deutlicher wurde dabei Max Webers Soziologie – in der Lesart des amerikanischen Strukturfunktionalismus und schließlich der Modernisierungstheorie – zur wichtigsten Inspirationsquelle für konkrete Ablaufmodelle und Typologien. Die anfangs noch häufigeren Anleihen bei Marx traten demgegenüber im Lauf der Zeit immer mehr in den Hintergrund. Dies fand schließlich seinen systematischen Ausdruck in der für viele sozialhistorische Forschungsarbeiten verbindlichen Aufteilung der historischen Welt in die Achsen Wirtschaft, Herrschaft, Gesellschaft und Kultur.

Alle drei Varianten verbanden die Sozialgeschichte mit makrosoziologischen Modellen und – wenn auch in unterschiedlichem Maße – mit quantifizierenden, auf Sozialstatistiken beruhenden Methoden. Diese Verbindung hat für eine große Zahl von Sozialhistorikern bis weit in die achtziger Jahre trotz einer wachsenden Zahl kritischer Gegenstimmen Priorität gehabt. Die Kritiker orientierten sich an Positionen der Kulturanthropologie (*Geertz*) oder aber an den ethno-methodologisch-phänomenologischen Traditionen der Soziologie. Eine vermittelnde Position nahmen schließlich Historiker ein, die an sozialwissenschaftlichen Theoretikern wie Marshall Sahlins oder Pierre Bourdieu anknüpften und konzeptionell sowohl an makrosoziologischen Modellbildungen bzw. historisch-statistischen Verfahren der Faktenkonstruktion interessiert waren als auch qualitative Verfahren der Sozialforschung nutzten und für eine stärkere Integration hermeneutischer Traditionen und narrativer Darstellungsformen in die Sozialgeschichte plädierten.

Insgesamt lässt sich beobachten, dass Sozialhistoriker in ähnliche Kontroversen gerieten wie die Sozialwissenschaftler, deren Forschungsideen und Verfahren sie übernahmen. Rasch entwickelten sich auch in ihren Reihen die Methodenkontroversen unterschiedlicher Schulen. Typischerweise boten immer wieder wissenschaftliche Gegensatzpaare Anlass zu Polemik und Abgrenzung: Quantitative versus qualitative Forschungsmethoden, Makro- versus Mikroperspektive, Struktur versus Ereignis, Gesellschaft versus Individuum, Praxis versus Diskurs, all diese Gegensatzpaare wurden polemisch zugespitzt und lösten dogmatische Festlegungen und scharfe wechselseitige Kritik aus. Zwar fielen die Kontroversen unter Sozialhistorikern weit gemäßigter aus als etwa unter Soziologen, dennoch ist zu beobachten, wie das kontroverse Theorieangebot seinerseits dazu beitrug, das Feld der Sozialgeschichte weiter zu fragmentieren und die Kommunikation zwischen Adepten unterschiedlicher Ansätze zu erschweren.

In ihrer Forschungspraxis hielten sich die Sozialhistoriker viel stärker an das, was machbar war und die Quellenlage hergab. Wenn möglich nutzten sie die Überzeugungskraft der beschreibenden Statistik. Statistische Datenreihen liegen jedoch in fast allen Teilen der Welt für die Zeit vor der Mitte des 19. Jahrhunderts nur sporadisch vor. Die Rekonstruktion von Wirtschaftsdaten, von Bevölkerungszahlen, von Einkommensverhältnissen und Ungleichheit auf der Grundlage von fragmentarischen Überlieferungen und gestützt auf minutiöse Auswertungen serieller Quellen und komplexer Modellrechnungen für die langen Zeiträume ohne statistische Überlieferung gehört zu den großen wissenschaftlichen Erträgen der neuen Sozialgeschichte.

Die Untersuchungseinheiten dieser beschreibenden historischen Statistik waren meistens Regionen, zuweilen auch Städte, der Bezugsrahmen jedoch war in fast allen Fällen der Nationalstaat bzw. das Territorium, auf dessen Boden später der entsprechende Nationalstaat entstand. Gezählt wurde mit unterschiedlichem Eifer, das Feld der Möglichkeiten ist in diesem Fall insbesondere von den französischen Sozialhistorikern zwischen 1950 und 1970 ausgelotet worden, als dort unter dem Eindruck der strengen wirtschaftsstatistischen Schule von Ernest Labrousse der Weg von den Datenreihen der Marktpreise zu den Grunddaten der volkswirtschaftlichen Gesamtrechnung weiter zu den Daten über Vermögen und Einkommen von Berufsgruppen und Klassen bis hin zu den quantifizierbaren Spuren kultureller Praktiken und religiöser Einstellungen führte. Die Diskussionen über Sinn und Unsinn solcher Zahlenreihen füllen seitdem immer wieder die Seiten der Fachjournale. Das Zählen und die Auswertung des Gezählten in Form von Korrelationen bis hin zur Erstellung von Faktorenanalysen erweiterte das Arbeitsinstrumentarium und das Arbeitspensum der Sozialhistoriker erheblich, der Einsatz zunächst von Großrechnern, dann Arbeitsplatzrechnern revolutionierte technisch die Verarbeitungsmöglichkeiten sozialhistorischer Daten. Die social science history partizipierte an der stürmischen Weiterentwicklung der mathematischen Modellierung in den gegenwartsbezogenen Sozialwissenschaften, versuchte also die Verfahren und Modelle der Faktoranalyse, der Ökonometrie für die Analyse historischer Datenreihen einzusetzen.

Dennoch hat trotz anfänglicher Euphorie die Einführung der neuen Informationstechnologien die Sozialgeschichte keineswegs revolutioniert. Ganz im Gegenteil wuchs angesichts des erheblichen Aufwands an Zeit und Arbeitskraft bei relativ bescheidenen Ergebnissen die Skepsis. Typischerweise entfernte sich seit den 80er Jahren die Minderheit derer, die den immer komplexeren Wegen statistischer Modelle und ökonometrischer Theorien in den Wirtschaftswissenschaften oder Soziologie folgten, immer weiter vom mainstream der Sozialgeschichte [*Kousser*].

Methodisch erweitert wurde schließlich die Sozialgeschichte der jüngsten Vergangenheit durch den systematischen Einsatz von Interview und Fragebogen. Die Erfahrungen und Erinnerungen von Zeitzeugen wurden mit der Etablierung der oral history in einer bis dahin von der Geschichtswissenschaft nicht genutzten Breite und Komplexität erfasst und analysiert. Gerade die Sozialgeschichte hat sich auf diesem Weg frühzeitig ein Gegengewicht gegen den Königsweg der statistischen Beschreibung sozialer Lagen geschaffen, der seinerseits zu einer breiten Gegenströmung einer vorrangig erfahrungsgeschichtlichen Neuorientierung sozialgeschichtlicher Zeitgeschichte in den 80er Jahren beigetragen hat.

Relativ spät etablierte sich der historische Vergleich als Methode der Sozialgeschichte [*Haupt/Kocka, Haupt*]. Hier klaffte lange Zeit eine große Lücke zwischen frühen programmatischen Entwürfen und Skizzen – zu denken ist hier vor allem an die Texte von Marc Bloch und Otto Hintze in der Zwischenkriegszeit – und der sozialhistorischen Praxis selbst (*Bloch 1927, Hintze*). Stärkere Impulse zur Entwicklung des systematischen Vergleichs sozialer Phänomene und Konstellationen gingen zunächst von der Nationalgeschichtsschreibung aus, welche besonders in Europa ständig auch den impliziten oder expliziten Vergleich mit den benachbarten Staaten und Nationen beinhaltete. Von dieser zunächst politik- und insbesondere verfassungsgeschichtlich ausgerichteten Komparatistik war der Schritt zum Zwei- und dann Mehrländervergleich sozialer Formationen auf nationaler Grundlage naheliegend. Er bestimmte weitgehend die Praxis der sozialgeschichtlichen Komparatistik. Der Schritt zur vergleichenden Untersuchung zeitgleicher Entwicklungen in kleineren Untersuchungseinheiten wie Städten oder Regionen setzte sich erst in den 90er Jahren verstärkt in der Praxis durch.

2. Institutionelle Verankerungen

Der rasche Aufstieg gelang der Sozialgeschichte zunächst auf dem Gebiet der Forschung. Zwischen 1950 und 1975 stieg in den meisten Historikerfeldern der Anteil sozialhistorischer Dissertationsvorhaben deutlich an. Die erste Forschergeneration fand dank des Ausbaus der Hochschulen zwischen 1960 und 1975/80 einen Platz in Forschungsinstituten oder in der universitären Lehre. Dort ergänzte die Sozialgeschichte dann das traditionelle Angebot, oder sie prägte an einzelnen Reformuniversitäten das gesamte Lehrangebot. Aus der Gunst dieser Konjunktur erklärt sich zum Teil auch das spezifische Profil ihrer institutionellen Absicherung. In den Lehr- oder Stellenplänen des Faches wurde die Sozialgeschichte seltener als eigenständige Teildisziplin institutionell verankert (z.B. 1967 Professur für Social History in Lancaster, 1968 Centre for Social History in Warwick und Lancaster), ihre Vertreter konkurrierten immer wieder mit anderen Forschungsrichtungen um Stellen, die weiterhin primär geographisch oder chronologisch ausgerichtet waren. Entscheidend blieb in diesem Fall, ob sich lokal sozialhistorische Traditionen bzw. Schulen herausbildeten.

Eine stärkere institutionelle Verankerung gelang der Sozialgeschichte auf der Ebene der Zeitschriften und Schriftenreihen. Die 60er und 70er Jahre sahen eine regelrechte Gründungswelle neuer sozialhistorischer Fachorgane – vor allem in der Neueren und Neuesten Geschichte. In den USA begann die Gründungswelle 1960 mit der Zeitschrift *Labor History*. Der Weg von der Arbeiterbewegungsgeschichte zur Sozialgeschichte wurde in sehr vielen Staaten im gleichen Zeitraum durchschritten, so in Frankreich (Gründung der Zeitschrift *mouvement social* 1962), in der Bundesrepublik (Gründung des *Archivs für Sozialgeschichte* 1961). In den USA erschien die erste explizit sozialgeschichtliche Zeitschrift, das *Journal of Social History* 1967, *Geschichte und Gesellschaft*, ihr deutsches Gegenstück folgte 1975, die britische Zeitschrift *Social History* wurde 1976 gegründet. Diese und weitere Zeitschriften waren nationale bzw. internationale Publikationsforen für die gesamte Breite der sozialhistorischen Forschung, daneben entstanden eine Vielzahl spezialisierter Journale, welche den neuen, sich rasch spezialisierenden Forschungsbereichen gewidmet waren. Organisatorisch schlossen sich dann eher die jeweiligen Spezialisten zu Fachverbänden mit regelmäßigen Tagungsaktivitäten zusammen: Hier sind international vor allem die quantifizierenden Sozialhistoriker, die Stadthistoriker oder die historischen Demographen zu nennen.

Ein weiteres Spezifikum des sozialgeschichtlichen Booms war die Gründung von Forschungszentren und Forschungsverbünden. Gerade die quantitativen Methoden und die stark sozialstatistische Ausrichtung erforderten arbeitsteilige Verfahren der Datenerhebung und Datensammlung. In fast allen Ländern wurden vor allem in den 60er Jahren größere Forschungsvorhaben durch öffentliche oder private Fördermittel für sozial-wissenschaftliche Forschung mitfinanziert. In Frankreich oder der BRD übernahmen die großen öffentlichen Forschungsinstitutionen wie CNRS, DFG oder Volkswagenstiftung die Förderung sozialgeschichtlicher Projekte.

Der Platz der Sozialgeschichte im Lehrbetrieb ist ungleich schwerer zu bestimmen: Typischerweise blieb das Gros sozialhistorischer Forschungen eingebettet in die großen Kontroversen der politischen Nationalgeschichte, entsprechend waren ihre Themen in hohem Maße anschlussfähig für Curricula, die sich an dieser Perspektive orientierten. In Frankreich lässt sich beobachten, wie seit den 60er Jahren die Sozialgeschichte einen wichtigen Platz im Ausbildungsprogramm der zentralen Auswahlprüfungen für die Geschichtslehrer gewinnen konnte.

Weitaus schwieriger gestaltete sich die Integration der neuen Methodenanforderungen in die Curricula des Faches. De facto ist in den meisten Historikerfeldern keine eigenständige Methodenausbildung für Sozialgeschichte etabliert worden, und nur in den wenigsten Fällen wurden sozialhistorische Spezialisierungen in institutioneller Weise fixiert. Diese institutionelle Schwäche muss man kennen, wenn man verstehen will, in welcher Geschwindigkeit sich die methodische Verschiebung von der Sozialgeschichte zur neuen Kulturgeschichte vollziehen konnte.

3. Leitideen eines expansiven Konzepts: Die Sozialgeschichte nationaler Politik

Ein Leitmotiv sozialgeschichtlicher Ansätze war die Fundierung der politischen Geschichte durch Untersuchungen zu den wirtschaftlich-sozialen Interessenlagen, Marktbeziehungen und den soziokulturellen Zusammenhängen (Netzwerken, Solidaritäten, verwandtschaftliche Beziehungen) hinter der politischen Entscheidungsebene und hinter den politischen Ideen und Ideologien. Der Interessennexus war eine der ältesten und am meisten benutzten wirtschafts- und sozialgeschichtlichen Ausgangshypothesen schon seit den Zeiten der New History, aber in den 60er Jahren rückten umfassendere Modelle in den Vordergrund: der Klassenantagonismus wurde auch jenseits marxistischer Ansätze als eine sozioökonomisch fundierte Grundstruktur spätestens seit dem 18. Jahrhundert im westlichen Europa und dann mit Ausdehnung der kapitalistischen Weltwirtschaft in immer größeren Teilen der Welt postuliert, und die politische Geschichte solcher Länder hatte – so die Forderung der Sozialgeschichte – dieser Grundkonstellation Rechnung zu tragen.

Viele Ansätze für eine politische Sozialgeschichte waren ausgesprochen nationalzentriert. Dies gilt für ihre Themenwahl, ihren Problemhorizont und meist auch für ihre theoretischen Optionen. Die große Mehrzahl der von ihr geleisteten Forschungsarbeit orientierte sich an den großen Fragen der Neueren und Neuesten Geschichte der eigenen Nation. Entsprechend einflussreich sind, wie wir noch sehen werden, die sozialgeschichtlichen Ansätze für eine Neuorientierung der Nationalgeschichte (Kap. 14) geworden. In der Bundesrepublik verband sich der Aufschwung der politischen Sozialgeschichte aufs engste mit den Bestrebungen zu einer kritischeren Bewertung der neueren deutschen Geschichte mit ihrem negativen Kulminationspunkt, dem NS-Regime und seinen Massenverbrechen. Der positiven Sonderwegsthese der Zwischenkriegszeit wurde nun gestützt auf umfangreiche sozialhistorische Studien über Interessenlagen sozialer Gruppen, Stände und Klassen sowie über die politisch-sozialen Konflikte in den deutschen Staaten seit dem 18. Jahrhundert eine kritische neue Sonderwegsthese entgegengesetzt, in deren Mittelpunkt die Abweichung der deutschen Nationsbildung vom Modernisierungspfad westlicher Prägung stand [*Grebing, Kocka 1989*]. Wehlers deutsche Gesellschaftsgeschichte hat die Forschungserträge einer ganzen Generation sozialhistorischer Forschung in einer Gesamtdarstellung synthetisiert (*Wehler 1987*).

Bei den meisten sozialhistorischen Ansätzen setzte sich jedoch keineswegs ein mechanisches Kausalitätsmuster von den wirtschaftlichen bzw. sozialen zu den politischen Phänomenen durch. Eher griffen die Sozialhistoriker zu Vorstellungen der Wechselwirkung, wobei nur dem ökonomischen Markt und den daran orientierten Interessen eine relativ große Durchsetzungschance zugeschrieben wurde. Vielfach hielt die politische Sozialgeschichte an der rückwirkenden Prägekraft politischer Herrschaftsstrukturen und Entscheidungssituationen auf die sozialen Verhältnisse fest. Gerade die starke Politisierung der zweiten Generation von Sozialhistorikern hielt in den 70er Jahren das Interesse an einer Sozialgeschichte nationaler Politikstrukturen aufrecht.

4. Sozialgeschichte der Herrschaftseffekte

Sozialhistoriker, die sich älteren Epochen zuwandten, zeigten sich in der Regel wenig beeindruckt von jenen Modellen der historischen Soziologie, welche die Sozialgeschichte der Nationen und Nationalstaaten inspirierten. Angesichts der Einbettung sowohl der politischen Herrschaftsstrukturen wie der ökonomischen Marktbeziehungen und Produktionsverhältnisse in soziale Strukturen, die ihrerseits in engem Wechselverhältnis zur Welt der religiös-kulturellen Repräsentationen standen, waren Sozialhistoriker hier auf andere Zugänge angewiesen. Typischerweise entwickelten sich in der Frühneuzeitforschung Europas frühzeitig Gegenmodelle zur Makroperspektive isoliert betrachteter Teilstrukturen und Teilprozesse.

Aus sozialhistorischer Perspektive wurde dabei die frühneuzeitliche Phase des Staatsbildungsprozesses in Europa als Prozess wachsender Kontrollansprüche des Staates und der mit ihm verbundenen Schichten bzw. Stände über die Untertanen und als Prozess der Bekämpfung widerständiger Verhaltensweisen und heterodoxer Weltsichten gedeutet. Im deutschsprachigen Raum wurde das Modell der Sozialdisziplinierung von G. Oesterreich zum wichtigsten Referenzpunkt. Darin band er die Monopolisierung öffentlicher Herrschaft in Händen des Staats und insbesondere des Fürsten an die wachsende Kontrolle und Formung der Untertanen entsprechend den moralischen und ökonomischen Zielvorgaben des Staates. Während in dieser ursprünglichen Version die Fragerichtung einseitig vom aktiven Pol politischer Herrschaft auf die passiven Objekte in der frühneuzeitlichen Gesellschaft gerichtet war, änderte sich unter dem Eindruck der Forschungsergebnisse rasch die Blickrichtung und folgte den Wechselwirkungen zwischen Gesellschaft und Staat. Im angelsächsischen Raum fand das Konzept der social control größere Verbreitung.

Die Einbettung agrarisch geprägter lokaler Gemeinschaften in größere Herrschaftsgefüge, aber auch die Wirkungen kapitalistischer Märkte und imperialer Abhängigkeiten auf diese lokalen bzw. regionalen Gesellschaften haben vor allem die Sozialhistoriker kolonialer Gesellschaften beschäftigt. Kulturelle Autonomie, ökonomische Abhängigkeit bzw. Ausbeutung und politischer Widerstand sind die Stichworte, welche die leitenden Forschungsinteressen der Sozialhistoriker bei diesem Thema umschreiben. Sie sind in zahlreichen Studien zu lateinamerikanischen Agrargesellschaften zwischen der kolonialen Eroberung und dem 20. Jahrhundert zu finden. Unterwerfung und Transformation der indianischen Dorfgemeinschaften, aber auch die Herausbildung neuer Sozialstrukturen und Gruppenbeziehungen unter dem Gewicht kolonialer bzw. neo-kolonialer Herrschaft wurden eingehend erforscht. [*Zunz*] Dieses Forschungsfeld war von Anfang an international: Dort arbeiteten neben den Historikern der lateinamerikanischen Staaten vor allem nordamerikanische und europäische Einzelforscher bzw. Forschungszentren. Dependenztheorie und Gramscis Konzept «subalterner» Klassen haben vor allem in den 70er Jahren zahlreiche sozialhistorische Forschungen zu Gesellschaften im neuzeitlichen Afrika oder Asien inspiriert. Für den indischen Subkontinent ist die Forschergruppe der seit 1982 erscheinenden Buchreihe *Subaltern Studies* besonders hervorzuheben. Sie untersuchten in ihren sozial- bzw. bald auch kulturgeschichtlichen Studien die zumeist nur auf lokaler oder regionaler Ebene fassbaren Formen von Protest und Widerstand von Arbeitern, Bauern oder ethnischen Minderheiten im kolonialen Indien.

In dieser neuen Sozialgeschichte der Herrschaftseffekte gingen nach 1968 auch die politischen Ambitionen der Neuen Linken ein, konzeptionell erweiterten ihre Vertreter das theoretische Bezugsfeld vor allem um die britische Sozialanthropologie bzw. die amerikanische Kulturanthropologie. In der BRD wurden die Arbeitsgruppe um Hans Medick und Alf Lüdtke am MPI in Göttingen, in Italien Frühneuzeithistoriker wie Giovanni Levi oder Carlo Ginzburg zu Organisatoren dieser neuen Richtung. Sie gewann rasch internationale Verbreitung. Vor allem die italienische Microstoria hatte es ähnlich wie die lateinamerikanische Forschung mit scharf konturierten Gegensätzen zwischen herrschaftstragenden städtischen Eliten und einer ländlichen Unterschicht über lange Jahrhunderte hinweg zu tun. Sie verkleinerte jedoch den Maßstab ihres Untersuchungsgegenstands und wandte sich zum Beispiel der lokalen Ebene, dem Dorf zu, um dort die Mechanismen der Machtausübung und die Gegenstrategien der Beherrschten im sozialen Gefüge der agrarisch geprägten Dorfgesellschaft, aber auch die Strategien sozialer Gruppen oder Familien innerhalb der etablierten Herrschaft des Ancien Regime zu analysieren. Prozesse der Machtaneignung bzw. Strategien zur Reproduktion der eigenen sozialen Existenzgrundlagen traten in den Mittelpunkt des Interesses. Methodisch und konzeptionell verfolgten die Vertreter der italienischen Microstoria und die Anhänger der westdeutschen Alltagsgeschichte andere Wege, aber die Gemeinsamkeiten sind doch groß genug gewesen, um sehr erfolgreiche internationale Forschungszusammenhänge entstehen zu lassen (*Berdahl*, *Levi*, *Revel*).

Dieses Modell einer Sozialgeschichte der Herrschaftseffekte ist schließlich auch für die Neueste Geschichte mit großem Erfolg genutzt worden und diente hier vor allem dazu, die vielfach auf der Makroebene gar nicht erkennbaren Spuren des Widerstands, der Mikrokonflikte herauszuarbeiten und damit die Vogelperspektive der makrogeschichtlich orientierten Sozialgeschichte zu korrigieren.

In Großbritannien war wiederum E. P. Thompson Wegbereiter für eine solche Sichtweise, als er nach den Grundlagen der plutokratischen Herrschaftsstrukturen Englands im 18. Jahrhundert fahndete und sie vor allem in einem oligarchischen Modell dezentraler Machtausübung auf der Grundlage eines abschreckenden Strafrechts und einer moralischen Ökonomie der Unterschichten zu erkennen glaubte.

5. Geschichte sozialer Gruppen und Räume

Eine zweite Perspektive wahrte in stärkerem Maße Distanz zur Politikgeschichte und richtete das Hauptaugenmerk auf soziale Institutionen oder Gruppen. Sozialgeschichte war in dieser Perspektive vielfach historische Soziologie bzw. Sozialmorphologie. Bereits die frühen *Annales* hatten diese Perspektive bevorzugt, wenn sie zu kollektiven Untersuchungen über den europäischen Adel aufriefen, die Erforschung von Berufsgruppen und Statusgruppen einforderten. Diese ältere Sozialgeschichte erhielt nach 1945 eine viel breitere Grundlage, vor allem die historische Demographie verließ nach einer langsamen Konstituierungsphase zwischen 1930 und 1960 das Stadium des methodischen Experiments und gewann ein eigenständiges Profil als sozialgeschichtliche Grundlagenforschung, die gestützt auf die Rekonstitution von Familien eine kritische Revision der älteren Bevölkerungsgeschichte einleitete.

Die Erforschung sozialer Gruppen war notwendigerweise ein sehr breites und vielfältiges Arbeitsfeld – hier reproduziert sich die Vielfalt der Zivilisationen und Nationen. Dennoch lassen sich einige Schwerpunktthemen erkennen: Die Sozialgeschichte bäuerlicher Schichten auch jenseits der Erforschung ihrer Beziehungen zur Herrschaft nahm in dieser Phase einen weiteren Aufschwung. Angesichts des weltweiten Gewichts bäuerlicher Gesellschaften vor der Industrialisierung sind hier international die Parallelen in der sozialhistorischen Forschung am größten. Funktionsweise und Dynamik bäuerlicher Gemeinschaften – seien es nun Dörfer, genossenschaftliche Verbände oder verwandtschaftlich strukturierte Einheiten bäuerlicher Haushalte («Klans», «Sippen») – beschäftigten die Sozialhistoriker in Asien, Europa, Lateinamerika oder Afrika. Dies soll am chinesischen Beispiel erläutert werden: Für die Sozialgeschichte Chinas haben die Forschungskontroversen um Zusammenhalt und Grundlagen dörflicher bzw. regionaler Gemeinschaften zentrale Bedeutung gewonnen. In dieser internationalen Debatte markierten dann die Forschungsthesen G. William Skinners eine wichtige Zäsur. Er brach mit der Vorstellung defensiver Geschlossenheit chinesischer Dörfer, löste, gestützt auf Christallers Theorie der Zentralorte, den starren Gegensatz zwischen Stadt und Land auf und beschrieb die lokalen Märkte und ihren Einzugsbereich als Einheiten der wirtschaftlichen Aktivitäten, aber auch als Bezugspunkt der sozialen Identitätsbildung bäuerlicher Haushalte in China [*Rowe*].

Diese Forschungskontroversen zu den Agrargesellschaften Chinas können hier stellvertretend für ähnliche Debatten in Europa oder Lateinamerika genannt werden: Die theoretischen Bezugspunkte waren international, auch die Revision älterer, gemeinschaftszentrierter Deutungen entspricht den Tendenzen der sozialgeschichtlichen Forschungen zu bäuerlichen Gemeinschaften bzw. Haushalten. Die Sozialgeschichte der ländlichen Gesellschaften Chinas hat dabei immer deutlicher die Veränderbarkeit und Durchlässigkeit der Sozialstrukturen und die Existenz flexibler, unterschiedlicher Konjunkturen und Herrschaftssituationen anpassbarer Vergemeinschaftungsformen herausgearbeitet. Damit stellt sie nur das Extrembeispiel für den allgemein zu beobachtenden Trend dar, dass die Sozialgeschichte ländlicher Gesellschaften die älteren rigideren Modelle und Theorien von Soziologen, Anthropologen oder Historikern längst hinter sich gelassen hat.

Welche sozialen Gruppen das besondere Interesse der Sozialgeschichte auf sich zogen, hing nicht zuletzt davon ab, welches Gewicht sie in den politischen Institutionen hatten bzw. wie viel Aufmerksamkeit die politische Öffentlichkeit ihnen schenkte. Die großen Berufsgruppen und Klassen haben rasch «ihre» Sozialhistoriker gefunden. Neben der Industriearbeiterschaft waren dies die Angestelltenberufe und die akademischen Berufsgruppen, die Professionen.

Man kann wohl ohne Übertreibung formulieren, dass nach gut vierzigjähriger sozialgeschichtlicher Forschung in den meisten Ländern umfangreiche Forschungsbibliotheken existieren, welche detaillierte Auskünfte über Arbeitsformen, Lebensweise und Wertvorstellungen der meisten modernen Berufsgruppen und sozialen Klassen bzw. Schichten zu geben vermögen.

Die Wirksamkeit politischer Themensetzungen sei an zwei Trends erläutert: In den Vereinigten Staaten sowie in allen übrigen Einwanderungsgesellschaften entwickelte sich seit den 60er Jahren die historische Erforschung der Einwanderergruppen geradezu stürmisch. Ganz entscheidende Impulse zu diesem neuen historischen Interesse gaben die Bürgerrechtsbewegungen und antirassistischen Bewegungen. Sie rückten Bevölkerungsgruppen, die bislang vorrangig im Blick gegenwartsorientierter Sozialforschung gestanden hatten, in eine Reihe mit der ortsansässigen Bevölkerungsmehrheit, die bislang allein geschichtsfähig bzw. geschichtswürdig gewesen war.

Ein weiteres sozialhistorisches Feld, das der späten Entdeckung eines vergessenen Bevölkerungsteils gewidmet war, stellt die Frauengeschichte dar. Sie war in vielen Ländern der erste praktische Schritt einer sich formierenden Genderforschung, die in den meisten Ländern vor allem, aber nicht ausschließlich von Historikerinnen vorangetrieben wurde. Die Geschichte von Dienstmädchen, Textilarbeiterinnen oder der Frauenbewegungen wurde nun auf breiter Grundlage häufig zum ersten Mal erforscht. Die Erforschung von Frauen als vergessener Hälfte von Berufsgruppen, Klassen, Protestbewegungen verlief in der Regel zunächst in den methodischen und konzeptionellen Bahnen der neuen Sozialgeschichte. Wir werden sehen, dass aber bereits frühzeitig gerade die Einbindung einer solchen Frauengeschichte in die Geschichte der Geschlechterverhältnisse eine Ausweitung des Forschungsansatzes zu einer Diskurs- bzw. Kulturgeschichte zur Folge hatte, und damit die symbolische Ordnung zwischen den Geschlechtern zu einem zentralen Bezugspunkt sozialgeschichtlicher Einzelstudien wurde [*Medick/Trapp, Hausen/Wunder*].

6. Themenfelder einer transnationalen Sozialgeschichte

Sozialhistorische Forschung verstand sich in wachsendem Maße auch als Teil eines internationalen Forschungszusammenhangs. Gerade die gemeinsame Bezugnahme auf gleiche sozialwissenschaftliche Theoriefamilien oder Modelle erleichterte die Verständigung. Dennoch entwickelte sich auch dieser Internationalisierungstrend eher langsam, in der Regel dominierten gerade bei der Erforschung von sozialen Gruppen nationalzentrierte Zugänge, war die Frage nach der Stellung im Sozialraum der eigenen Nation wichtiger als die nach der Stellung im umfassenderen Markt- und Herrschaftsgefüge eines Kontinents oder der Vergleich mit anderen nationalen Sozialräumen. Selbst die Sozialgeschichte der modernen Industriearbeiterschaft verlief im Wesentlichen im nationalhistorischen Rahmen.

Daneben jedoch etablierten sich Forschungsfelder, welche aus methodischen oder thematischen Gründen die Grenzen übersprangen, welche politische Herrschaftsräume angesichts der vielfach damit verbundenen rechtlichen, sprachlichen, religiösen oder kulturellen Differenzen für die sozialhistorische Betrachtung setzen.

Methodisch sind die Arbeiten der historischen Demographie und der Familiengeschichte zu nennen, die sich frühzeitig darauf konzentrierten, soziale Gesetzmäßigkeiten und historische Modelle im Reproduktionsprozess von Familien zu erkennen. In der historischen Familienforschung stellten die nationalen Sozialräume keine primären Bezugspunkte dar, ihre Verfahren von der Auswertung von Massendaten bis hin zur Rekonstruktion individueller Biographien ließen einen internationalen Forschungszusammenhang entstehen, der etwa für Europa rasch zu vergleichenden Analysen fortschritt [*Mitterauer*].

Ein zweites Gelände transnationaler Sozialgeschichte stellt die Erforschung der sozialen Begleiterscheinungen des atlantischen Sklavenhandels und der Plantagensklaverei zwischen dem 15. und 19. Jahrhundert dar [*Parish*]. Die Sklavengesellschaften in Brasilien, in der Karibik und in den südlichen Teilen Nordamerikas stellten einen Komplex dar, dessen unterschiedliche regionale Ausprägungen ebenso wie die gemeinsamen Grundlagen: die Sklavenjagd und der Sklavenhandel in Afrika Gegenstand internationaler Forschungen wurden (*Klein*, *Blackburn*, *Lovejoy 2000)*. In diesem Forschungsfeld war die Sozialgeschichte eingebunden in eine internationale Perspektive, welche zum einen wirtschaftsgeschichtlich durch den Transatlantikhandel und politik- bzw. ideengeschichtlich durch die Entstehung der westlichen Welt vorgegeben ist.

7. Oral History

Einen besonderen Platz in der zeitgeschichtlichen Sozialgeschichte hat sich die Oral History erkämpft. De facto hat sich die Methodendifferenz in diesem Fall als konstitutiv für einen eigenständigen Stil und schließlich auch eine eigenständige Forschungsperspektive erwiesen. Konzeptionell steht sie den Ansätzen einer akteurszentrierten Microstoria näher als einer an Prozessen und Strukturen orientierten Sozialgeschichte. Vielfach bestehen auch in der Art ihrer Quellen Nähen zu jenen Sozialhistorikern der Frühen Neuzeit, die sich der Analyse von Prozessakten widmen, um auf diesem Weg einen Einblick in den Erfahrungshorizont und die Lebenswelt der sonst stummen Bevölkerungsmehrheiten zu gewinnen. Das Interesse an der Erfahrungsgeschichte der einfachen Leute stellt die Brücke dar, über welche zeitlich und methodisch so unterschiedliche Forschungsansätze miteinander ins Gespräch gekommen sind. Angesichts der Fülle an schriftlichen Quellen in der Zeitgeschichte hat sich die Oral History nicht nur zu einem methodischen Spezialbereich entwickelt, zugleich wurde sie auch vorrangig von jenen Sozialhistorikern vorangetrieben, welche ein besonderes Interesse an der Korrektur der dominanten Sichtweisen und der etablierten Großerzählungen haben. Die Oral History hat diese Position besonders stark dort entwickelt, wo die Zeitgeschichte politisch umstritten, die kollektive Erinnerung entsprechend kontrovers ist. Dies gilt etwa für die Untersuchungen der Forschergruppen um Lutz Niethammer oder die Studien von Luisa Passerini, die sich mit den erinnerten Erfahrungen einfacher Leute aus den industriellen Ballungszentren Deutschlands und Italiens während der Jahre der faschistischen bzw. nationalsozialistischen und schließlich der kommunistischen Diktatur beschäftigen (*Niethammer*). Andere Wege ging die Oral History dort, wo sie sich mit den Erinnerungen an weniger kontroverse Epochen oder Themen beschäftigt wie in den Untersuchungen von Paul Thompson über die sozialen und kulturellen Veränderungen Großbritanniens am Beginn des 20. Jahrhunderts (*Thompson 1975*). Typischerweise haben sich enge Beziehungen zwischen politischen und sozialen Bewegungen, ihren Aktivisten und Anhängern einer solchen Sozialgeschichte als Erfahrungsgeschichte und kollektive Erinnerung hergestellt. Die History Workshop-Bewegung in Großbritannien gehörte international zu den erfolgreichsten Initiativen, sie hat zahlreiche Nachahmer in den westlichen Ländern, aber auch Versuche ihrer Übernahme in den afrikanischen und asiatischen Ländern gefunden.

Eine besondere Stellung nimmt in diesem Zusammenhang die Erforschung mündlicher Traditionen im Kontext der afrikanischen Geschichte ein. Oral History kann in diesem Fall sowohl der Sozialgeschichte als auch der Kulturgeschichte zugerechnet werden: Zum einen widmet sie sich der Aufzeichnung und Untersuchung spezifischer Formen mündlich tradierter Geschichte von Herrschaftsgebilden oder Kultgemeinschaften, ergänzt und korrigiert damit die schriftliche, meist externe Überlieferung zur afrikanischen Geschichte. Zum andern nutzt sie jedoch gerade für die koloniale und post-koloniale Epoche Interviews und Erinnerungsgespräche, um eine Geschichte «von unten», aus Sicht der ansässigen Bevölkerungsmehrheiten zu rekonstruieren. Solche Studien greifen dann vielfach wieder auf sozialgeschichtliche Methoden zurück, um ihre Quellenbasis zu erweitern. Eindrucksvolles Beispiel eines solchen sozialgeschichtlichen Zugriffs ist die Biographie eines südafrikanischen Halbpächters, die fast ein ganzes Jahrhundert des Überlebenskampfes einer schwarzen Pächterfamilie gegen die Besitz- und Machtstrukturen des weißen Südafrikas rekonstruiert (*van Onselen*).

8. Siegestaumel und Selbstzweifel

Eine Bilanz der Sozialgeschichte in der zweiten Hälfte des 20. Jahrhunderts fällt ausgesprochen schwer [*Kocka 2003*]. Einerseits hat sie ihre Methoden und Themen innerhalb der Geschichtswissenschaften auf internationaler Ebene breit durchsetzen können. Die noch bis in die 50er Jahre unter politisch wie fachlich konservativen Historikern verbreitete Gleichsetzung von Marxismus-Sozialismus und Sozialgeschichte hat sich in Luft aufgelöst, die Legitimität einer ausführlichen historischen Erforschung sozialer Phänomene findet in allen Teilen der Welt inzwischen Anhänger innerhalb der etablierten Historikerschaft.

Andererseits existiert Sozialgeschichte in keinem der größeren Historikerfelder heute mehr als Einheit. Neben Schulbildungen entlang der politischen und konzeptionellen Gegensätze ist hierfür vor allem die fortschreitende Spezialisierung verantwortlich. Zwischen historischen Demographen, Agrarhistorikern und Stadthistorikern finden nur noch selten fachliche Kontakte oder gar wissenschaftliche Kontroversen statt. Vor allem die Epochengrenze zwischen Früher Neuzeit und 19./20. Jahrhundert, zwischen histoire moderne und histoire contemporaine, hat tiefe Spuren im sozialgeschichtlichen Forschungsfeld hinterlassen.

Bereits frühzeitig mussten die theoretisch ambitionierten Sozialhistoriker auch feststellen, dass keine integrierende Theorie oder Leitidee imstande war, die auseinanderdriftenden Ansätze und Forschungsinteressen zusammenzuführen. So veralteten die großen Entwürfe der Sozialgeschichte, also jene Seite dieser breiten Forschungspraxis, welche am ehesten paradigmatischen Charakter angenommen hatte, überraschend schnell, und bereits Mitte der 80er Jahre sah sich die Sozialgeschichte weltweit den Angriffen einer neuen Kulturgeschichte ausgesetzt, welche zum einen neue Themen in den Vordergrund rückte, zum andern sehr erfolgreich an jene Kritik anknüpfte, welche sich innerhalb der Sozialgeschichte selbst gegen die einseitige Ausrichtung an Makrogeschichte und quantifizierenden Methoden gewandt hatte. Ein weiteres Element kam hinzu: Die Sozialgeschichte hatte ihren fachinternen Siegeszug in einer Phase angetreten, als die Triumphe der Sozialwissenschaften immer seltener, stattdessen die Erträge ihrer Prognosen schwächer und ihre Problemlösungsvorschläge immer bescheidener wurden. Bereits in den 80er Jahren wurden die Beziehungen zwischen Soziologie und Geschichte weltweit lockerer, sieht man von der an wenigen Orten etablierten historischen Soziologie ab. Stattdessen wurden im Zeichen eines radikal erneuerten Ansatzes Literaturwissenschaften, Kunsthistoriker und Philosophen erneut privilegierte Gesprächspartner von Sozialhistorikern.

9. Zwei Beispiele

Lawrence Stone, The Crisis of the Aristocracy 1558–1641, Oxford 1965.

Stones Buch über den englischen Hochadel vom Regierungsantritt Elisabeths I. bis zum Ausbruch des Bürgerkriegs 1641 ist das Ergebnis umfassend angelegter sozialgeschichtlicher Untersuchungen über die kleine Elite an der Spitze der englischen Gesellschaftshierarchie. In Umfang (mehr als 700 Seiten) und methodischer Ausrichtung (systematische Nutzung der Statistik) liefert es ein klassisches Beispiel für eine Sozialgeschichte, welche von Geburt, Erziehung bis zu Heiraten, politischen Karrieren und wirtschaftlichen Geschäften alle Aspekte im sozialen Leben einer Gruppe bzw. Klasse analytisch zu erfassen und in einem Gesamtmodell zu beschreiben sucht. Stones sozialgeschichtliche Erklärung für den krisenhaften Verlauf des tief greifenden sozialen Wandels innerhalb der politischen und wirtschaftlichen Führungsschicht der englischen Monarchie löst sich von den Engführungen älterer wirtschaftshistorischer oder marxistischer Erklärungen.

In drei Abschnitten arrangiert Stone die Ergebnisse seiner Untersuchungen in den Adelsarchiven der Epoche: In einem ersten Schritt beschreibt er Art und Umfang der «Krise», in welche der Hochadel spätestens am Vorabend der englischen Revolution hineingeraten ist. Nacheinander führt er vor, in welchem Maße und auf welchen Wegen diese Elite in einer nach wie vor auf Ansehen und Hierarchie aufgebauten Gesellschaft gegenüber anderen konkurrierenden Gruppen an Boden verliert: die Inflation der Adelstitel unter den Stuarts relativiert ihren Vorrang, die günstige wirtschaftliche Konjunktur im Zeichen von Bevölkerungswachstum und Preisanstieg verstärkt insgesamt die soziale Mobilität in der Oberschicht und produziert ebenso viele Gewinner wie Verlierer in den Reihen der Peers; die langsame Zentralisierung der physischen Gewalt in Händen des Monarchen schwächt die Unabhängigkeit der großen Familien. Diesem gewissermaßen strukturgeschichtlichen Blick folgt ein zweiter Hauptteil, der nach Strategien der Adelsfamilien angesichts dieser Grundtendenzen fragt. Anpassung an die neuen Bedingungen und Möglichkeiten wirtschaftlicher Gewinne aus Landbesitz oder Beteiligung an Handelsgeschäften und gewerblichen Unternehmungen öffneten einzelnen Vertretern, aber keineswegs der großen Mehrheit des Hochadels Einnahmen, welche mit den wachsenden Ausgaben dieser Führungsgruppe mithalten konnten. Ansprüche und Standards ostentativen Konsums am Hof stiegen und erfassten den gesamten Lebensstil des Hochadels. Sie werden als die vielleicht wichtigste Einzelursache für die Krise identifiziert.

Den dritten Teil seines Buches widmet Stone den Veränderungen in den kulturellen und religiösen Gewohnheiten. Innerhalb der adeligen Familien gewannen Söhne und Töchter ein wenig an Freiheit, profitierten von Eingriffen der Monarchen und des Hofes, die eigentliche Revolution vollzog sich jedoch in der verstärkten Hinwendung zu Bildung und Kunst. Für die politische und gesellschaftliche Stellung des Hochadels wiederum war die religiöse Spaltung ausschlaggebend, welche ihn viel stärker als die Gentry schwächte.

Stones Untersuchung vermeidet jede monokausale Erklärung – sie kombiniert statistische Analysen mit der Beschreibung von Einzelfällen und Ausnahmen. Argumente, die er dem Arsenal der zeitgenössischen empirischen Sozialwissenschaften entnimmt, bringt Stone in verständliche Prosa – der nüchterne und prägnante Stil der narrativen wie analytischen Passagen steht in enger Verbindung mit der betont nüchternen Grundthese des Buches, dass der englische Hochadel über Schwierigkeiten und Anpassungszwänge strauchelte, in welche ihn der beschleunigte soziale Wandel zwischen 1560 und 1640 brachte.

Literatur: *J. Beckett, Art. in: [Cannon, 392 f.]; S. D. Michalove, in: [Boyd, 1150 f.]; J. Berlatsky, Lawrence Stone: Social Science and History, in: W. L. Arnstein (Hg.), Recent Historians of Great Britain, Ames 1990; D. C. Coleman, The Gentry Controversy, in: History 51 (1966), 165–178.*

Eugen Weber, *Peasants into Frenchmen, Stanford 1976.*

Eugen Weber untersucht in seiner umfangreichen Studie die Transformation des ländlichen Frankreichs zwischen 1870 und 1914. Er fragt dabei ganz im Sinne der Leitthesen der Modernisierungstheorie, auf welchen Wegen, aufgrund welcher Prozesse die Bauern aus ihren traditionellen Lebenswelten herausgerissen und in die moderne Gesellschaft und Politik Frankreichs einbezogen worden sind, wie aus Bauern Franzosen wurden. In den Mittelpunkt seiner Untersuchungen rückt er dabei die Verdichtung der sozialen Kommunikationsnetze. In ihnen sieht er den Schlüssel zum Verständnis dieses Umgestaltungsprozesses.

Weber entwickelt seine Darstellung in drei Schritten. In einem ersten Teil schildert er die Archaismen der bäuerlichen Welt: Armut, Aberglaube und Magie, Abgeschlossenheit des dörflichen Lebens, Vielsprachigkeit des Landes, Distanz zum modernen Recht und zur Nation, Festhalten an alten Agrartechniken und Produktionsweisen, schließlich die festgefügten Traditionen ländlichen Wohnens und familiären Zusammenlebens sind die Themen, mit denen Weber seine Ausgangsthese untermauert, die bäuerliche Welt Frankreichs sei in der ersten Hälfte des 19. Jahrhunderts vor allem durch kulturelle Beharrungskraft und materielle Rückständigkeit geprägt worden.
Dieser statischen Welt stellt er im zweiten Teil die Kräfte der Veränderung, der Modernisierung gegenüber: Straßen als neue Verbreitungswege der Industrieprodukte, Landstädte als Vermittler urbaner Lebensweise, die Dritte Republik und das allgemeine Wahlrecht als Mobilisierungskraft auf dem Dorf, die Einwanderung in die Großstädte, schließlich die klassischen Sozialisationsagenturen nationaler Integration: Wehrpflicht und Schule. Abschließend fragt Weber nach dem Beitrag der katholischen Kirche zu diesem Modernisierungsprozess.
Der dritte Teil untersucht die Veränderungen der ländlichen Gewohnheiten im Zeichen dieser Veränderungen. Weber skizziert hier eine Verlustgeschichte kultureller Ausdrucksformen, von den Katzenmusiken zu traditionellen Tänzen, Festen und Liedern.
Webers These hat unter französischen Agrarhistorikern Widerspruch hervorgerufen. Vor allem für den Süden und den Westen Frankreichs stellte der amerikanische Historiker die gängige These einer frühzeitigen Politisierung in Frage. Da Weber seine Quellen aus einer Vielzahl von Departements zusammengetragen hat, ohne jeweils die Befunde auf ihre Repräsentativität hin zu prüfen oder zu gewichten, sind seine Bewertungen über Rückständigkeit und kommunikative Vernetzung im Einzelnen angreifbar. Das zugrunde gelegte Erklärungsmodell: nämlich die Wirkung verdichteter Kommunikationsnetze in Wirtschaft, Gesellschaft, Kultur und Politik hat jedoch stillschweigende Anerkennung gefunden.

Literatur: M. Burns, Art. in: [Boyd, 1284 f.]; M. Agulhon, Rez. in: Annales E.S.C. 33 (1978), 843–844.

XI
Von der Universalgeschichte über die Historische Soziologie weiter zur Globalgeschichte/global history

Seit der Aufklärung ist die Geschichte der Menschheit das ferne Ziel oder aber der konkrete Auftrag für die westliche Historiographietradition geblieben [*Weber 2001*]. Mit dem stetigen und sich beschleunigenden Wachstum historischen Wissens über die verschiedenen Epochen und Regionen der Menschheitsgeschichte wurde es jedoch immer schwieriger, den universalhistorischen Auftrag zu erfüllen. Erschwerend kam hinzu, dass dieses historische Wissen im 19. Jahrhundert zwischen ganz unterschiedliche Disziplinen aufgeteilt, sein universalgeschichtlicher Zusammenhang auf einige wenige geschichtsphilosophische Leitideen verkürzt wurde. So trennte man die schriftlosen und dann gleich auch als «geschichtslos» abgewerteten «Natur»völker von den schriftgeprägten Hochkulturen, etablierte dann zweitens den großen Gegensatz zwischen der dynamischen westlichen Zivilisation und ihren Vorgängern und den übrigen, «statischen» Hochkulturen Asiens oder Süd- und Mittelamerikas. Im Ergebnis führte dies in der zweiten Hälfte des 19. Jahrhunderts zu einer Ausgliederung weiter Teile der außereuropäischen Geschichte aus der wissenschaftlichen Geschichtsforschung. Die Erforschung der Hochkulturen Asiens wurde im Wesentlichen zur Angelegenheit von Islamwissenschaftlern, Orientalisten, Sinologen, Japanologen oder Indologen. Die Völkerkunde widmete sich den «Naturvölkern» Asiens, Amerikas und Afrikas. Die Zusammenführung des neuen Wissens vollzog sich nun im Rahmen kolonialer und imperialer Bezüge oder war das Ergebnis gelehrter Einzelleistungen, voran in den neuen Disziplinen Ethnologie und Soziologie. Überwölbt wurde dieses westliche Fächerarrangement durch die großen linearen Fortschrittsmodelle, welche die geschichtsphilosophischen Entwürfe des 19. Jahrhunderts dominierten.

Berufshistoriker übten spätestens seit dem Ende des 19. Jahrhunderts mehrheitlich Distanz zur Universalgeschichtsschreibung. Sie hielten diese Tätigkeit nicht mehr für vereinbar mit ihren Ansprüchen an Wissenschaftlichkeit, Exaktheit und Tatsachentreue. Wir haben bereits gesehen: Die vorschnelle Synthese war verpönt, westlich-europäisches Überlegenheitsgefühl und Sendungsbewusstsein taten ein Übriges, das Interesse für Weltgeschichte fast ganz zum Erliegen zu bringen.

Die Rückkehr der Weltgeschichte vollzog sich an den Rändern des Wissenschaftsbetriebs und vielfach hinter dem Rücken der Zunft. Sie war zum einen das Werk von Soziologen, die dem Forschungsprogramm der europäischen Gründerväter ihrer Disziplin, Emile Durkheim und Max Weber, treu blieben und sich der vergleichenden Sekundäranalyse ethnographischen und historischen Wissens über historische Prozesse in ganz verschiedenen Regionen der Welt zuwandten. Zum andern war sie das Ergebnis des ständig wachsenden historischen Wissens über außereuropäische Räume. Die «Völker ohne Geschichte» kehrten in die Geschichtswissenschaft zurück, als diese Wissenschaft weltweite Verbreitung fand und sich schließlich auch aus ihrer eurozentrischen Fixierung löste. Die Dekolonialisierung beflügelte diese Gegenbewegung und führte zur Integration anderer Formen der Spurensicherung (mündliche Überlieferung, archäologische Spuren) in die afrikanische, amerikanische oder asiatische Geschichtswissenschaft.

Seit der zweiten Hälfte des 20. Jahrhunderts stieg der Bestand gesicherten Wissens über die geschichtlichen Abläufe in allen Regionen der Welt sprunghaft an. Die Durchsetzung internationaler Mindeststandards wiederum verbesserte erheblich die Voraussetzungen für die Wiederaufnahme weltgeschichtlicher Perspektiven. Deren methodische und konzeptionelle Grundlagen haben sich in einem regen wissenschaftlichen Grenzverkehr zwischen Geschichtswissenschaft, Soziologie und Anthropologie entwickelt, um nur die drei wichtigsten beteiligten Einzeldisziplinen zu nennen. Institutionell ist das intellektuelle Unternehmen einer solchen transkulturell vergleichenden oder globale Zusammenhänge untersuchenden Geschichtsforschung prekär geblieben. Sie ist in starkem Maße von herausragenden und ausgeprägt individualistischen Gelehrten vorangetrieben worden und verfügte erst relativ spät, seit den 50er Jahren über eigenständige Fachzeitschriften und stabile Kommunikationsnetze.

1. Ansätze zur Erforschung weltgeschichtlicher Zusammenhänge

Das geschichtsphilosophische Erbe des 19. Jahrhunderts war, wie wir sahen, nur wenig geeignet, das ständig wachsende Wissen über die Geschichte der Völker und Nationen der Erde angemessen zu strukturieren, es war ganz eng eurozentrisch. So bedurfte es größerer intellektueller Anstrengungen und weiter gespannterer Ambitionen für universalgeschichtliche Synthesen im 20. Jahrhundert. Mit Jürgen Osterhammel lassen sich vier Ansätze unterscheiden, die alle für die neueren Forschungen bedeutsam geworden sind [*Osterhammel 2001*, 151].

1. «Zyklenmodelle des Aufstiegs und Niedergangs großer Kollektive». Dieses Erklärungsmuster stützte sich entweder auf eine ganzheitliche Sicht der verschiedenen Zivilisationen oder Kulturen, die in der Geschichte der Menschheit beobachtet werden können, oder aber es argumentierte mit der Mechanik des Aufbaus, der Expansion und der Erosion von Herrschaftsräumen. Diese Zyklenmodelle sind als Gegenentwürfe zum dominanten Fortschrittsdenken zu verstehen und haben insofern von Wellen der Fortschrittsskepsis und Zivilisationskritik profitiert. Es ist wohl kein bloßer Zufall, dass Werke, die diesem Ansatz verpflichtet waren, großen Erfolg beim Publikum hatten, etwa Oswald Spenglers *Untergang des Abendlandes* oder Paul Kennedys *Aufstieg und Fall großer Mächte* (*Spengler, Kennedy*).

2. «Stufenmodelle der Menschheitsgeschichte». Sie stehen alle in der Tradition des europäischen Fortschrittsdenkens und des Evolutionismus des 19. Jahrhunderts. Wir sind ihnen bereits mehrfach begegnet, die historisch-induktiven Schulen der Wirtschaftswissenschaften haben sie in die Wirtschaftsgeschichte eingeführt, Modernisierungstheorie und Marxismus wurden die populärsten Varianten dieses Konzepts, die historische Soziologie hat schließlich zahlreiche eigenständige Entwürfe hervorgebracht.

3. Der typologisierende Vergleich historischer Abläufe oder kultureller, politischer oder sozialer Ordnungsschemata in unterschiedlichen Zivilisationen. Als konkretes Forschungsprogramm lässt es sich in transkulturellen Vergleichsstudien von Historikern bzw. Anthropologen oder in den universellen Klassifikationen bzw. Ablaufmodellen von historisch arbeitenden Soziologen entdecken.

4. Studien, die «räumlich-beziehungsgeschichtlichen Perspektiven» folgen. Im Zentrum stehen reale Kontakte zwischen räumlich getrennten menschlichen Gesellschaften auf der Erde. Kulturkontakt, Wissenstransfer, Migration und Expansion sind die großen Themen dieses Ansatzes. Er hat als Fluchtpunkt die vielfältigen Prozesse der «Globalisierung», grundsätzlicher jedoch orientiert er sich problemgeschichtlich an der Existenz eines weltgeschichtlichen Zusammenhangs aller Menschengruppen in der Gegenwart.

2. Kulturmorphologie, soziologische Formenlehre und Geschichtsphilosophie

Wichtige Anregungen für die spätere weltgeschichtliche Forschung wurden im europäischen Geschichtsdenken der ersten Jahrhunderthälfte gelegt. Bereits frühzeitig setzte eine Gegenströmung gegen die fachbornierte Spezialisierung und gegen die Abkehr von universalhistorischen Fragestellungen ein. Es waren universitäre Grenzgänger oder Privatgelehrte, die sich nicht mit den Beschränkungen der neuen Geistes- und Sozialwissenschaften abfinden wollten. Gerade die ältere Soziologie hat sich als Kultursoziologie in ganz starkem Maße mit den menschlichen Gruppenbildungen und Kulturschöpfungen der Vergangenheit beschäftigt. Dabei waren die Übergänge zur Geschichtsphilosophie vielfach fließend, die methodisch-theoretischen Grundlagen waren lange Zeit unklar, so dass bis in die fünfziger Jahre eine ebenso vielfältige wie diffuse und eigenwillige Literaturgattung soziologisierender Sekundäranalysen historiographischer oder ethnographischer Studien entstand, die sich in mehr oder weniger seriöser und innovativer Weise mit Phänomenen der Universalgeschichte beschäftigt haben.

Gerade in Deutschland bestanden dabei enge Verbindungen zu den Reformbestrebungen innerhalb der Geschichtswissenschaft. Karl Lamprecht gründete in Leipzig ein Institut für Universalgeschichte, Kurt Breysig entwarf ein breites universalgeschichtliches Evolutionsmodell. Die frühen universalhistorischen Werke fanden typischerweise ein großes Echo in der Öffentlichkeit, einige wurden ausgesprochene Bestseller. Die universalhistorischen Entwürfe der Jahrzehnte zwischen 1900 und 1930 antworteten auf die intellektuellen Herausforderungen, welche die imperialistische Expansion des Westens, der Siegeszug der kapitalistischen Industrieproduktion, aber auch das nationale «Erwachen» der Völker Asiens und

Afrikas für europäische Intellektuelle darstellten. Das Spektrum der ambitionierteren Unternehmungen reichte sehr weit. Max Weber entwickelte die Kategorienwelt seiner historisch-vergleichenden Soziologie in Auseinandersetzung mit historischen oder ethnologischen Forschungsdaten zu zahlreichen Zivilisationen der Welt, insbesondere aber zu den Hochkulturen Eurasiens. So konnte sein Kategoriensystem immer wieder als Ausgangspunkt bzw. Fundament für historische Kulturvergleiche und zivilisationsüberschreitende Synthesen dienen. In diesem Sinn ist Max Webers Gesamtwerk, vor allem jedoch sein unvollendetes Hauptwerk *Wirtschaft und Gesellschaft* (*Weber 1972*) zu einem Klassiker und der vielleicht wichtigsten Inspirationsquelle weltgeschichtlicher Forschungen im 20. Jahrhundert geworden. China, Indien, griechisch-römische Antike, die jüdisch-christlichen Glaubensvorstellungen, schließlich die islamische Welt werden bei Weber systematisch einbezogen in seine analytisch-abstrahierende Begriffsbildung, aber sie werden zugleich auch Gegenstand eingehender vergleichender Analysen. Gerade die religionssoziologischen Studien (*Weber 1988*) rücken die eurozentrische Sichtweise seiner Protestantismus-These zurecht, welche Rationalisierung der Welt und Individualisierung religiöser Sinnstiftung einmünden sah in die westliche moderne Lebensführung. Die vergleichende Analyse der großen Weltreligionen zeigte die größere Vielfalt in der Entwicklungsdynamik religiöser Sinnstiftung und Lebensführung im Weltmaßstab auf.

Webers soziologische Entwürfe standen dem entwicklungsgeschichtlichen, evolutionistischen Zeitgeist skeptisch gegenüber, entsprechend fern hielten sie sich von Stadienmodellen und holistischen Zivilisationsbeschreibungen. Die evolutionäre Sichtweise zivilisatorischen Wandels wurde dann von Norbert Elias, einem Schüler Karl Mannheims und universitären Außenseiter im zeitgenössischen Niemandsland zwischen Soziologie und Geschichte, zur Achse seiner Untersuchungen über den *Prozess der Zivilisation* ausgebaut (*Elias*). Empirisch belegte Elias seine These vom langfristigen Wandel menschlichen Verhaltens von der Außen- zur Innensteuerung anhand europäischer Quellen. Unter der Leitformel vom «Fremdzwang» zum «Selbstzwang» versucht dieser Ansatz, die Domestizierung von Natur und Körper als eine grundlegende Entwicklungsrichtung im Verlauf der Geschichte zu erfassen. Die äußere wie innere Zähmung von Gewalt, Leidenschaften und Emotionen wird dabei in eine direkte Verbindung zur Durchsetzung des staatlichen Gewaltmonopols gesetzt. Dieses Modell nimmt zugleich auch eine Grundidee der Soziologie Emile Durkheims auf, wenn sie davon ausgeht, dass Art und Umfang der Arbeitsteilungen in einer Gesellschaft/Zivilisation ganz wesentlich dazu beitragen, die Kette der wechselseitigen Abhängigkeiten zwischen den Menschen und damit den Druck zivilisatorischer Einpassung zu bestimmen. Erklärungsanspruch und Deutungsversuch dieses langfristigen Wandels von Verhaltensstandards sind eindeutig weltgeschichtlich angelegt.

Schließlich sind auch die geschichtsphilosophischen Entwürfe vor 1945 zu nennen: Sie sind in der Regel das Werk von Außenseitern und großen Einzelforschern [*Costello*]. Die Arbeitsergebnisse stellten dann auch sehr subjektive, vielfach einseitige Deutungsentwürfe dar, deren Thesen bereits von Zeitgenossen angefochten oder durch Einzelforschungen widerlegt worden sind. Die einflussreichsten und konzeptionell bedeutendsten Entwürfe stammen von Oswald Spengler [*Felken*] und Arnold Toynbee [*McNeill*]. Beide formulierten eine kulturmorphologische Gegenposition zum linearen Fortschrittsdenken der westlichen Zivilisation. Spengler fasste Zivilisationen bzw. Kulturen als geschlossene Einheiten auf, deren inneren Zusammenhalt er hinter den vielfältigen Erscheinungsformen in Politik, Gesellschaft, Religion oder Kunst zu erfassen und zu beschreiben suchte. Die Weltkulturen stehen unter dem zyklischen Gesetz von Aufstieg, Höhepunkt und Niedergang. Die intellektuelle Grenze von Spenglers viel gelesenem Entwurf war nicht zuletzt seine – im Vergleich zu Max Weber – viel geringere Kenntnis der außereuropäischen Welt (*Spengler*). Darin und in der analytischen Klärung der Begriffe war ihm Arnold Toynbee weit überlegen. Er schrieb das Zyklenmodell von Spengler fort, formulierte universalhistorische Gesetzmäßigkeiten – wie die so gern verwandte Denkfigur von challenge and response. Aber auch sein kulturmorphologischer Entwurf (er isolierte 21 «Kulturen») blieb letztlich ein literarisches Monument, das nicht mehr den wissenschaftlichen Standards von Soziologie und Geschichte standhalten konnte (*Toynbee*).

Zwischen diesen Entwürfen universalgeschichtlicher Synthesen und der geschichtswissenschaftlichen Forschung klafften Welten, selbst ambitionierte Historiker mit großem Interesse am Vergleich wie Marc Bloch blieben skeptisch und plädierten für handfestere Gegenstände und kleinere Formate. Allein die sich etablierende offizielle marxistische Geschichtsdoktrin fixierte ihr universalhistorisches Stadienmodell.

3. Die Historische Soziologie

Die große Zeit kultursoziologischer Synthesen mit universalhistorischer Reichweite ging nach 1945 dem Ende zu, in der Bundesrepublik fanden während der Orientierungskrise der unmittelbaren Nachkriegsjahre geschichtsphilosophische Werke noch großes öffentliches Interesse. Ihre Wirkung auf die Wissenschaft blieb jedoch sehr bescheiden. Stattdessen entwickelte sich ausgehend von den Vereinigten Staaten die historische Soziologie zu einem wissenschaftlichen Forschungsprogramm, das methodische Mindeststandards definierte, ein eigenes Kommunikationsnetz aufbaute und schließlich auch eine institutionelle Absicherung fand.

Im Verlauf der 50er Jahre wurden an vielen großen Universitäten der USA so genannte «Area Studies» oder «Cross-Cultural Studies» eingerichtet, die sich der Erforschung vor allem außereuropäischer Regionen der Welt in vergleichend-systematisierender Weise widmeten. Die Gründung der Zeitschrift *Comparative Studies in Society and History* 1958 markierte den Abschluss dieser Anfangsphase. In den folgenden zwei Jahrzehnten entstanden mehrere Forschungszentren, die historische Soziologie wurde zu einem der größten Teilfächer innerhalb der amerikanischen Soziologie, weitere Fachzeitschriften mit historisch-soziologischer Perspektive wurden gegründet (*Journal of Interdisciplinary History*, seit 1970, *Journal of Historical Sociology*, seit 1987).

Der Aufstieg der historischen Soziologie war mit zwei komplementären Entwicklungen in der Nachkriegszeit verbunden. Zum einen entstanden nach 1945 mit UNO und vor allem der UNESCO Institutionen, die einer universalistischen Programmatik verpflichtet waren und an dem intellektuellen Aufbau einer Weltgesellschaft ein institutionelles Interesse hatten. In dieser Konstellation diente die universalistische Perspektive der historischen Soziologen zugleich auch der Abkehr und der Verurteilung des alten europäischen Kolonialismus und seiner kulturellen Begleiterscheinungen: Rassismus, Imperialismus und Kulturchauvinismus.

Politisch-ideologisch vertraten denn auch die meisten historischen Soziologen dieser Phase (1958–1978) liberale oder marxistische Positionen. Wichtigste Autoren der liberalen Tradition sind Shmuel Eisenstadt, Reinhard Bendix oder Neil Smelser, sozialistische Inspirationen und marxistische Leitideen sind erkennbar bei Autoren wie Charles Tilly, Perry Anderson, Barrington Moore oder Immanuel Wallerstein.

Modernisierungstheorie und Marxismus bilden mithin die beiden einflussreichsten Großtheorien, welche die historische Soziologie geprägt haben. Die Modernisierungstheorie war und ist ganz darauf ausgerichtet, die Besonderheiten der Gegenwart, den Bruch der gegenwärtigen westlich-europäischen Zivilisation mit den Gesellschaften und Zivilisationen anderer Epochen und Kontinente zu analysieren. Der Gegensatz zwischen traditionalen (vor-modernen) und modernen Gesellschaften ist konstitutiv für diesen Ansatz. In ihn fanden einige der Antworten Eingang, welche die Gründerväter der modernen westlichen Soziologie auf die Frage nach den Ursachen für den «Sonderweg» der westlichen Welt gegeben haben. Typischerweise formulierte dieser Ansatz aber die Frage nach den Besonderheiten des Westens um in ein evolutionäres Schema, das universale Erklärungsansprüche erhob. Vor allem die strukturfunktionalistische Soziologie Talcott Parsons diente dazu, die zumeist an amerikanischen oder westeuropäischen Beispielen gewonnenen Kategorien und Ablaufschemata kurzerhand zu generalisieren.

«Moderne» Gesellschaften sind in diesem Modell durch eine spezifische Dynamisierung ihrer Wirtschaft und Gesellschaft geprägt, sie entwickeln die Arbeitsteilung nach funktionalen Gesichtspunkten immer weiter, sie stützen sich auf die Mobilität von Individuen, sie entzaubern durch eine grundlegende Rationalisierung die natürliche wie die soziale Welt. Eine solche umfassende und in sich geschlossene Modernität entstand auf unterschiedlichen Wegen, dabei galt insbesondere in den 50er und 60er Jahren jedoch der graduelle Entwicklungsweg reformerischer Umgestaltung als der einzig sichere Weg, um die parallele Veränderung von Wirtschaft, Gesellschaft, Kultur und Politik zu bewerkstelligen [*Wehler 1975*].

Darin blieb die Modernisierungstheorie also politisch eine Antwort auf die marxistische Revolutions- und Stadientheorie, die im Übrigen ja ganz ähnliche Annahmen über den Bruch zwischen vormodernen (feudalistischen etc.) und modernen (kapitalistischen oder sozialistischen) Gesellschaften vertrat. Gerade in ihrer sowjetischen Variante war der Marxismus spätestens seit Stalins dogmatischen Festlegungen darüber hinaus zu einem vergleichbar starren, strukturfunktionalistischen Ablaufschema mit universalhistorischem Anspruch geworden wie die klassische Modernisierungstheorie.

Seit den 70er Jahren hat sich der modernisierungstheoretische Ansatz aus der gedanklichen Konfrontation des Kalten Krieges befreit und rückt folgende vier Dimensionen als leitende Differenzen moderner zu früheren Gesellschaften in den Vordergrund: neben Rationalisierung und Individualisierung wird nun – in Anknüpfung an den zivilisationsgeschichtlichen Ansatz – die Domestizierung, also die wachsende Kontrolle der natürlichen (biologischen, psychischen) Umgebung, sowie die Differenzierung nach Gesichtspunkten funktionaler Arbeitsteilung hin zur Ausbildung weitgehend selbstregulierter Teilbereiche (Wirtschaft, Gesundheitswesen, Wissenschaft etc.) verstanden. Neuere Ansätze der Modernisierungstheorie haben in besonderem Maße die Ansätze der systemtheoretischen Soziologie aufgenommen und sich immer stärker von der politischen Instrumentalisierung im Sinne eines liberalen Entwicklungsprogramms nach dem Vorbild der historischen Entwicklung der angelsächsischen oder skandinavischen Demokratien gelöst.

Beide Großtheorien platzierten jedoch die Länder Asiens, Afrikas und Lateinamerikas ganz unterschiedlich in Bezug auf das westliche Entwicklungsmodell. Modernisierungstheoretisch inspirierte Studien der 50er und 60er Jahre suchten immer wieder nach den endogenen Hindernissen und Blockierungen in diesen Ländern und Regionen, welche ein Einschwenken in den westlichen Modernisierungsweg verhindert hatten oder noch verhinderten. Die marxistische Strömung innerhalb der historischen Soziologie hingegen verortete die Ursache für Unterentwicklung und Rückständigkeit gerade im westlichen Entwicklungsmodell selbst. Mit Theorien von Dependenz und Unterentwicklung suchte sie die Ursachen für die Distanzen in der wirtschaftlichen Durchdringung und Ausbeutung durch westliche Unternehmen und Staaten.

Die liberale Strömung innerhalb des neuen Teilfaches tendierte forschungspraktisch zu vergleichenden Typologien, während die marxistische Richtung sich immer stärker in Richtung des beziehungsgeschichtlichen Ansatzes entwickelte.

Eigenständige Bedeutung hat die historische Soziologie jedoch erst dadurch gewonnen, dass es ihr gelang, sich von den engen Schemata der vorgegebenen Großtheorien zu lösen und stattdessen einen wirklichen Dialog zwischen Theoriebezug und historischer Analyse herzustellen. Sie hat in den vierzig Jahren ihres Bestehens eine Fülle von Einzelthemen bearbeitet. Dabei setzten die verschiedenen Forscher und Schulen unterschiedliche Akzente. Gemeinsam war den meisten die Beschäftigung mit dem Übergang zur Moderne bzw. mit der Expansion Europas und dem Siegeszug des westlichen Modells. Neben der Untersuchung der Zusammenhänge zwischen wirtschaftlicher und gesellschaftlicher Dynamik haben insbesondere die Prozesse neuzeitlicher Staatsbildung das Interesse der Forscher hervorgerufen. Mit früheren Epochen beschäftigte sich nur eine kleine Minderheit von historischen Soziologen, die meist an Max Webers vergleichende Studien und seine Typologien anknüpften [*Smith, Abrams, Bentley*].

Eine führende Vertreterin der historischen Soziologie in den USA, Theda Skocpol hat drei «Strategien» im Umgang mit den großen Theorien unterschieden: Eine Gruppe wandte allgemeine Modelle auf historische Sachverhalte an, eine zweite Richtung interpretierte zumeist nationale «Sonderfälle» oder «-wege» vor dem Hintergrund theoretischer Modelle, und eine dritte Gruppe bevorzugte die Analyse kausaler Zusammenhänge bei der Genese klar umgrenzter, spezifischer historischer Phänomene wie z. B. feudale Herrschaftssysteme oder neuzeitliche Revolutionen. Trotz der großen Unterschiede in den Theoriebezügen und den Begriffsbildungen, welche die historische Soziologie kennzeichnet, lässt sich eine Grundspannung feststellen zwischen Vertretern generalisierender Ansätze, denen es um die Verfeinerung und Differenzierung allgemeingültiger Theorien historischer Prozesse geht, und Vertretern idealtypischer Typologien, bei denen die trennscharfe Analyse von Fallstudien und Konstellationen im Mittelpunkt steht [*Skocpol*]. Im letzten Fall bleibt die Frage nach universalhistorischen Stadien offen, bestenfalls sind wiederkehrende Ablaufmuster (patterns) erkennbar. Die Differenz wird etwa erkennbar am Gegensatz zwischen K. Polanyis *Great Transformation* (*Polanyi*) und marxistischen Ansätzen über die Herausbildung der liberalen Marktökonomie. Während Polanyi seine Untersuchung über die Freisetzung der Marktlogik in England im Wechsel vom System des alten zum neuen Poor Law zwischen

1795 und 1832 als Fallstudie präsentiert für die Herauslösung der Ökonomie aus tradierten sozialen, politischen und kulturellen Bezügen, wird dieser Konflikt in der marxistischen Interpretation zum Musterbeispiel ihres universalhistorischen Stadienmodells.

Staatsbildung und Wirtschaftsordnung markieren die zentralen Themenschwerpunkte historisch-soziologischer Forschung nach 1945. Erstens haben die Hochkulturen der so genannten «Achsenzeit» mit ihrer typischen Verknüpfung der Organisation agrarischer Produktion (Flussregulierung und Bewässerung) und bürokratischer Herrschaft wie Ägypten, Zweistromland, Induskultur und China die Aufmerksamkeit der Forscher auf sich gezogen (*Bendix, Eisenstadt*).

Der frühneuzeitliche Staatsbildungsprozess hat ein noch größeres Interesse gefunden, dabei sind insbesondere die Verbindungen zwischen politisch-militärischer Machtentfaltung und ökonomischer Expansion für die frühneuzeitlichen Staaten Europas in den Blick genommen worden. Dieses Thema steht in enger Verbindung mit dem zweiten großen Themenfeld der historischen Soziologie, die Revolutionen der Neueren Geschichte. Sie wurden sowohl als wichtige Entscheidungen über weitere Entwicklungspfade der jeweiligen Länder wie auch als Indikatoren für spezifische Konfliktkonstellationen im Prozess der Modernisierung interpretiert. Barrington Moore ist sicherlich der bekannteste einer größeren Zahl von historisch arbeitenden Soziologen und Anthropologen, die sich mit der Rolle von Bauern in den revolutionären Umbrüchen der Neueren und Neuesten Geschichte beschäftigt haben (*Moore*). Theda Skocpol hat die Revolutionen in China, Russland und Frankreich analysiert (*Skocpol*). Jack Goldstone schließlich hat auf der Grundlage umfassender Kenntnis der neueren historischen Forschungen eine vergleichende Analyse der großen frühneuzeitlichen Revolutionen und Staatskrisen Europas und Asiens vorgelegt. Seine Analysen und sein demographisch fundiertes Erklärungsmodell unterziehen zugleich die gesamte ältere vergleichende Revolutionsforschung der historischen Soziologie einer grundlegenden Revision (*Goldstone*).

International die größte Wirkung erzielte zweifellos Immanuel Wallersteins Weltsystem-Analyse (*Wallerstein*). In drei Bänden interpretierte der amerikanische Soziologe bzw. Afrikanist die Genese der modernen kapitalistischen Weltmarktordnung seit dem 15. Jahrhundert neu. Es nahm die großen Debatten der marxistischen

Geschichtsforschung, aber auch der historischen Schule der Nationalökonomie über die Anfänge des europäischen Kapitalismus wieder auf. Im Ergebnis entwirft er ein chronologisches Schema: Die Entstehung des Systems 1450–1600, die Konsolidierung zwischen 1600 und 1750, schließlich im dritten Band die große Expansion 1730–1840. Über weite Strecken schematisiert Wallerstein die großen Linien in der Geschichte europäischer Expansion, ihrer wirtschaftlichen, politischen und sozialen Begleiterscheinungen und Rückwirkungen. Zugleich setzt sich Wallerstein mit den vielen Makrotheorien auseinander, welche diese Prozesse zu erklären versuchen, und entwickelt seinen Ansatz. Er nahm zahlreiche Anregungen der marxistischen Theorietraditionen auf, so die Theorie ungleichen Tausches, der Ausbeutung der Peripherien durch die Zentren der kapitalistischen Weltwirtschaft. Dabei wurde er sehr stark durch Braudels Theorie der langen Dauer und geographischer Determinanten beeinflusst. Die kapitalistischen Wirtschaftskreisläufe, welche sich um 1500 herausbildeten, werden von Wallerstein als eine weiträumige, Kontinente umspannende Verkettung lokaler bzw. regionaler Produktionsstrukturen verstanden. Kapitalakkumulation beruhte im Wesentlichen auf Monopolbildung im Handel, blieb also aufs engste mit politischer Herrschaft verknüpft. Die kapitalistischen Weltwirtschaften, welche im 19. Jahrhundert schließlich zu einem Gesamtsystem zusammenwuchsen, basieren schließlich auf ungleichen Tauschverhältnissen zwischen Zentren, Semiperipherie und Peripherie.

Vor allem Wallersteins Modelle und theoretischen Überlegungen haben die weitere Debatte unter historischen Soziologen beeinflusst. Es hat sich eine eigenständige Schule herausgebildet, welche sich zum Ziel gesetzt hat, in diesem theoretischen Bezugsrahmen weitere empirische Forschungsarbeit zu betreiben. Ihre institutionelle Verankerung hat sie im 1976 gegründeten Fernand Braudel Center for the Study of Economics, Historical Systems, and Civilizations an der State University of New York in Binghamton gefunden.

4. Universalhistorische Forschungen der Historiker

Die Relevanz der historischen Soziologie für die Geschichtswissenschaft ist bis heute umstritten. Eine vielfach schweigende, immer skeptische und manchmal schlicht ignorante Mehrheit von Fachhistorikern hielt sich fern von den Abenteuern universalhistorischer Synthesen oder den Risiken des historischen Vergleichs, zumal wenn er die Grenzen der eigenen Zivilisation oder des eigenen Spezialgebiets überschritt. Aber bei aller Skepsis im Grundsätzlichen bediente seit dem Ende des 19. Jahrhunderts auch die Geschichtswissenschaft das anhaltende Interesse des Publikums an weltgeschichtlichen Überblicken und sorgte für die spöttisch so treffend charakterisierten «Buchbindersynthesen» in Form vielbändiger Weltgeschichten, deren Einzelstücke von den jeweiligen Spezialisten geliefert wurden.

Für die Geschichtswissenschaften blieb die Verpflichtung zur historischen Konkretion, zur direkten Arbeit mit Quellenmaterial bestimmend, so dass auf dieser methodischen Grundlage nur kulturüberschreitende oder transkulturelle Partialvergleiche machbar waren und sind. Der Haupttrend der Spezialisierung zeigte ebenfalls Wirkung, und nach 1960 tat der enorme Anstieg historischer Detailstudien ein Übriges, die fachlichen Ansprüche an dieses Forschungsfeld zu erhöhen. Dennoch lässt sich feststellen, dass gerade die großen Werke und Autoren der historischen Soziologie seit den 60er Jahren in wachsendem Maße Historikern Leitideen, Begriffe und Modelle geliefert haben, um die leitenden Problemstellungen ihrer eigenen Untersuchungen zu formulieren.

In den Händen von Berufshistorikern gewann Weltgeschichte vor allem als Geschichte transkultureller Beziehungen, als Prozess der wachsenden Vernetzung von Natur und Menschen rund um den Erdball schärfere Konturen.

Ein erster Themenschwerpunkt war dabei die Diffusion von Kulturtechniken. Bereits in William H. McNeills früher Studie *The Rise of the West* stellt die Kombination von Ideen, Techniken und Fertigkeiten den Schlüssel zum Verständnis der westlichen Expansion und der damit einsetzenden Herstellung eines Weltzusammenhangs dar (*McNeill*). In seinen weiteren Werken hat der amerikanische Universalhistoriker William McNeill die Verbreitung von Krankheiten und die Migrationen von Menschen, die Übernahme und Weiterentwicklung von Techniken im weiten Sinn untersucht. In den letzten 30 Jahren sind ihm viele andere Historiker gefolgt und haben insbesondere die herrschaftswichtigen Techniken oder sozialen Arrangements wie Militärwesen, Verwaltung oder Wissenschaft im transnationalen bzw. interkontinentalen Vergleich untersucht.

Diese Geschichte von Übernahmen, Diffusionen und Expansionen war naheliegenderweise auf die Epoche der europäischen Neuzeit konzentriert.

Eine weitere Perspektive brachten universalhistorisch orientierte Wirtschafts- und Sozialhistoriker ein. Hier hat wiederum die *Annales*-Strömung wichtige Impulse gegeben [*Raphael 2003*]. Fernand Braudel wurde der bekannteste Vertreter einer solchen Globalperspektive. Er ist neben Wallerstein der einflussreichste Vertreter eines spezifisch geohistorischen Ansatzes. Er unterstrich in seinen Werken immer wieder das Gewicht naturgeographischer Faktoren für die Entwicklung von Zivilisationen, Staaten oder Wirtschaftsformen. Die «Räume» stellten in seinem zivilisationsvergleichenden Überblick von 1963 (*Braudel 1963*) eine von vier Grunddimensionen neben Gesellschaft, Wirtschaft und Mentalitäten dar, unter denen Zivilisationen analysiert werden müssen. Auch sein dreibändiges Werk zur Wirtschaftsgeschichte des modernen Kapitalismus entwarf er in weltgeschichtlichen Perspektiven (*Braudel 1979*). Bereits im ersten Band, bei der Beschreibung der materiellen Kulturen, der unterschiedlichen subsistenzwirtschaftlichen Versorgungssysteme und der entsprechenden Lebensweisen nahm er alle Erdteile in den Blick, registrierte er den Austausch und die Verbreitung von Pflanzen, Haustieren, Agrartechniken und Technologien. Braudel entfaltete dann auch für den dritten Band die bereits von deutschen Wirtschaftshistorikern und Nationalökonomen entwickelte Vieldeutigkeit des Konzepts «Weltwirtschaft» und bezeichnete mit dem Begriffspaar économie monde – économie mondiale den Wechsel von regional begrenzten «Weltwirtschaften» hin zu *einer* Weltwirtschaft seit dem 16. Jahrhundert. Ganz parallel zu Wallerstein sah dabei Braudel im Nebeneinander unterschiedlicher Produktionsweisen und in der räumlichen Ungleichheit von Kapitalkonzentration und Herrschaftsbildung, also im Spannungsgefälle zwischen Zentren und Peripherien, den Motor kapitalistischer Dynamik seit dem 16. Jahrhundert.

Eine solche großformatige Wirtschafts- und Sozialgeschichte hat Nachfolger gefunden: Sowohl der Indische Ozean wie auch der Atlantik als kulturverbindende Großwirtschaftsräume und Austauschzonen sind inzwischen in einer solchen Perspektive erforscht worden (*Chaudhuri*).

5. Weltgeschichte als global history

In den letzten 20 Jahren haben historische Forschungen, die sich einer globalen, weltgeschichtlichen Perspektive verpflichtet sahen, stetig zugenommen. Das Repertoire der Leitthemen ist größer geworden, neben die bereits früher einsetzenden vergleichenden Studien zu Formen der Staatlichkeit und Herrschaftsorganisation oder zu den Ursachen des westlichen «Sonderwegs» traten nun Studien über andere Wege in die Moderne und schließlich transkulturell vergleichende Untersuchungen zur Geschichte des Wissens und der Wissenschaften. Damit ist die Kultur- und die Ideengeschichte wieder ein gutes Stück näher an weltgeschichtliche Forschungsperspektiven gerückt worden [*Mazlich/Buultjens*].

Eine weitere Variante einer neuen Weltgeschichte als Geschichte weltumspannender Vernetzungen, Wechselwirkungen und Abhängigkeiten entwickelte sich aus der Umweltgeschichte. Die weltumspannende Migration von Pflanzen, Mikroben und Tieren, schließlich die Diffusion von Produktionstechniken und deren Folgen in den Kultur- und Naturräumen wurden Gegenstand historischer Studien. Der «ökologische Imperialismus» Europas in den gemäßigten Klimazonen der Erde seit dem 9. Jahrhundert stellte eine erste polemisch zugespitzte Synthese dar (*Crosby*). Inzwischen liegen bereits ausgewogenere Überblicke vor (*Radkau*). Den Blick auf die weltweiten Wechselwirkungen zwischen Umweltbelastungen, Produktionsverhältnissen, sozialer Ungleichheit und Kultur haben schließlich auch die Studien zur Geschichte internationaler Konsumgewohnheiten gerichtet: Mintz' Geschichte des Zuckers stellt das spektakulärste Beispiel dar (*Mintz*).

Diese Veränderungen bilden den Hintergrund dafür, dass seit den 80er Jahren global history als wichtigste fachinterne Variante der Weltgeschichte bezeichnet werden kann. Ihre Vertreter haben sich inzwischen auch weltweit organisiert. Wie im Fall der historischen Soziologie vollzog sich die institutionelle Verankerung federführend in den Vereinigten Staaten, während bis zur Gegenwart eine «Globalgeschichte» in den wenigsten nationalen Historikerfeldern dauerhaft präsent ist, aber ihr Ansatz und ihre Forschungsergebnisse viel aufmerksamer als in der Vergangenheit registriert werden.

Den bereits existierenden Netzwerken der historischen Soziologie stellten US-amerikanische Historiker 1982 eine World History Association innerhalb ihres nationalen Historikerverbands zur Seite, 1990 wurde die Zeitschrift *Journal of World History* und eine entsprechende internationale Vereinigung gegründet. Die institutionelle Verankerung an amerikanischen Hochschulen vollzog sich zunächst einmal im Windschatten des Aufstiegs der USA nach dem Zweiten Weltkrieg und kann als Nebenfolge ihrer imperialen Ambitionen und ihrer Weltmachtstellung angesehen werden [*Bentley*]. Im Lehrprogramm US-amerikanischer Hochschulen etablierten sich Kurse zu global history seit den 80er Jahren mit wachsendem Erfolg. Sie verdrängten vielerorts den alten Grundkurs zur «Western civilization», der besonders im Kalten Krieg eine hohe ideologische Aufladung zur Erfolgsgeschichte des freien Westens („von Plato zu Nato") erfahren hatte.

Jenseits deklamatorischer Absichtserklärungen und Begriffskontroversen, welche typische Begleiterscheinungen der Gründungsphase eines solchen internationalen Forschungszusammenhangs sind, lassen sich abschließend einige Grundmuster benennen, in welchen sich diese neueste Spielart universalhistorischer Perspektiven entwickelt. Zum einen verschieben sich die Vergleichsachsen weg vom europäisch-westlichen «Modell»: innerasiatische, pazifische Vergleichs- und Transferstudien haben zugenommen; zugleich haben neben den klassischen wirtschafts- und umweltgeschichtlichen Zugängen kultur- und wissenschaftsgeschichtliche Themen an Bedeutung gewonnen. Ein wichtiger Impuls ging dabei von der Orientalismusthese Saids aus (*Said*), aber die weitere Forschung hat inzwischen ein viel differenziertes Bild euro-asiatischer Begegnungen entworfen. Dabei hat auch die Migrationsgeschichte eine deutliche Horizonterweiterung erfahren. Lange Zeit auf binationale Wanderungen und Ansiedlungsprozesse konzentriert, hat sie inzwischen viel stärker auch Phänomene wie Handelsdiasporas oder transnationale Gruppen bzw. Minderheiten in den Blick genommen. Vielfach nimmt eine solche transnationale Sozial- oder Kulturgeschichte universalgeschichtliche Perspektiven und Fragestellungen auf. Vor allem die Geschichte transkultureller Gruppen und synkretistischer Kulturen hat großes Interesse gefunden.

6. Zwei Beispiele

***Barrington Moore**, Social Origins of Dictatorship and Democracy: Lord and Peasant in the Making of the Modern World, Boston 1966 (dt. Soziale Ursprünge von Diktatur und Demokratie, Frankfurt/M. 1969).*

Moores Studie ist zu einem Klassiker der historischen Soziologie geworden. Sie ist vor dem Hintergrund der Modernisierungstheorie in ihrer politisiert-westlichen Variante und auf der Grundlage eines klassentheoretischen Revolutionsmodells entstanden. Moore beschäftigt sich mit den ganz unterschiedlichen politischen Auswirkungen der beschleunigten Modernisierung primär agrarisch geprägter Gesellschaften. Der zeitliche Rahmen seiner Untersuchung ist weit gespannt, er reicht von der Frühen Neuzeit bis zu den Revolutionen des 20. Jahrhunderts und bezieht sowohl europäische wie asiatische Entwicklungen ein. Dieser zeitliche und geographische Horizont führt Moore zu seiner Kernthese, die modernen politischen Systeme: autoritäre Diktaturen wie in Japan oder Italien, der Nationalsozialismus, die sozialistischen Diktaturen in der Sowjetunion oder China und schließlich die westlichen Demokratien seien das Resultat von Konflikten zwischen Adel bzw. aristokratischen Eliten und (landlosen) Bauern bzw. im Fall der westlichen Demokratien von agrarindividualistischen Wegen aus grundherrlichen Herrschaftsverhältnissen. Die unterschiedlichen Konstellationen in den einzelnen Ländern bündelt Moore sodann unter drei Typen: demokratische Regime, in denen eine neue bürgerliche Elite herrscht und in denen die agrarischen Interessen gegen den Markt gezähmt bzw. dominiert werden; faschistische Regime, in denen die Agrarinteressen eine Sonderstellung genießen und in der Repression gegen Bauern und Arbeiterschaft ausgeübt wird, sowie drittens schließlich kommunistische Regime, in denen eine neue revolutionäre Elite dank einer Bauernrevolution die Macht erringt und in einem zweiten Schritt diese Bauern ihrerseits unterdrückt.

Die Herausbildung dieser drei Grundtypen erklärt Moore aus dem Zusammenspiel einer Vielzahl von Ursachen. Typisch für seine Analyse ist, dass er der Dimension Ausbeutung und Ungerechtigkeit, also der moralischen Dimension von ökonomischen und politischen Regimen, eine zentrale Bedeutung zuschreibt. Moore formulierte damit zugleich eine ganze Reihe einschränkender Bedingungen, unter denen die marktbestimmten ökonomischen Basisprozesse und die Verstaatlichung, also Zentralisierung der politischen Gewaltmittel, die seit der Neuzeit in allen Teilen der Welt immer stärkeres Gewicht gewonnen haben und heute noch gewinnen, zur Herausbildung demokratischer Verhältnisse geführt haben und – so seine historisch vergleichende Schlussfolgerung – auch heute noch führen können.

Literatur: *D. Smith, Art. in: [Cannon, 288 f.]; B. Thompson, Art. in: [Boyd, 835 f.], D. Smith, Barrington Moore: Violence, Morality and*

Political Change, London 1983; J. M. Wiener, Review of Reviews: Social Origins of dictatorship and Democracy, in: History and theory 15 (1976), 146–175.

***Jack A. Goldstone**, Revolution and Rebellion in the Early Modern World. Berkeley, Los Angeles, London 1991.*

Der amerikanische Soziologe Goldstone untersucht in seiner Studie Ursachen und Folgen von Staatszusammenbrüchen (state breakups) zwischen 1600 und 1850 in Europa und Asien. Darin kommt bereits eine wichtige Perspektivveränderung gegenüber der klassischen vergleichenden Revolutionsforschung zum Ausdruck. Goldstone sucht nach den gemeinsamen Ursachen der wiederkehrenden Krisen von Staaten bzw. Dynastien, von denen nur einige in Revolutionen mündeten (England 1640, Frankreich 1789, 1830, 1848). Er findet sie in der Verkettung struktureller Staatsverschuldung mit den weitreichenden Folgen demographischen Drucks in vorwiegend agrarischen Gesellschaften. Das demographisch-strukturelle Erklärungsmodell, das der Autor vorschlägt, geht von den Folgen des Bevölkerungswachstums für die agrarische Subsistenzsicherung, für die wachsende Ungleichheit in den betroffenen Gesellschaften sowie dem Anstieg sozialer Konkurrenz um politische, administrative und soziale Führungspositionen aus. Diese Konstellation führt in Verbindung mit Staatsverschuldung zu Rebellionen, Revolten und Revolutionen. Dieses makro-historische Erklärungsmodell wird am englischen und französischen Fall exemplifiziert. Dabei stützt sich Goldstone auf eine umfassende Auswertung der historischen Forschungsliteratur, und es gelingt ihm überzeugend, sein Gegenmodell zu den marxistischen oder neo-malthusianischen Erklärungsansätzen am konkreten Fall plausibel zu machen.

Seine Argumentation ist präziser und geht viel genauer auf die konkreten historischen Situationen ein als die älteren Werke der vergleichenden historischen Soziologie zu den Revolutionen.

Typisch für das Vorgehen Goldstones sind seine systematischen Gegenproben an zeitgleichen Parallelentwicklungen mit anderem historischen Ausgang – wie den Finanz- und Staatskrisen Spaniens im 17. Jahrhundert oder der britischen Reformkrise um 1830.

Im dritten Teil seiner Studie verlässt Goldstone den Rahmen des frühneuzeitlichen Europas und überträgt sein Modell demographisch induzierter Staatskrisen auf entsprechende Krisenphasen des Osmanischen Reiches und der Ming-Dynastie in China in der 1. Hälfte des

17. Jahrhunderts. Dabei geht er jedoch einen Schritt weiter und fragt nach den Differenzen beim Ausgang dieser Staatszusammenbrüche. Er kann deutlich machen, dass die sozialstrukturellen Veränderungen oder institutionellen Neuordnungen in den restaurativen Krisenausgängen der asiatischen Staaten zum Teil tiefer greifend waren als in den europäischen Revolutionen. Die entscheidende Differenz sieht Goldstone jedoch in den langfristigen ideologisch-politischen Folgen der Revolutionen in Frankreich und England. Deren anti-traditionalistischen Argumente blieben erhalten und dynamisierten die politische Kultur des Westens.

Literatur: *D. Chiroi, Rez. in: Journal of Modern History 67 (1995), 674 f.; T. D. Hall, Rez. in: Studies in comparative international development 30 (1995), 131 f.*

XII
Das Ende der alten Ordnungen: institutionelle Veränderungen in den nationalen Historikerfeldern und internationale Umbrüche in Kultur und Politik nach 1968

In den vorangehenden Kapiteln haben wir die Kontinuität von Forschungstendenzen innerhalb der großen Arbeitsfelder von Historikern betont, indem wir immer wieder die politischen Zäsuren, aber auch die größeren ideengeschichtlichen Trends in den Hintergrund gerückt haben, um langfristige Zusammenhänge innerhalb der Forschungsfelder selbst herauszuarbeiten. In allen Fällen tauchte jedoch das Jahrzehnt zwischen 1965 und 1975 als Übergangsphase und Umbruchzeit auf, in der sich die Kräfteverhältnisse zwischen unterschiedlichen Forschungsrichtungen, aber auch die Forschungsinteressen verschoben haben. Liest man die aktuellen Überblicksdarstellungen oder Einführungen zu einzelnen Sachthemen der Geschichtswissenschaft, so stellt man fest, dass die überwältigende Mehrheit der dort als relevant klassifizierten Forschungsliteratur nach 1970 publiziert worden ist. Neuorientierungen der Forschung und der Boom der Fachliteratur in den letzten drei Jahrzehnten haben dazu geführt, dass das kollektive Gedächtnis vieler Berufsfelder und der relevante Wissensbestand des historischen Fachbetriebs sich weitgehend an dieser Zäsur orientieren, dass die für aktuelle Konflikte und Standpunkte noch präsente Vergangenheit des eigenen Faches – seien es nun maßgebliche Veröffentlichungen, aktuelle Schulbildungen oder hervorragende Forscherpersönlichkeiten – ab dem Jahr 1970 beginnt. Dies gilt nicht für die sozialistischen Länder: dort markiert 1989/1990 den entscheidenden Einschnitt. Die kumulative Erfolgsgeschichte einzelner Forschungsfelder muss deshalb korrigiert und ergänzt werden durch die Analyse der kulturellen, intellektuellen und wissenschaftspolitischen Konstellationen, welche aus der Kombination von Studentenunruhen, Hochschulausbau und Medienrevolution hervorgegangen sind. Die geruhsame Zeit intellektueller Gewissheiten und institutioneller Kontinuität endete in den Ländern der Ersten und der Dritten Welt vielfach sehr abrupt im Verlauf der späten 60er Jahre, patriarchalisch-autoritäre Ordnungen innerhalb des Fachbetriebs wurden in Frage gestellt oder lösten sich auf, in vielen Nationen wurde das tradierte Bildungswissen, das bis dahin zu den selbstverständlichen Grundvoraussetzungen fachhistorischer Ausbildung gehört hatte, nachhaltig unter dem Eindruck von Traditionskritik und Medienrevolution abgewertet, die Idee des Bildungskanons selbst radikal infrage gestellt.

1. Wachstum der Geschichtswissenschaft im Zeichen von Bildungsexpansion und Hochschulausbau

Mit wenigen Ausnahmen erlebten die Historikerfelder bereits in den ersten beiden Jahrzehnten nach dem Zweiten Weltkrieg den Eintritt in eine Phase kontinuierlichen Wachstums: Neue Stellen in Forschung und Lehre entstanden, weitere Institute wurden gegründet, die öffentliche und private Nachfrage nach wissenschaftlich beglaubigten Geschichtsdarstellungen stieg kontinuierlich. Der Ausbau der Geschichtswissenschaften vollzog sich im Rahmen wachsender Nachfrage nach höherer Bildung und wurde ermöglicht durch die wirtschaftliche Expansion, die hohe industrielle Wachstumsquoten und steigenden Wohlstand produzierte. Institutionell und intellektuell vollzog sich dieser Aufschwung für die Historikerschaft weitgehend krisenfrei, die ideologische Konfrontation zwischen den beiden Blöcken stärkte intern den jeweiligen Konsens auf marxistischer, konservativer oder liberaler Grundlage. Typisch für die Entwicklung in den meisten Ländern sind die Situationen in Frankreich und den Vereinigten Staaten. Wir haben gesehen, dass die *Annales*-Historiographie ihren Siegeszug in der Nachkriegszeit gerade auf solchen erweiterten Spielräumen im Historikerfeld aufbauen konnte. In den USA verdoppelte sich beinahe die Zahl der Absolventen im Fach Geschichte vom Beginn der 50er bis in die frühen 60er Jahre [*Higham*, 236].

Die wachsende Nachfrage nach höherer Bildung steigerte sich zum Bildungsboom, der eine Welle von Universitätsneugründungen auslöste, den Bedarf an Geschichtslehrern enorm steigerte und in einen entsprechenden Stellenausbau für die Geschichtswissenschaften mündete. In Frankreich stieg die Zahl der in den Geisteswissenschaften eingeschriebenen Studenten von 66814 (1960) auf 252636 (1975), etwa jeder zehnte dieser Studenten studierte auch Geschichte. Die Produktion historischen Wissens beschleunigte sich enorm: In den USA machten die Dissertationen der 60er Jahre allein 43 Prozent aller bis dahin in den Vereinigten Staaten vollzogenen Promotionen im Fach Geschichte aus [*Higham*, 237]. In den sieben Jahren zwischen 1966 und 1974 wuchs die Zahl universitärer Stellen schneller als in den 70 Jahren zuvor. 1910 gab es in Frankreich 74 Geschichtsprofessoren, 1966/67 waren es 627, 1974 aber bereits 1447 universitäre Historiker. Solche Wachstumsschübe lassen sich auch in der BRD, den USA, Großbritannien und den übrigen Ländern der Ersten Welt finden.

In der Bundesrepublik hatte die amtliche Statistik 1960 erst 209 Historiker an den Hochschulen registriert, 1975 waren es bereits 1113, 1991 waren schließlich 1587 Geschichtsforscher an den Hochschulen hauptamtlich beschäftigt [*Raphael 2000*, 40]. Ein solch langanhaltender Wachstumstrend über das Jahr 1975 hinaus findet sich keineswegs in allen Ländern; in den USA oder Frankreich stagnierte das Berufsfeld in der zweiten Hälfte der 70er Jahre, bevor es in den 90er Jahren wieder zu einem längerem Wachstum kam und sich die Berufsaussichten des Nachwuchses wieder verbesserten.

Gleichzeitig veränderten sich die Arbeits- und Studienbedingungen für Geschichtsstudenten und Historiker: Zunächst kam es zu einer Überfüllungskrise, mit entsprechenden Mehrbelastungen für Dozenten und Hochschullehrer; ob sich in der zweiten Phase, etwa ab 1975, die Rahmenbedingungen wieder stabilisierten, hing in entscheidendem Maße davon ab, in welchem Umfang neue Hochschulen oder Bibliotheken gebaut wurden. Im europäischen Vergleich mögen Großbritannien und Italien die Bandbreite der Lösungen charakterisieren. Während in Großbritannien frühzeitig der Ausbau der Hochschullandschaft einsetzte und bei vergleichsweise schwächeren Zuwachsraten deren Institutionen in der Lage waren, eine wachsende Zahl von Geschichtsstudenten entsprechend zu betreuen, kam es in Italien zu einem rapiden Anstieg der Studentenzahlen und zu einer anhaltenden Überlastung der Hochschulen, denen kaum Mittel zur Verfügung standen, um den Bedürfnissen gerecht zu werden. Leistungsverluste in Lehre und Forschung waren die Folge. Die meisten übrigen europäischen Länder bewegten sich zwischen diesen beiden Möglichkeiten und reformierten im Zeitraum zwischen 1968–1978 ihre Hochschulen.

Der Bildungsboom lässt sich auch in den Ländern Asiens, Lateinamerikas und Afrikas beobachten. Auch dort kam es zu einem Ausbau und zur Neugründung von Universitäten, und auch in diesen Ländern profitierte die Geschichtswissenschaft vom Boom. In den neuen unabhängigen Staaten Afrikas etwa verfünffachte sich zwischen 1960 und 1970 die Zahl der Hochschuldozenten im Fach Geschichte von ca. 100 auf 500.

2. Strukturwandel der Historikerfelder

Aufgrund dieses Booms sank zwischen 1965 und 1975 das Durchschnittsalter der Berufshistoriker, und diese verjüngte Historikerschaft wurde sozial, ethnisch und kulturell vielfältiger. Bis zu diesem Zeitpunkt waren nur in den sozialistischen Ländern und auch dort nur in begrenztem Maß und im Kontext einer radikalen Hochschulreform Angehörige der traditionell bildungsfernen Unterschichten Historiker geworden. Gerade in der Geschichtswissenschaft hatte sich nicht zuletzt aufgrund der hohen Eingangsvoraussetzungen beim traditionellen Bildungswissen und angesichts der spezifischen Sprachkenntnisse de facto ein Monopol der gebildeten Schichten bzw. Klassen erhalten. Nach dem Bildungsboom wurde die Welt der Historiker sozial und kulturell etwas offener. In den europäischen Ländern war dies erkennbar am steigenden Anteil von Aufsteigern aus Mittel- und seltener aus Unterschichten, in den USA in der Präsenz ethnischer Minderheiten, voran Afroamerikanern und spanischsprachigen Einwanderern.

Im Zuge der Bildungsreformen geriet weltweit auch die tradierte Ausgrenzung oder Benachteiligung von Frauen in die Kritik, es setzte ein langsamer Prozess hin zur Gleichstellung der Geschlechter ein. Er wurde begünstigt durch ein wachsendes Interesse von Studentinnen am Fach: In den USA stieg der Anteil der Doktorandinnen von 10 Prozent 1970 auf 30 Prozent 1980. Entsprechend wuchs auch der Anteil von Frauen unter den universitären Historikern allmählich. In Frankreich waren 1975 bereits 31 Prozent der Historiker, die als Forscher im nationalen Forschungsinstitut CNRS beschäftigt waren, Frauen, aber nur 9 Prozent der Führungspositionen waren von Frauen besetzt. In der BRD stellten Frauen 1996 erst 8,5 Prozent der Professorenschaft [*Raphael 2000*, 43].

Die Historikerfelder der großen bevölkerungsreichen Staaten veränderten sich unter dem Einfluss dieses Wachstumsschubs: Sie verloren den Charakter von Forschergemeinschaften, in denen persönliche Bekanntschaft, gemeinsame Ausbildung und der Einfluss hervorragender und mächtiger Professoren jene Konformität und interne Geschlossenheit erzeugen konnten, welche die Berufshistoriker zu einer quasi handwerklichen Zunft oder Korporation zusammengeschweißt hatten. In vielen Staaten bildeten sie nun ein weitverzweigtes Berufsfeld, in dessen Zentrum die akademische Welt stand, das aber zahlreiche Verbindungen zu Verlagen, Museen, Gedenkstätten, Rundfunk- und Fernsehanstalten, zu Verbänden und Unternehmen besaß.

Selbst in den USA, deren dezentrales Hochschulsystem viel stärker als das aller anderen Länder bereits vor den 60er Jahren Platz für große qualitative Unterschiede, aber auch für abweichende Vorstellungen und Konzepte eröffnet hatte, wurden die Folgen des Booms spürbar. Zwischen 1960 und 1971 verdoppelte sich fast die Zahl der Mitglieder in der American Historical Association (von 9400 auf 18403 Mitglieder) [*Higham*, 237]. Immer schon beschäftigte sich eine beachtliche Minderheit von US-amerikanischen Historikern mit Themen, die außerhalb der amerikanischen Geschichte lagen. Seit den 60er Jahren wuchsen diese jeweils kleinen Spezialistenkreise zu großen Versammlungen und Zusammenschlüssen an, die ihrerseits international mit einer wachsenden Zahl ausländischer Spezialisten ihres Forschungsgebiets bzw. ihres Untersuchungszeitraums in Kontakt standen. Vor allem die außereuropäische Geschichte profitierte von dieser Erweiterung. Eindrucksvoll ist der Fall der afrikanischen Geschichte: 1960 war nur ein Doktorand für dieses Teilgebiet statistisch gemeldet, 1978 wurden 600 Dissertationen registriert.

Parallel zum Boom des Faches vollzog sich eine Revolution in der Kommunikation historischen Wissens. Auch in diesem Fall handelt es sich um die qualitativen Folgen von rasch wachsenden Studenten-, Dozenten- und Forscherzahlen: Seit den 60er Jahren entstanden neue Massenmärkte für das fachwissenschaftliche Taschenbuch. Zwischen die tradierte Form der fachwissenschaftlichen Hardcoverbände, die nur von Bibliotheken und Fachkollegen gekauft wurden und entsprechend niedrige Auflagenzahlen aufwiesen (500–2000 Exemplare bei deutschsprachigen und französischen

Werken, 1000–5000 bei englischsprachigen), und den Geschichtsbestsellern für ein literarisches Publikum schob sich jetzt das Taschenbuch für Studienzwecke, Sammelbände zu aktuellen geschichtswissenschaftlichen Kontroversen oder zeithistorischen Themen von nationalem Interesse, schließlich die Neuausgabe von Klassikern in Taschenbuchformat. Vor allem der englischsprachige Markt boomte in dieser Phase. Der Campus wurde insgesamt zu einem ernst zu nehmenden Marktsegment.

In den 60er und 70er Jahren kam es auch gehäuft zu erfolgreichen Neugründungen historischer Fachzeitschriften, die in der Regel dem Typus des Spezialorgans entsprachen und sich an die Fachleute einer Epoche, einer Region bzw. eines Landes oder eines Sachgebiets wandten. In Frankreich stieg die Zahl der Fachperiodika, die für die Jahresbibliographie der französischen Geschichte ausgewertet werden, von 1200 1953/54 auf 2151 (1992) (*Charle 1995*, 25). Nach 1970 wurden allein in Frankreich 21 größere Fachorgane neugegründet. Damit wurde auch institutionell das internationale Historikerfeld pluralistischer, während gleichzeitig der Trend zur Herausbildung kleinerer Fachgemeinschaften, netzwerkartiger Verbindungen zwischen Spezialisten und Gesinnungsgenossen zunahm.

3. Politisierung und Kulturrevolution

Erlebt wurde das Jahrzehnt zwischen 1965 und 1975 in vielen Instituten und historischen Seminaren bzw. Fakultäten als Zeit der Kontroversen und des politischen Streits. Die Studentenunruhen erreichten in unterschiedlichem Ausmaß, aber mindestens in indirekter Form auch noch die kleinsten und abgelegensten Colleges und Hochschulen in den meisten Ländern der westlichen Hemisphäre sowie der blockfreien Länder. In China wurden Schulen und Hochschulen Ort einer von oben gelenkten Kulturrevolution, die einen radikalen Bruch mit den etablierten Wissensformen und eine scharfe Kritik und persönliche Verfolgung von Intellektuellen und Wissenschaftlern zur Folge hatte. Die Kritik an autoritären Verhaltensweisen und undemokratischen Machtverhältnissen an unreformierten Hochschulen mündete ein in eine umfassende Kritik der weltanschaulichen Grundlagen der fachwissenschaftlichen Lehr- und Forschungspraxis des mainstreams. Auch die Hochschulen in Osteuropa und in der Sowjetunion erlebten einen wachsenden Dissens, unter Studenten und Dozenten gewannen die

Reformströmungen und demokratischen Oppositionsbewegungen Anhänger und Wortführer.

Fast überall kam es zu einer Renaissance marxistischer Ideologiekritik. Vor allem in den romanischen und in angelsächsischen Ländern gewann der universitäre bzw. «Seminar»-Marxismus eine breitere Anhängerschaft unter den Jüngeren. In den Leitideen dieses «basic marxism» artikulierte sich der radikaldemokratische Schub, den alle Universitäts- und Bildungseinrichtungen in dieser Zeit erlebten und der in den nächsten Jahrzehnten in vielfältiger Weise politischen und sozialen Emanzipationsbewegungen oder Demokratisierungstendenzen Anhänger aus den Hochschulen zuführte. Im Rückblick wird erkennbar, dass eine häufig kleine, aktive Minderheit – publikumswirksam und trendbestimmend – diese Veränderungen vorangetrieben hat, während die Mehrheit der Berufshistoriker zäh an alten Gewohnheiten festhielt und sich daneben eine dezidiert konservative Gegenströmung formierte.

4. Von der Gegenkultur zum postmodernen Kulturbetrieb

Anders als die hitzigen politischen Debatten und ideologischen Konfrontationen der späten 60er Jahre erwarten ließen, leitete die Protestphase weniger einen thematischen als einen strukturellen Bruch in den Gewohnheiten des intellektuellen Feldes ein. In den westlichen Intellektuellenmilieus verschwanden die etablierten Bezugspunkte nationaler Kultur; über den Kanon leitender Werte, Werke und Ideen wurde nicht mehr gestritten, sondern er wurde aufgegeben. Ein bis dahin unbekannter Pluralismus, der die etablierten Hierarchien zwischen hoher und trivialer Kultur und die tradierten Barrieren zu fremden Kulturformen überwand, breitete sich gerade in den akademischen Milieus aus.

Die kulturellen Praktiken, auf die sich Historiker einzustellen hatten und von denen sie wiederum ihrerseits geprägt wurden, änderten sich tiefgreifend. Dies gilt mit einer gewissen zeitlichen Verzögerung für alle Historikerfelder. Der Siegeszug des Fernsehens setzte sich weltweit durch, und mit diesem neuen Medium verbreitete sich in der Ersten und Dritten Welt eine immer stärker kommerziell ausgerichtete, den Leitbildern und Wissensbeständen des schulischen Bildungskanons immer distanzierter gegenübertretende Massenkultur. Die Geschichtswissenschaft sah sich mit einer Nachfrage konfrontiert, die ermöglicht wurde durch das wachsende Bildungswissen einer immer größeren Zahl von Menschen, die aber auch bestimmt war vom Auseinanderdriften der Ansprüche auf fachliche Information. Für die angelsächsische Welt ist dies als Auseinandertreten von «history» und «heritage» beschrieben worden: Der Welt des fachlich beglaubigten Bezugsrahmens des kollektiven Gedächtnisses und eines öffentlich kontrollierten Geschichtsbildes steht eine Vielzahl gruppenspezifischer Vergangenheiten und Erinnerungskulturen gegenüber, die kaum noch von der kritischen Überprüfung ihrer Inhalte durch fachliches Wissen tangiert werden, ja sogar eine Relativierung dieser eigenen Geschichtskultur durch kritische fachliche Einwände und Indizienbeweise zurückweisen.

Das Fernsehen wurde dabei ein immer wichtigeres Medium zur Vermittlung von Geschichtsbildern und kollektiver Erinnerung. In allen Fernsehprogrammen der Ersten und Zweiten Welt dominierte dabei eindeutig die Zeitgeschichte, also die Geschichte der letzten dreißig bis fünfzig Jahre. Vor allem die Weltkriege, der Nationalsozialismus und schließlich der Holocaust gewannen in dieser medialen Geschichtsinszenierung eine fast monopolartige Dominanz. Anders sieht dies z. B. in den islamischen Ländern aus. Hier behielt die Repräsentation der heroischen Anfänge des Islam und des Mittelalters einen wichtigen Platz in der öffentlichen Geschichtskultur der neuen Medien.

Dieser Vielfalt kultureller Bezüge entsprach der Aufstieg eines fortschrittsskeptischen Kulturrelativismus, mit dem vor allem jüngere Historiker auf die Dezentrierung der Felder kultureller Produktion reagierten. Grundlegend war die Abkehr vom Eurozentrismus: Die ideelle Ausrichtung an den Mustern der westlichen Zivilisation verlor unter dem Eindruck von Dekolonisation, Vietnamkonflikt und ethnischen Konflikten in den Metropolen vor allem im liberalen, demokratischen oder sozialistischen Lager der universitären Welt jeden Kredit. Im Ergebnis formierten sich international drei Richtungen, welche das kulturelle Selbstverständnis der Historiker nach 1970 geprägt haben. Zum einen artikulierte sich ein konservativer Gegenpol, der am Vorrang und an der universellen Geltung der westlichen Tradition und Werte festhielt. Die radikale Gegenposition artikulierte sich als absoluter Kulturrelativismus, der sich vor allem als Dekonstruktion westlicher Mythen über fremde Kulturen und der westlichen Kulturtraditionen artikulierte. Eine dritte Position stellte sich als gemäßigter Kulturrelativismus oder historistischer Rationalismus dar: Er kritisierte die Aporien eines radikalen Kulturrelativismus, vor allem dessen Trend zu einem romantisierenden Kulturholismus und orientierte sich am aufklärerischen Erbe universalistischer Werte jenseits der als gleichberechtigt anerkannten Kulturen unterschiedlicher Gruppen, Klassen, Religionen oder Zivilisationen.

Im Kontext des weit verbreiteten, aber intellektuell eher diffusen Kulturrelativismus hat in den 60er und 70er Jahren die Ethnologie enorm an Bedeutung für die Kultur der Berufshistoriker gewonnen. Von der Neugierde für fremde Kulturen spannte sich der Bogen hin zu einem neuen Blick auf die unterdrückten bzw. verschütteten Spuren von Unterschichten sowie Minderheiten in der Vergangenheit der eigenen Kultur. Vor allem für die Mediävistik und Frühe Neuzeitforschung rückte die ethnographische und ethnologische Fachliteratur in bis dahin unbekanntem Ausmaß in den Mittelpunkt: Symbol dieser kulturellen Umorientierung wurde weltweit die theoretische Verbeugung von Neuzeithistorikern vor der «Dichten Beschreibung» des Kulturanthropologen Clifford Geertz (*Geertz*).

Schließlich verschoben sich in den Lebenswelten jüngerer Historikerinnen und Historiker in den westlichen Metropolen auch die Bereiche des Thematisierbaren. Sexualität, Alltagsroutinen, soziale bzw. berufliche Rollen wurden im Wechselspiel zwischen Kommerzialisierung, kurzfristiger Politisierung und sozialer Mobilität zwischen 1965 und 1975 problematisiert bzw. enthabitualisiert, so dass sie allmählich auch als Gegenstände historischer Nachforschung interessant wurden und kollektives Interesse weckten. Plötzlich verließen die Fragen nach Körpertechniken und sexuellen Praktiken, nach Männerrollen und Frauenbildern vergangener Zeiten das Ghetto älterer kulturwissenschaftlicher Fragehorizonte und beflügelten ein anthropologisches Interesse an der Vergangenheit, das sich schließlich auch im Erfolg entsprechender Ausstellungen, Sendungen und Publikationen niederschlug.

5. Unterschiedliche Reaktionen der Historikerfelder auf die kulturellen Umbrüche der späten 60er Jahre

Bislang haben wir mehr oder weniger ungeprüft die Entwicklungen in den Metropolen der Ersten Welt in den Mittelpunkt unserer Beschäftigung mit dem Phänomen 1968 gerückt. Bereits die knappen

Hinweise auf Medienwelt und Lebensweisen haben jedoch deutlich gemacht, dass die kulturellen Veränderungen keineswegs in gleichem Umfang alle Historikerfelder betrafen. Vier Situationen sind zu unterscheiden.

Erstens führte die linke Fundamentalkritik am westlichen Führungsanspruch und am pro-kapitalistischen Entwicklungsmodell zu einem neuen Konsens zwischen kritischer, häufig marxistisch orientierter Historiographie im Westen und den neuen national-bewussten, antikolonialistischen Historikern der Dritten Welt. Die Kritik eurozentrischer Modelle und Ansätze sowie die Kritik an Kolonialismus und Rassismus der westlichen Welt und ihren historischen Traditionen wurde ein zentraler Bezugspunkt liberaler und linker Historiker nach 1968. Der Umgang der westlichen Zivilisation mit den anderen Kulturen, die Frage nach Ursachen und Kontinuitäten von Expansion, Kulturimperialismus und Rassismus waren der politisch-kulturelle Ausgangspunkt zahlreicher neuer Forschungsthemen der internationalen Geschichtsforschung seit den 70er Jahren. Das große Echo, das Edward Saids Orientalismus-These auslöste und das dieses ebenso einseitige wie thesenreiche Buch schnell zu einem Klassiker postkolonialer Kulturwissenschaften in der angelsächsischen Welt werden ließ, verdeutlicht diesen Kontext.

Zweitens prägten sich nur in den universitären Milieus der Ersten Welt bzw. der europäisch geprägten Länder der Dritten Welt die kulturellen Umbrüche und Weiterungen aus: Die sozialistischen Regime verhinderten durch repressive Maßnahmen, dass die Impulse der internationalen Studentenbewegung sich unter den Bildungsschichten der eigenen Länder weiter ausbreiteten. Eine vollständige Abschottung von den neuen Strömungen gelang jedoch in keinem Regime, so dass intellektuelle Neuorientierungen durch die kleinen, aber aktiven Minderheiten der Dissidenten in diesen Ländern verbreitet wurden. Für die marxistische Historiographie hatte diese politische Repression jedoch zur Folge, dass die Distanz der offiziellen marxistisch-leninistischen Geschichtsforschung zu den neomarxistischen Strömungen der übrigen Länder immer größer wurde. Lange vor dem ökonomischen und politischen Zusammenbruch der sozialistischen Länder Osteuropas sind Stagnation und Krise in der dortigen Geschichtswissenschaft zu beobachten.

Drittens verloren die nationalen Historikerfelder insgesamt unter dem doppelten Effekt anhaltender Spezialisierung und politischer

Konfrontation an Geschlossenheit. Dort, wo die Autonomie der Historikerschaft hinreichend abgesichert war, erweiterte sich das ideologische, methodische und konzeptionelle Spektrum des innerfachlichen Pluralismus. In einigen Ländern, voran den USA, radikalisierte sich diese Pluralität der Positionen jedoch zum distanziert-polemischen Nebeneinander getrennter Spezialistenkreise, die sich immer stärker auseinander lebten. Dieser innerfachliche Trend wurde in den USA anders als etwa in den europäischen Nationen durch die politisch-administrativen Trennlinien zwischen den unterschiedlichen ethnischen Communities verstärkt, die über eigene Bildungseinrichtungen verfügen, ihre eigenen Fachhistoriker ausbilden und spezifische Geschichtsbilder und Geschichtsthemen durch ihre politischen Repräsentanten auf nationaler Ebene verankern. Eine solche Versäulung des geschichtswissenschaftlichen Pluralismus in einem multi-ethnisch definierten Nationalstaat lässt sich sonst nur in Ländern mit kolonialer Vergangenheit beobachten.

Dem stehen auch nach 1968 die Entwicklungen in den älteren bzw. kulturell homogeneren europäischen Staaten gegenüber, in denen die zentrifugalen Kräfte der Spezialisierung zwar in gleicher Weise wirksam sind, aber eher zu einer stärkeren Internationalisierung und transnationalen Vernetzung führen, während auf nationaler Ebene immer noch die gemeinsamen Kontroversen um die Nationalgeschichte, zumeist ausgetragen von Neuzeithistorikern, sowie die nationalzentrierte Auswahl von Themen für einen Mindestvorrat an gemeinsamer Kommunikation sorgten. Ob französische, britische oder schwedische Historikerschaft: Sie sind weit entfernt von der Situation, die der amerikanische Historiker Novick in der Formel zusammengefasst hat: «Jede Gruppe hat ihren eigenen Historiker».

6. Fallbeispiel: kulturelle und politische Spannungsfelder der Sozialgeschichte nach 1968

Herrschaftskritik war der stärkste politische Impuls, der die Sozialgeschichte nach 1968 bewegt hat. Vertreter der Neuen Linken, der Frauen- und Studentenbewegung fanden hierin die Motivation für eigene sozialhistorische Forschungen im Umfeld eines bereits etablierten Fachzusammenhangs. Jedenfalls verbreitete sich ein neuer Blick auf Protestbewegungen in der Vergangenheit, auf Repression von oben und Rebellion von unten. Zwar hatte bereits die orthodox marxistische Doktrin der Klassenkämpfe dieser Sichtweise vorgearbeitet, die neue sozialhistorische Aufmerksamkeit für Widersetzlichkeit sprengte jedoch den engen politischen Rahmen, in dem sowohl die leninistische Interpretation als auch die sozialdemokratischen Fortschrittsmodelle Klassenkämpfe und Emanzipationsbewegungen eingespannt hatten. Vor allem lokale, spontane und rückwärtsorientierte Protestbewegungen hatten es vorher schwer gehabt, ernst genommen zu werden.

Der spezifische Beitrag der 68er Bewegungen war die Aufwertung jeglicher Form von Widerstand und Resistenz sozialer Gruppen in der Geschichte. Widerstand wurde zu einem politischen Schlüsselbegriff für eine neue Sozialgeschichte «von unten». Zentrale Bedeutung gewann dabei die Kategorie der Marginalisierten: Gerade ausgegrenzte Minderheiten hatten bislang in der Tat nur wenig Aufmerksamkeit auf sich gezogen, sieht man einmal von der eher außerwissenschaftlichen Neugierde für Prostituierte und Kriminelle ab. Systematisch wurde dieses sozialgeschichtliche Interesse erst im Kontext zeitgenössischer Revolutionstheorien, welche den Randgruppen der industriellen Metropolen eine politische Rolle zuschrieben, und vor dem Hintergrund sozialwissenschaftlicher Theorien, welche Gesellschaften durch die Analyse ihres Umgangs mit ihren Außenseitern, mit dem Anderen zu erfassen suchten. Hier wurde in einer frühen Phase gerade von Frankreich ausgehend Michel Foucault wichtig, der in seiner Person das radikale Engagement für die dezentralen Protestbewegungen der Minderheiten mit historisch-philosophischen Studien zur Genese totaler Institutionen wie Gefängnis oder Irrenanstalt verband.

Dort, wo etablierte linke Parteien bereitstanden, kam es in der Regel zu mehr oder weniger engen institutionellen oder personellen Verflechtungen mit dem sozialhistorischen Lager. Diese Bindungen waren keineswegs unumstritten, die Formierung der sich vergrößernden Historikerfelder nach parteipolitischen Präferenzen führte zu weiteren Konflikten mit Vertretern radikalerer, vor allem dezidiert anti-institutioneller Positionen. Das 1968 zutage getretene Misstrauen gegenüber etablierten Formen politischer Delegation und Repräsentation artikulierte sich auch in einer Sozialgeschichte, die sich mit den radikalen Bürgerbewegungen und Protestbewegungen der 70er und 80er Jahre identifizierte (Frauenbewegung, Ökologiebewegung, Bürgerrechtsbewegungen, etc.).

Nicht nur in der Bundesrepublik erwies sich das Zusammenleben zwischen gemäßigteren und radikaleren Richtungen innerhalb der Sozialgeschichte als prekär und spannungsgeladen [*Lipp, Veit-Brause*]. Idealtypisch formuliert, standen sich sozialromantische und sozialreformerische Sichtweisen gegenüber. Die radikalere Linke neigte dazu, Herrschaftsbeziehungen als instabil und prekär zu betrachten und den «Eigensinn» und das Widerstandspotential subalterner Klassen hoch einzuschätzen. Die eher gemäßigt linke Mehrheit der Sozialhistoriker glaubte an die Veränderungskraft des geregelten Konflikts und hielt in der Regel an einem marxistisch oder modernisierungstheoretisch begründeten Fortschrittskriterium fest, wenn es darum ging, soziale Konflikte oder Protestbewegungen und Widerstandsformen in der Vergangenheit zu untersuchen.

XIII
Historische Anthropologie und neue Kulturgeschichte

Die Umbrüche seit den späten 60er Jahren haben in der neuen Kulturgeschichte tiefe Spuren hinterlassen. In den angelsächsischen Historikerfeldern, die in diesem Bereich auf internationaler Ebene seit den 80er Jahren eindeutig die Führung übernommen haben, setzte sich erst 1989 der Sammelname «New Cultural History» dank eines programmatischen Aufsatzbandes von Lynn Hunt durch [*Hunt 1989*]; im frankophonen Forschungsfeld wurde zunächst noch von der Mentalitätengeschichte, bald aber (1979) von der «historischen Anthropologie» gesprochen. Der letzte Begriff war auch in der Bundesrepublik zunächst der neuartige Orientierungspunkt – er wurde frühzeitig von Thomas Nipperdey in die Debatte geworfen – und hat schließlich auch einer Zeitschriftenneugründung zum Namen verholfen. Neuere Forschungsüberblicke und Einführungen zeigen, wie breit inzwischen diese Strömung geworden ist [*Eibach/Lottes, Daniel*]. Es handelt sich wie bei der Sozialgeschichte um eine grundlegende richtungsweisende Perspektive, als deren kleinster gemeinsamer Nenner das primäre Forschungsinteresse an den «symbolischen Formen» der Vergangenheit gelten kann: Zeichen, Metaphern, politische Sprachen, kollektive Repräsentationen oder Rituale zogen und ziehen die Aufmerksamkeit der neuen Kulturgeschichte an.

Die Übergänge zur Sozialgeschichte sind bei allem Streit um Konzepte in der Praxis fließend. Wir haben bereits die (westdeutsche) Alltagsgeschichte und die (italienische) Microstoria als Revisionen der dominierenden makrohistorischen Perspektiven in der Sozialgeschichte vorgestellt. Sie können aber mit gleichem Recht auch zur Familie der neuen kulturgeschichtlichen Richtungen gerechnet werden; ihre Ansätze versuchten gerade den Gegensatz zwischen diesen beiden Positionen aufzuheben.

1. Perspektivwechsel

Auch die neue Kulturgeschichte der letzten zwei Jahrzehnte hat sich nicht zu einem Paradigma verdichtet, ganz im Gegenteil blieben Theorien, Methoden und schließlich Themen so unterschiedlich, dass eher das Abrücken von einer festen Perspektive, das Spiel mit unterschiedlichen Zugriffen, die ironische Brechung oder Infragestellung zum Markenzeichen dieser Variante der Geschichtsschreibung geworden sind. Angesichts ihrer konzeptionellen Vielfalt, des Publikumserfolgs und der thematischen und methodischen Breite scheint es angebracht, nach allgemeineren Gründen für das Phänomen zu fragen. Es liegt nahe, diese Grundtendenz der neuen Kulturgeschichte nicht allein aus der innerwissenschaftlichen Dynamik des Streits um bessere Methoden und neue Untersuchungsgegenstände zu erklären: Vieles deutet eher darauf hin, dass die neue Kulturgeschichte als eine grundlegende Verschiebung im Verhältnis der beteiligten Historiker zur Vergangenheit verstanden werden kann. Die Vergangenheit wird in all den verschiedenen Ansätzen dieser Richtung ein weiteres Stück «entzaubert», zu einem noch weiter entfernten Untersuchungsgelände mit Akteuren und Objekten gemacht, deren Differenz zu gegenwärtigen oder in der Geschichte dominanten und von der Geschichtswissenschaft bereits ausgiebig erforschten Praktiken und Deutungsmustern neu entdeckt werden soll. Welten, die wir verloren haben, oder Vergangenheiten, die für uns ein fremdes, fernes Land darstellen, sind es, welche die neue Kulturgeschichte (re)konstruieren will. Gerade dort, wo die Vergangenheit früheren Historikern als vertraut erschien, wird sie Gegenstand verfremdender Untersuchungsverfahren.

Inwiefern dies wiederum mit den kulturellen Umbrüchen seit den 60er Jahren in Verbindung gesetzt werden kann, mag das französische Beispiel verdeutlichen. Die französische Geschichtswissenschaft gehörte zu den Pionieren einer neuen Kulturgeschichte, aber vielleicht noch wichtiger sind die französischen Sozialtheoretiker und Philosophen als Theorielieferanten einer postmodernen und postkolonialen Kulturgeschichte geworden.

Die allgemeine Politisierung und Polarisierung der universitären Welt im Gefolge der Maiereignisse 1968 hatte längerfristige Auswirkungen auf die Wertorientierungen des akademischen Milieus. Jenseits radikaler politischer Opposition gehörten Distanz bzw.

Respektlosigkeit gegenüber der traditionellen Kultur und ihren Hütern zu jenen Erbschaften des Mai 68, denen der linke Flügel der akademischen Welt über lange Jahre treu blieb. Ein diffuses anti-institutionelles Misstrauen prägte das oppositionelle Engagement im politischen und kulturellen Feld. Davon wurde auch das Umfeld der *Annales* berührt. Der Abwertung der schulisch vermittelten legitimen Kultur und der Aufwertung heterodoxer kultureller Praktiken und Gegenstände (von den vernachlässigten und verpönten Literaten der Vergangenheit über den Film bis hin zu den neuen Kulturhelden in den Genres früherer Trivialliteratur wie Krimi oder Comic) entsprach die breite Hinwendung der Kulturgeschichte zu neuen Objekten jenseits der Elitenkultur und ihrer Traditionen in der Vergangenheit. Der methodisch begründete Weg zu den seriellen Quellen und zum breit Rezipierten, Durchschnittlichen und «Normalen» wurde aufgegeben bzw. überformt zugunsten der politisch-ethisch vorgeprägten Suche nach dem Marginalen, Verdrängten, Anti-Elitären.

Die anti-institutionelle, sozialromantische «Gegenkultur» der politisierten Hochschulen lieferte in den 70er Jahren die entscheidenden Stichworte für eine Neubewertung historischer Themen und Quellen: Repression und Widerstand, Angst und Entfremdung sind typische Themen der frühen Kulturgeschichte.

Die Parallelen zum Bruch mit den kulturellen Traditionen, zur Revolutionierung der Lebensweise (Automobilisierung, Kühlschrank, elektronische Unterhaltungsmedien) in den industriellen Metropolen liegen auf der Hand. Während die sozialgeschichtlichen Strömungen der Politisierungsphase der 60er und 70er Jahre gerade auf die «Solidarität von Vergangenheit und Gegenwart» setzen und die meisten ihrer Vertreter von der Relevanz ihrer Forschungen für die politisch-ideologischen Konflikte der Gegenwart überzeugt waren, entwickelte sich die neue Kulturgeschichte auf Feldern, die zu esoterisch waren, um die Gegenwartsprobleme zu tangieren, und beschäftigte sich mit Problemen, die noch zwanzig Jahre früher als anthropologische Grundfragen diskutiert worden wären.

Die amerikanische Mediävistin Gabrielle Spiegel hat diese sozialen und kulturellen Zusammenhänge für ihr Fach sehr anschaulich gemacht: nachdem über mehr als zwei Generationen die amerikanische Mediävistik die Kontinuitätslinien der europäischen Entwicklungen von Staat und Kultur seit dem 12. Jahrhundert hervorgehoben und damit die «Modernität» des Mittelalters als Teil einer kulturellen Tradition betont hatte, rückte eine neue Kulturgeschichte seit den 70er Jahren die fremdartigen Züge dieser Epoche in den Mittelpunkt. Eine junge Generation von Mediävisten, die aus sozial-kulturellen Milieus stammen, die außerhalb der europäisch-christlichen Tradition stehen oder denen diese fremd geworden ist, ist fasziniert von der Exotik dieser fremden Welt, entdeckt dort exzessive Gewalt, groteske Weltsichten und fremdartige Praktiken [*Spiegel*, 253]. Das internationale Schlüsselwort für diese Art der Verschiebungen ist «Alterität»: das «Fremde» wurde zum Codewort neuer Aufmerksamkeits- und Relevanzregeln in der historischen Forschung.

Typischerweise haben die Ansätze der neuen Kulturgeschichte bisher ihre Zentren in den universitären Metropolen der Ersten Welt. In Ländern, in denen enge Verbindungen zu den Historikerfeldern der Metropolen bestehen wie z. B. in den indischen oder lateinamerikanischen Historikerfeldern oder in Regionen, in denen ein Großteil der einheimischen Historiker in den Ländern der Ersten Welt arbeiten, wie im Fall der Afrikanistik, hat sich die neue Kulturgeschichte als eine spezifische Form gegenwartsrelevanter Kritik an den kulturellen Wirkungen von Kolonialismus und Eurozentrismus etabliert. Die Suche nach der «Alterität» hat in diesem Fall eine ganz andere Bedeutung, sie steht im Kontext politischer und kultureller Ziele einer eigenständigen «nationaldemokratischen» oder multikulturellen Entwicklung der eigenen Nation. Bezeichnenderweise ist von dort aus das zweite Schlüsselwort einer nicht nur postmodernen, sondern zugleich auch postkolonialen Kulturgeschichte, die «Hybridität» kultureller Praktiken und sozialer Identitäten, in die Metropolen zurückgetragen worden.

2. Positionsverschiebungen

Der Aufschwung der neuen Kulturgeschichte ist aufs engste mit einer neuen Runde geschichtsphilosophischer Grundsatzdebatten verbunden. Auch in diesem Fall sind die Positionswechsel aufschlussreich, welche dabei von den Vertretern der Kulturgeschichte vollzogen bzw. nachvollzogen wurden. Bis dahin standen die Berufshistoriker bis auf wenige Ausnahmen, die dann gleich zu Außenseitern wurden, mehr oder weniger fest auf dem Boden eines empirisch argumentierenden Wissenschafts- und Objektivitätsideals. Eine neue Generation von Kulturhistorikern vollzog nun die grundlegende Kritik an diesem Logozentrismus der Wissenschaften nach, welche im Wesentlichen von französischen Philosophen wie Derrida, Foucault oder Lyotard formuliert wurde. Der «Poststrukturalismus» stellte seit den späten 60er Jahren die tradierten Erfolgsgeschichten der westlichen Vernunft und Philosophie radikal in Frage. Vor allem über die amerikanische Rezeption seit den 80er Jahren traten erneut Fragen in den Denkhorizont von Berufshistorikern, welche bereits um 1900 in den Grundsatzdebatten um den «Historismus» diskutiert worden waren. Typischerweise griff die französische Philosophie des Poststrukturalismus die geschichtsphilosophischen Argumente und Positionen eines Nietzsche oder Heidegger wieder auf. Das wissenschaftsgeschichtlich Neue ist, dass erstmals eine größere Minderheit von Historikern im Lager der radikalen Vernunft- und Wissenschaftskritik stand und dezidiert kulturrelativistische bzw. sozialkonstruktivistische Positionen vertrat. Dies mag den schrillen Ton erklären, den zuweilen die Debatten um die Postmoderne fachintern – vor allem im angelsächsischen Bereich – angenommen haben [*Jenkins*, *Conrad/Kessel*].

Kritik kanonisierter Texte und etablierter, sozial sanktionierter Deutungsschemata verband sich in diesem Fall mit dem Anspruch, damit zugleich die enge Verbindung zwischen Vernunft und Macht offen zu legen, also eine im Kern subversive intellektuelle Leistung zu erbringen. Ohne den radikalen Impetus von Herrschaftskritik ist die neue Kulturgeschichte nicht denkbar. In dieser Aufwertung fundamentaler Kritik und in der Betonung der Distanz zur Macht artikulierte sich zugleich jedoch auch ein neues Selbstverständnis von Berufshistorikern. In den größer und pluraler gewordenen Historikerfeldern seit 1970 wuchs die Zahl derer, welche den engen Verzahnungen zu den etablierten Institutionen der nationalen Geschichtskulturen fern standen und auf Autonomie und Distanz setzten. Die klassische Position des kritischen Intellektuellen, verkörpert in den großen Namen der zeitgenössischen französischen Sozialphilosophie wie Sartre, Foucault oder Bourdieu, wurde für einen Teil der Berufshistoriker attraktiver als die älteren Rollen des Gelehrten, des Politikberaters oder des nationalen Sinnstifters.

3. Theoretische und methodische Grundlagen

Die unterschiedlichen Strömungen der neuen Kulturgeschichte haben eine breite Palette neuer (bzw. neu formulierter alter) theoretischer Ansätze in die Geschichtswissenschaft eingebracht, mit dem Ergebnis, dass in den neuen Kulturgeschichten der nationalen Historikerfelder ganz unterschiedliche Kombinationen wissenschaftstheoretischer, ethnologischer, soziologischer oder literaturwissenschaftlicher Begriffe und Konzepte im Umlauf sind.

Die folgenden Positionen stecken zunächst einmal das Arsenal der Argumente und Positionen ab, die im internationalen Vergleich die größte Verbreitung gefunden haben.

1. Die Kritik an den Stadienmodellen des Marxismus bzw. der historischen Soziologie. Deren Suche nach sozialen, politischen und vor allem ökonomischen Determinanten/Faktoren und daraus erklärbaren langfristigen Prozessen nach dem Muster der europäischen Wege in die Moderne wird als einseitige, eurozentrische Fortschrittsgeschichte abgelehnt. Weder – so die Kritik – kommen in dieser sozial-, politik- oder wirtschaftsgeschichtlich ausgerichteten Struktur- und Prozessgeschichte die Erfahrungen noch die kulturelle Kreativität der Menschen in der Gestaltung ihrer Lebenszusammenhänge und das Eigengewicht der kollektiven Repräsentationen angemessen zum Tragen. Hier wird auch die Gemeinsamkeit mit den neueren Strömungen der Sozialgeschichte erkennbar, die ebenfalls die Perspektive der Akteure bevorzugte und diese Akteursebene als kritisches Korrektiv bzw. ergänzende Beobachtungsebene zur makrohistorischen Untersuchung von Strukturen und Prozessen entwickelt hat.

2. Das Gewicht der Sprache als omnipräsentes und nicht transzendierbares Medium aller von Historikern genutzten Spuren der Vergangenheit. Dass «Texte» die wesentliche Grundlage historischer Forschungsarbeit sind, wurde damit in neuer Weise thematisiert. Die Quellen eröffneten in dieser Sichtweise aber nicht mehr den Blick auf die Tatsachen der Geschichte, sondern können nur noch als Elemente vergangener sprachlicher Kommunikation über die Vergangenheit gelten. Mit diesem «linguistic turn» traten sprachliche Kodierungen, semiotische Systeme an die Stelle von Fakten. Mit der radikalen methodischen Kritik an einer naiven Gleichsetzung der verfügbaren Quellenaussagen mit der historischen «Realität» waren unterschiedliche erkenntnistheoretische

Positionen verbunden. Eine radikale Lesart folgerte aus der Einsicht in die sprachlichen Vermittlung aller Spuren der Vergangenheit, dass sich eine selbstkritischere Geschichtswissenschaft darauf zu beschränken habe, die sprachlich-semiotischen Systeme zu rekonstruieren, in denen die einzelnen Textspuren und Archivfunde Sinn und Bedeutung besaßen. Die Frage nach den ökologischen, ökonomischen, politisch-militärischen oder sozialen Aspekten der Vergangenheit habe nur Sinn, wenn sie als Frage nach der sprachlich-kulturellen Produktion dieser Aspekte neu gestellt werde. Die Mehrheit der neuen Kulturhistoriker hat sich eher auf eine gemäßigtere Version zurückgezogen und das Eigengewicht der sprachlichen Kodierung und darüber hinaus jeder semiotischen Konstruktion menschlichen Tuns in der Vergangenheit hervorgehoben. Dies wird aber mit der realistischen Annahme verbunden, dass auch soziale Lagen, Marktzwänge oder demographische Entwicklungen ihrerseits als eigenständige Faktoren auf die semiotischen Praktiken der betroffenen Menschen einwirkten und historische Wirkungen zeigten, die der geschichtswissenschaftlichen Erkenntnis zugänglich seien.

3. Parallel zur Wiederentdeckung von Sprache als einem eigenständigen System der Wirklichkeitskonstruktion kam es in der Geschichtswissenschaft zur Übernahme des ethnologischen Kulturbegriffs. Er fand Eingang über die Rezeption vor allem der amerikanischen kulturanthropologischen Schule. Deren Vertreter von Franz Boas über Ruth Benedict bis Clifford Geertz haben Kultur als eigenständige und grundlegende Dimension von Gesellschaften aufgefasst, die als autonomes System von kollektiven Symbolen und Bedeutungen Stabilität und Kontinuität jenseits der Ebene konkreter Handlungen, politischer Ereignisse, aber auch über ökonomische und soziale Veränderungen und Funktionswandel hinweg sicherstellt. Als eine Grundkategorie des sozialen Lebens fand dieses ethnologische Verständnis von Kultur seit den 70er Jahren zunehmend Eingang in das methodisch-konzeptionelle Gepäck jüngerer Historiker.

Neben der kulturanthropologischen Richtung sind auch stärker praxisorientierte Ansätze der Ethnologie wirksam geworden. Als Vertreter dieser Richtungen sind insbesondere Marshall Sahlins oder Pierre Bourdieu von Historikern gelesen und beachtet worden (*Sahlins, Bourdieu*). Sie haben gegen die semiotischen Richtungen die Abhängigkeit kultureller Deutungssysteme von den anderen sozialen Dimensionen und insbesondere deren Einbettung in die soziale Praxis betont. Für den Kulturbegriff ergab sich daraus zum einen eine stärkere Betonung des Konflikts zwischen unterschiedlichen kulturellen Deutungssystemen sowie Skepsis gegenüber der Stabilitäts- und Integrationsthese geschlossener kultureller Systeme. Konzeptionell kritisierten Vertreter dieser stärker soziologisch und historisch ausgerichteten Richtung zugleich auch die Beschränkung auf hermeneutische Verfahren bei der Interpretation von kulturellen Praktiken.

4. Die Vernunftkritik postmoderner Theorien kann als Radikalisierung der Fortschrittsskepsis verstanden werden, die sich gegen marxistische oder modernisierungstheoretische Entwicklungsmodelle richtete. Postmoderne Autoren kritisieren die universalistischen Geltungsansprüche und Systemzwänge aller Vernunftunternehmen, die in den Denktraditionen des westlichen Rationalismus seit der Aufklärung und insbesondere des Cartesianismus stehen. Zunächst handelte es sich bei dieser Strömung um eine philosophische Auseinandersetzung, die stärker das intellektuelle Umfeld bewegte, als direkten Einfluss auf fachwissenschaftliche Forschung und Lehre zu gewinnen. Für die New Cultural History rückte sie jedoch vor allem auf zwei Wegen näher und konkretisierte sich in neuen Herangehensweisen und Fragestellungen: Zum Ersten verband sich diese postmoderne Kritik mit der feministischen Kritik an den patriarchalisch bestimmten Denkformen, zum Zweiten konkretisierte sich diese Position in den Untersuchungen Michel Foucaults zur Verknüpfung von rationalistischen Wahrheitsansprüchen mit Machtstrukturen. Konkret beschäftigte er sich mit der Exklusion derjenigen, die nicht unter die Kategorien einer aufklärerischen Vernunft und Moral fielen: Seine Untersuchungen zur Erfindung des Wahnsinns und der geschlossenen Anstalten haben konkrete Beispiele für eine neuartige Ideen- und Wissenschaftsgeschichte geliefert, die breit rezipiert worden sind (*Foucault 1961, 1975*).

5. Die Aufmerksamkeit für die Verzahnung von Macht und Vernunft hat der Erforschung der kulturellen Begleiterscheinungen des europäischen Kolonialismus neuen Auftrieb gegeben. Die Untersuchung Edward Saids über die Entstehung des europäischen Trugbildes eines geschichtsfernen, seinen Leidenschaften ausgelie-

ferten Orients auf dem Höhepunkt der westlichen Expansion im 19. Jahrhundert verknüpfte die postmoderne Perspektive selbstkritischer Reflexion moderner Vernunftansprüche mit der postkolonialen Kritik am Fortwirken imperialer Herrschaftsstrukturen und Deutungsmuster sowohl in den Metropolen wie in den früheren Kolonien. (*Said*) Dabei rückte insbesondere die Wirksamkeit von Denkmustern, Klassifikationen und Bewertungen in den Mittelpunkt, welche die westlichen Kolonisatoren den ihnen fremden Welten der Kolonisierten überstülpten.

4. Diskurse

Bereits lange vor den neuen politischen und kulturellen Sensibilitäten hatten sich, wie wir sahen, die Ansätze und Verfahren der Ideengeschichte verändert. Keineswegs führen alle Wege einer neuen Ideengeschichte oder Intellectual History weiter zu jenen Ansätzen, die wir hier unter der Rubrik einer Neuen Kulturgeschichte zusammengeführt haben.

Den international größten Erfolg hatte der neue Begriff des Diskurses (*Foucault 1972*). Wenn jüngere Historiker sich bemühen, die Kernaussagen oder Schlüsselbegriffe einzelner Texte in einen größeren ideengeschichtlichen Kontext oder ein Netzwerk gleichartiger semiotischer Systeme zu stellen, sprechen sie seit den 80er Jahren immer häufiger von «Diskursen». Feste methodische Regeln haben sich dabei ebenso wenig durchgesetzt, wie ein orthodoxes Modell über Wirkungsweise, Reichweite und spezifische Merkmale solcher semantischer Vernetzungen oder Strukturen existierte. Sieht man von den Verwechslungen ab, die sich bei intellektuellen Modeerscheinungen zwangsläufig ergeben und die dazu geführt haben, dass schlicht Reden, Stereotypen oder Argumente gemeint sind, wenn in den Fachtexten der neue Begriff auftaucht, so hat sich die Leitidee weitgehend durchgesetzt, dass zu Diskursen Institutionen oder in abgeschwächter Form fest etablierte Handlungszusammenhänge (Berufsfelder oder Milieus) gehören. Zugleich werden diese Sprechgewohnheiten auch als Instrumente von persönlicher oder kollektiver Macht, als Einsätze im Erwerb sozialen Einflusses, bei der Kontrolle anderer Menschen, grundlegender und in schärferer soziologischer Betrachtung: bei der Reproduktion von Ungleichheit und Herrschaft interpretiert. Das wichtigste Vorbild für die Analyse von Diskursen hat wiederum Foucault geliefert.

Der klassische Ort für Diskursanalysen sind die Literaturwissenschaften geblieben, denen dieses Konzept erlaubt, die enge Welt der literarisch kanonisierten Texte zu verlassen und die ganze Fülle unterschiedlichster Textsorten zu studieren auf der Suche nach gemeinsamen, alles durchziehenden Verweisstrukturen. Daraus ergibt sich bereits ein erster Problempunkt. Diskurse und die unhinterfragten, damit aber gerade nicht diskursiv verfügbaren Gewissheiten einer Epoche werden miteinander verwechselt. Diskurs ersetzt dann nur das ältere Konzept der Ideologie. In dieser Richtung ist zweifellos der Diskursbegriff von einem Teil der neo-marxistischen Kultur- und Ideengeschichte der 70er Jahre weitergetrieben und mit strukturalistischen Annahmen über interne Kohärenz, umfassende Vernetzung und Homologie herrschender Ideen verknüpft worden.

5. Gender

Mit der Kulturgeschichte haben sich auch die Koordinaten der Frauen- und der Geschlechtergeschichte verschoben. Im Theoriefeld der neuen Kulturgeschichte steigerte sich insbesondere der radikale Zweifel an der quasi naturwüchsigen Stabilität der Geschlechterbeziehungen. Die grundlegende kulturelle Formung aller Geschlechterkategorien vergangener Gesellschaften wurde zur großen Herausforderung. Dies provozierte nicht zuletzt unter herrschaftskritischer Perspektive die weitere Frage nach den Spuren ihrer Veränderungen, nach Brüchen und Krisen in den Rollenbildern oder Körperschemata von Männern und Frauen. Vor allem die Trennlinie zwischen «öffentlich» und «privat» wurde überschritten, die Grenzziehungen zwischen den geschlechtsspezifisch normierten Lebensbereichen und Aufgabenfeldern selbst intensiv erforscht [*Medick/Trapp, Hausen/Wunder*].

Gerade in diesem Sektor ist zu beobachten, dass die Verschiebungen im intellektuellen Umfeld der Geschichtswissenschaft seit den späten 60er Jahren wie eine Welle durch die verschiedenen Teilbereiche und Ansätze des Faches hindurchliefen: Die politische Renaissance der Frauenbewegung und des Feminismus in den frühen 70er Jahren hatte zunächst zu einer Erneuerung politikgeschichtlicher Arbeiten über die verschiedenen Bewegungen geführt, an denen sich Frauen beteiligt und für deren Belange sie gestritten hatten. Bald weitete sich das Interesse zur Frauengeschichte. Dabei standen zunächst sozialgeschichtliche Fragen nach der Lage und den Erfahrungen von Frauen in den unterschiedlichsten privaten und beruflichen Rollen im Mittelpunkt.

Die kulturgeschichtlichen Interessen erweiterten die Bereiche und Quellen, in denen der Umgang von Männern und Frauen untersucht wurde. Die Weiterentwicklung zur Geschlechtergeschichte als einer Grunddimension in der wissenschaftlichen Erforschung der Vergangenheit vollzog sich mit unterschiedlichem Tempo in den nationalen Historikerfeldern der westlichen Metropolen in enger Verbindung mit dem Vordringen der anderen Leitperspektiven einer neuen Kulturgeschichte. Die kulturelle Konstruktion der Geschlechter, die Fixierung der Kategorien Mann und Frau in sozialen Praktiken, politischen Diskursen, rechtlichen Vorschriften, kulturellen Symbolen, moralischen Werten und religiösen Vorstellungen vergangener Gesellschaften eröffnete ein weites Feld neuer Forschungen, die alle durch einen sozialkonstruktivistischen und anthropologischen Ansatz geprägt worden sind.

Länger als in anderen Themenfeldern ist hier der herrschaftskritische Impetus der Aufbruchsphase und der Programmatik erhalten geblieben. Nicht zuletzt die anhaltende Ungleichheit geschlechtsspezifischer Arbeitsteilungen und Machtbalancen hat diesem Themenfeld immer neue aktuelle Relevanz verschafft. In den letzten zwei Jahrzehnten ist die historische Genderforschung zum wichtigsten Teilbereich der neuen Kulturgeschichte geworden, der sich durch eigene Kommunikationsnetze und Fachorgane, schließlich auch durch spezifische institutionelle Absicherungen in Forschung und Lehre verankern konnte [*Kerber, Daniel*].

6. Die anthropologische Ebene

Das wachsende Bewusstsein der Distanz zwischen Vergangenheit und Gegenwart hat sich generell in der Neugierde der Kulturhistoriker für grundlegende Erscheinungsformen vergangener Lebensweisen niedergeschlagen. Die Welt des Alltags, seiner Institutionen, Rituale und Gewohnheiten wurde auch jenseits der Genderforschung als Gegenstand der historischen Anthropologie wiederentdeckt: Die Geschichte von Jugend, Alter, Geburt und Tod, von Wohnen und Arbeiten rückte damit erstmals zu einem legitimen Forschungsgegenstand für Historiker auf, nachdem sie lange Zeit allein für Ethnologen, Soziologen oder Volkskundler von Interesse gewesen war.

In der französischen Praxis wurde die «historische Anthropologie» seit den frühen 70er Jahren zur integrierenden Klammer sich gerade etablierender Teildisziplinen wie der Geschichte der Familien, der Körpertechniken oder der historischen Demographie. Die Verbindung mit letztgenannter Teildisziplin hat sich international sehr rasch vor allem über die *Cambridge Group for the Study of Population History and Social Structure* um Peter Laslett und *skandinavische* Forschungen durchgesetzt: eine wachsende Zahl von historischen Demographen beschäftigte sich nun mit Werthaltungen, Normen und Einstellungen, die als Faktoren der Bevölkerungsentwicklung isoliert werden können bzw. als Bestandteile einer «kulturellen» Erklärung wechselnder Familienmuster und Verhaltensstandards bedeutsam werden.

Neben Sexualität und Familienbeziehungen wurde der Tod zu einem zentralen Thema der historischen Anthropologie mit engen Verbindungen zur historischen Demographie. Dafür stehen viele Studien zur Einstellung zum Tod, die in der Regel die vorher breit dokumentierten Sterbe- und Todesstatistiken durch eine Beschreibung der entsprechenden Beerdigungs- und Sterberituale bzw. der religiösen Todesbilder und Jenseitsvorstellungen ergänzten.

Grundlegende Bedeutung kam diesen Themen zu, weil sie aufs engste mit der Entdeckung des menschlichen Körpers durch die Kulturgeschichte in Verbindung standen. Alain Corbin hat systematisch die Veränderungen der Sinneswahrnehmungen im neuzeitlichen Europa untersucht. Seine Studien über Gerüche oder Glockenklang sind Klassiker einer solchen neuen Kulturgeschichte der menschlichen Sinne geworden (*Corbin 1982, 1994*).

7. Volkskulturen

1975 veröffentlichte Emmanuel Le Roy Ladurie seine Studie über Montaillou, ein Pyrenäendorf im frühen 14. Jahrhundert. In ihr beschäftigte er sich mit Formen der Alltagskultur und den Weltsichten ländlicher Unterschichten. Sexualität, Tod, Familie und Ehe, Geselligkeit und Geschlechterbeziehungen waren die Themen, denen er sich in seiner Schilderung der bäuerlichen Kultur nach einer kurzen Beschreibung der bäuerlichen Wirtschaft vorrangig widmete, bevor er im letzten Drittel seines Buches den Spuren bäuerlicher Weltsicht, Raum- und Zeitvorstellungen und Religiosität in den Akten der Inquisition nachspürte. Le Roy Ladurie nutzte umgangssprachliche Aktualisierungen und rückte die bäuerlichen Hauptpersonen einer im Übrigen fremden Welt der Gegenwart näher. In der Tat gelang es ihm, seinen Stoff einem breiteren Leserkreis nahe zu bringen, mit mehr als 300000 verkauften Exemplaren wurde *Montaillou* ein Bestseller (*Le Roy Ladurie 1975*). Einen vergleichbaren Klassiker der Mikrogeschichte, der ebenfalls auf Inquisitionsprotokollen beruht, hat Carlo Ginzburg nur ein Jahr später vorgelegt (*Ginzburg*). In *Der Käse und die Würmer* geht es um die Weltdeutungen eines Müllers aus Friaul, der am Ende des 16. Jahrhunderts als Ketzer zweimal verfolgt und schließlich hingerichtet wurde. Ginzburg untersucht die ambivalenten Beziehungen zwischen Elitenkultur und Volkskultur anhand der eigensinnigen und eigenwilligen Weltdeutungen eines Einzelnen und spürt in seiner Studie zugleich den Brechungen und Filtern nach, durch welche diese Spuren einer fremden Weltdeutung erst für die Nachwelt erhalten geblieben sind. Während Le Roy Laduries Bestseller den Anschein erweckt, eine vergangene Kultur offen zu legen, markiert Ginzburg ganz deutlich die Grenzen, die der detektivischen Konstruktionsarbeit gesetzt sind. Beide Klassiker stehen damit für zwei Pole in der Schreibpraxis und der Darstellungsweise der neuen Kulturgeschichte bei der Behandlung eines ihrer Paradethemen: den Volkskulturen. Dabei nahm eindeutig mit der Verbreitung postmoderner Konzepte der Trend zu, die hermeneutische Virtuosität des Fremdverstehens zu steigern – vielfach mit dem paradoxen Ziel, die Alterität der kulturellen Praktiken um so krasser hervortreten zu lassen.

8. Die neue Kulturgeschichte des Politischen

Während die frühneuzeitlichen Forschungen zur Volkskultur und zum Alltagsleben weitgehend auf den Pfaden einer «Sozialgeschichte ohne Politik» wandelten bzw. die zeitgenössischen Formen politischer Herrschaft eher als eingebettet in die umfassenden religiösen Deutungssysteme interpretierten, entwickelten sich sowohl in der Alten Geschichte wie in den Forschungen zur Späten Neuzeit neue Ansätze, die nach den Konstitutionsbedingungen politischen Handelns und nach den kulturellen und sozialen Voraussetzungen des politischen Geschehens sowie der politischen Institutionen fragten. Eine solche historische Soziologie oder Kulturgeschichte des Politischen entwarf zum Beispiel Paul Veyne in *Le Pain et le cirque* (*Veyne*). Er versuchte, dem antiken Phänomen öffentlicher Wohltätigkeit mit Hilfe ethnologischer Bezüge (Mauss, Sahlins) und durch kontrastiven Vergleich mit anderen Kulturen auf die Spur zu kommen. Gerade die antiken Autoren erfassten, so Veynes distanzierende Analyse, die Fundierung dieser umstrittenen politischen Praxis im symbolischen Gabentausch und als Aneignung symbolischen Kapitals nur unvollständig. Ihm sind weitere Studien zur politischen Semiotik der römischen Spiele oder zur Bedeutung der Opferriten für die politische Ordnung der griechischen Polis zur Seite zu stellen. Typischerweise treten diese Studien einer modernisierenden Deutung der antiken Politik entgegen und betonen die spezifisch religiös-kultische Fundierung dieser fremden politischen Kultur.

Für die Neuzeitforschung wurden die großen Revolutionen zu den Bereichen, auf denen die neue Ansätze erprobt und diskutiert wurden. Spektakulär war der Umbruch im Fall der Forschungen zur Französischen Revolution. Hier hatte bis zum Beginn der 70er Jahre die marxistische Deutung der politischen Dynamik in Kategorien sozialer Klassen und als Übergang vom feudalen Ancien Régime zur bürgerlichen Marktgesellschaft in Frankreich dominiert. International hatte sich eine breite sozialgeschichtliche Forschung an der Revision einer dogmatischen Interpretation kommunistischer Provenienz abgearbeitet, ohne den sozio-ökonomischen Primat infrage zu stellen. Politisch gewann seit den 70er Jahren die auf Tocqueville zurückgehende liberale Interpretation, jetzt prominent vertreten durch François Furet und gestützt auf eine breite liberale Schule amerikanischer Revolutionsforschung, immer mehr Terrain zurück. Sie deutete die Revolution als primär politisches Ereignis, dessen Ursachen und Verlauf aus einer Kombination politikgeschichtlicher Ereignis-, Institutionen- und Ideenanalyse erschlossen wurde. In dieser Situation etablierten sich Neuansätze, die gleichermaßen Distanz zum alten wie zum neuen gegenwartsbezogenen Deutungsansatz suchten.

Erstens wurden die Zusammenhänge zwischen der literarisch-philosophischen Strömung der Aufklärung und den Veränderungen in der politischen Kommunikation des Ancien Régime neu erforscht. Sozialgeschichtliche Studien zum Literaturbetrieb, wie sie Robert Darnton vorlegte, gewannen neue Einsichten in die Erosion monarchischer Legitimität. Weitere Studien analysierten die Verschiebungen in der Semantik der zeitgenössischen politischen Öffentlichkeit (*Darnton*). Eine Synthese der neuen Perspektiven legte Roger Chartier 1990 mit seiner Studie über die kulturellen Ursachen der Französischen Revolution vor. (*Chartier*) Der neugierige und fantasievoll-interessierte Leser und die subtile Subversion tradierter Legitimation politischer Herrschaft im öffentlichen Gespräch wurden als genuin kulturelle Quellen in der Krise des Ancien Régimes isoliert.

Ein zweiter Forschungsschwerpunkt beschäftigte sich mit den sozialen und kulturellen Grundlagen einer spezifischen politischen Kultur, die während der evolutionären Ereignisse selbst entstand. Lynn Hunts Studie (*Hunt 1984*) eröffnete den Reigen. Sie konzentrierte sich auf Gesten, Rituale und Redeweisen, die in Verbindung mit entsprechenden neuen Symbolen die neuen politischen Gemeinschaften mitschufen und die sich öffnende Kluft zur Vergangenheit dank einer spezifischen politischen Kultur bejahten. Die Kreativität dieser politischen Kultur ergab sich aus den Zwängen eines Neuanfangs. In dieser Hinsicht knüpften auch Studien zu den sozialen Revolutionen und Revolutionären des 20. Jahrhunderts erfolgreich an die New Cultural History an. Insbesondere die Neuordnung der Geschlechterbeziehungen in und nach der Französischen Revolution ist Gegenstand zahlreicher Studien geworden. Hier zeigten sich rasch die Ambivalenzen der neuen politischen Kultur: Vor allem die Privatsphäre wurde als Domäne patriarchalischer Herrschaft auch rechtlich schärfer als im ausgehenden Ancien Régime gefasst. In politischen Diskursen kam es zu einer Neubewertung heroischer Männlichkeit, welche die polare Geschlechterordnung des 19. Jahrhunderts fundierte.

Die soziale Bindungskraft politischer Symbole wurde auch auf dem weiten Feld der neuen Nationalismusforschung wiederentdeckt. Hier waren es die Stichworte «Erfindung» und «Vorstellung» (im Doppelsinn von Imagination und Repräsentation), welche die neuen Studien beflügelten und dazu anleiteten, mit Sorgfalt und Ausdauer patriotische Festumzüge und Feiern zu rekonstruieren oder nationale Symbole in ihrem konkreten Deutungseinsatz zu erforschen. Die Verbindung zur Sozialgeschichte der Nationalbewegungen und des Nationalismus blieb dabei in vielen Untersuchungen sehr eng. Neben den Liedern, Gedichten, Bildern oder Denkmälern tauchten auch die Vereine und ihre Mitglieder auf, die diesen nationalen Artefakten Leben einhauchten und den politischen Deutungssystemen des Nationalismus soziale Relevanz verliehen. Die Querverbindungen zu anderen Feldern der neuen Kulturgeschichte entstanden vor allem bei Arbeiten, die sich mit Feiern und politischen Ritualen beschäftigten und dabei gezielt auf ethnologische Analysen zurückgriffen, um Distanz zur unmittelbar politischen Interpretation bzw. politikgeschichtlichen Bewertung und Einordnung zu gewinnen und gerade die semiotischen Vergemeinschaftungspotentiale solcher Rituale jenseits der Inhalte und unmittelbaren Funktionen zu entdecken. Wir werden noch sehen, an welchen Richtungswechseln in der Nationalgeschichtsschreibung diese neue kulturgeschichtliche Nationalismusforschung beteiligt war.

9. Zwei Beispiele

***Natalie Zemon Davis**, Society and Culture in Early Modern France, Stanford, California 1975 (teilw. dt. Humanismus, Narrenherrschaft und die Riten der Gewalt, Frankfurt/M. 1987).*

Dieser Sammelband von acht Aufsätzen ist rasch zu einem internationalen Klassiker der neuen Kulturgeschichte geworden. Die amerikanische Historikerin Natalie Zemon Davis hat sie zwischen 1965 und 1975 geschrieben und verbindet darin die präzise Beschreibung von Alltagssituationen, von literarischen oder künstlerischen Zeugnissen mit der genauen Rekonstruktion der jeweiligen Kontexte und mit einer historischen Analyse, welche sich virtuos und kenntnisreich der Theoriemodelle der Ethnologen oder Soziologen bedient. Typisch für den Stil dieses Buches und für die Arbeitsweise seiner Autorin ist, dass die ausgewählten Einzelthemen immer wieder auf die Leitfrage hin analysiert werden, welche Kräfte und Richtungen sie im Wandel der französischen Gesellschaft und Kultur des 16. Jahrhunderts zu erkennen geben. Dabei wählt Davis mit Vorliebe Phänomene des städtischen Lebens, um immer wieder die sozialen und religiösen Spannungsverhältnisse und Konfliktlinien in Verbindung zu setzen mit der Dynamik kultureller Veränderungen. Sie spürt den vielfältigen Veränderungen nach, die Humanismus, Buchdruck, Alphabetisierung und Reformation in den kulturellen Praktiken der unterschiedlichen Gruppen der städtischen und ländlichen Gesellschaft Frankreichs hinterlassen haben. Sie fragt insbesondere nach den spezifischen kulturellen Praktiken sozialer Gruppen, von Männern und Frauen, interessiert sich für die vielen Erfindungen und Veränderungen im Kleinen, welche mit den großen kulturellen Trends verbunden waren. Diese Fragestellung wird in Untersuchungen deutlich, wie der zur Entstehung der städtischen Armenpflege Lyons zwischen 1530 und 1540, zur Erweiterung der Handlungsspielräume von Frauen im religiösen Leben in der Reformationszeit oder in den Studien zur Verbreitung von Druckprodukten in städtischen und ländlichen Unterschichten. Komplementär zu dieser Frage nach Wegen und Aneignungsweisen sozialen und kulturellen Wandels liefert die Frage nach Konflikt und Gewalt, nach deren Formen und Motiven, das zweite Hauptmotiv dieses Buches. Davis fragt in ihren Aufsätzen nach den Zusammenhängen zwischen der selbstbewußten Interessenvertretung von Lyoner Druckergesellen und ihren religiösen Vorstellungen, untersucht Regeln und Ausdrucksformen karnevalesker Umkehrung von Hierarchien und Herrschaft, befragt die Umkehrung von Geschlechterrollen, sie erforscht Formen und Bedeutung kollektiver Gewalt in den Konfessionskonflikten. Überall legen die Beiträge Sinndeutungen offen, welche die schlichte sozial- oder wirtschaftshistorische Reduktion von Motiven auf Interessen korrigieren oder überwinden, aber andererseits auch die spezifischen sozialen Gebrauchsweisen religiöser oder kultureller Sinndeutungen herausarbeiten. Davis' Buch vereinigt in sich die verschiedenen Perspektiven und Zugangsweisen, welche die neue Kulturgeschichte entwickelt hat: Aufmerksamkeit für die Alltagsgeschichte, die Kultur der Unterschichten, die Eigenlogik kultureller Praktiken und die Kombination sozial- und kulturgeschichtlicher Erklärungsmodelle.

Literatur: *M. Jeay, in: [Boyd, S. 290 f.]; Ute Daniel: Natalie Zemon Davis, in: dies.: Kompendium Kulturgeschichte, Frankfurt/M. 2001, 270–284; Norbert Schindler, Für eine Geschichte realer Möglichkeiten, in: N. Z. Davis: Humanismus, Narrenherrschaft und die Riten der Gewalt, Frankfurt/M. 1987, 328–349.*

Peter Brown, *The Body and Society: Men, Women and Sexual Renumciation in early Christanity, New York 1988 (dt. Die Keuschheit der Engel, München 1991).*

Ausgangspunkt dieses Buchs ist die Frage, wie es zur Durchsetzung des christlichen Leitbildes dauerhaften sexuellen Verzichts kam. Der irische Historiker untersucht dazu die Veränderungen sexueller Normen von der klassischen Antike bis zum Frühmittelalter vom östlichen Rand des Mittelmeerraums bis in den römischen Westen. Dabei untersucht Brown die vielfältigen Wechselbeziehungen zwischen Körperbildern, Geschlechterrollen, politischen Modellen und religiösen Weltsichten, insbesondere von Jenseitsvorstellungen. Methodisch stützt sich Brown auf die gesamte Breite antiker Textüberlieferung, seien sie nun christlicher, jüdischer oder heidnischer Herkunft, sowie auf epigraphische oder archäologische Befunde.

Das Buch beschreibt einen komplexen Umbau tradierter Normen der Sexualität. Von der heidnischen Antike übernahm das Christentum zunächst ein patriarchalisches Modell sexueller Zurückhaltung. Mit «keuschen» Jungfrauen und Jünglingen, schließlich östlichen Eremiten traten neue Akteure sexueller Enthaltsamkeit auf, die in Erwartung naher Erlösung persönliches Heil suchten und zugleich als Heilsbringer in dörfliche Gemeinschaften integriert waren. Diese Impulse wurden schließlich im lateinischen Westen erneut in den Kontext männlich kodierter Disziplin eingebracht.

Gerade die Verflüssigung tradierter Geschlechtervorstellungen und Körperbilder interessiert Brown. Die männlichen wie weiblichen Virtuosen der neuen Enthaltsamkeit stellten die etablierten Kategorien der patriarchalischen Geschlechterordnung und Familiensysteme in Frage, die theologischen Dispute ihrer Gegner und Förderer richteten immer wieder ihre Aufmerksamkeit darauf, neue religiöse Semantiken zu finden, die zugleich auch die sozialen und politischen Bedürfnisse von Familien, Dorfgemeinschaften und der politischen und sozialen Eliten berücksichtigten.

Brown sucht den Schlüssel zum Verständnis dieses Wandels im Zusammenspiel sozialer Praktiken und Konventionen mit religiösen Entwürfen der Weltdeutung und Lebensführung und der Kodierung körperlicher Erfahrungen und Praktiken. Sein Buch widmet sich über weite Strecken der Aufgabe, diese Netzwerke kultureller Sinnstiftung und sozialer Praktiken zwischen den Textfragmenten und jenseits der theologischen Kontroversen zu rekonstruieren. Dazu befähigt ihn der distanzierte, verfremdende Blick, den Brown über die vermeintlichen Kontinuitäten einer christlichen Zivilisation während der Umbruchphase der Spätantike wirft. Eingangs haben wir die These aufgestellt, die wachsende Distanz und das Bewusstsein der Distanzierung zwischen Gegenwart und Geschichte seien jene strukturellen Basisprozesse, welche die Ansätze der neuen Kulturgeschichte inspirieren. Browns Untersuchung widmet sich einem Phänomen, das genau in dieser Konstellation entstanden ist: Die christliche Verdammung der Sexualität, die Körperfeindlichkeit einer tradierten Theologie erscheinen «als bleiche, bedrohliche Gestalten» (*Brown,* 457) einer bereits fremden Vergangenheit. Diese Konstellation legt das Buch frei und eröffnet zugleich die Chance einer distanzierten, quasi ethnologischen Neuentdeckung fremder Körperwelten.

Literatur: *D. Janes, Art. in: [Boyd, 145 f.]; H. Biller, Rez. in: Mediaevistik 61 (1993), 334–336; P. Wirth, Rez. in: Essays in criticism 40 (1990), 67–77; J. Bossy, Rez. in: Past and present 124 (1989), 180–187; S. Etgeton, Rez. in: Zeitschrift für Sexualforschung 6 (1993), 167 ff.*

XIV
Fokus oder Rahmen? Nationalgeschichte und Geschichtswissenschaft im letzten Drittel des 20. Jahrhunderts

Die enge Verbindung zwischen Geschichtswissenschaft und Nationalstaat ist eine Konstante der internationalen Entwicklung des Faches im 20. Jahrhundert. Das Gewicht nationaler Sinnstiftung und damit verbunden die Rolle der Öffentlichkeit und staatlicher Kontrolle für das Selbstverständnis und die Forschungspraxis von Berufshistorikern ist immer wieder betont worden. Diese «Osmose» zwischen Geschichtskultur und Geschichtswissenschaft im Zeichen des Nationalen gefährdete von innen wie außen immer wieder die Autonomie des Faches. Erst allmählich hat sich international die Position kritischer Geschichtsforschung gegen die Zumutungen nationalpolitischer Linientreue festigen können. Auch am Beginn des 21. Jahrhunderts gibt die nationalstaatliche Perspektive in den meisten Historikerfeldern Themen und Problemstellungen vor, löst Historikerkontroversen aus und bindet zugleich auch die meisten Ressourcen und Energien von Berufshistorikern. Die Beziehungen zwischen Geschichtskultur und Wissenschaften haben sich jedoch verändert.

Zum einen hat sich in den letzten Jahrzehnten des 20. Jahrhunderts der Aufstieg der audiovisuellen Medien Film und Fernsehen zu den dominanten Formen populärer, massenwirksamer Geschichtsdarstellung vollzogen. Die Zeitgeschichte – vor allem die Belastungen und nationalen Krisen der beiden Weltkriege, die Staatsverbrechen Hitlers und Stalins, schließlich der Holocaust – wurde zum immer wieder behandelten Themenschatz von Serien und Neuverfilmungen. Daneben haben aber alle wichtigen Episoden nationaler Geschichte ihre audiovisuelle Massenrepräsentation gefunden. In den islamischen Staaten etwa senden die staatlichen Fernsehanstalten regelmäßig populäre Features über die Zeit und das Leben des Propheten und die Anfänge des Islams, in den USA gehörte die Serie *Roots* zu den meistgesehenen historischen Sendungen, *Schindlers Liste* oder *Der Soldat Ryan* haben weltweit Verbreitung gefunden und bei vielen die Bilder von Holocaust und Zweitem Weltkrieg geprägt. Angesichts des Erfolgs der audiovisuellen Medien sind die tradierten Formen der Geschichtsvermittlung wie etwa der Geschichtsunterricht, die historische Belletristik, öffentliche Vorträge und schließlich die wissenschaftliche Fachliteratur eindeutig in den Hintergrund gedrängt worden.

Durchaus in Wechselwirkung zur Dominanz der audiovisuellen Medien vollzog sich zweitens in den letzten drei Jahrzehnten der Aufstieg der Zeitgeschichte zur Hauptachse der Nationalhistoriographie in den meisten Ländern. Dieser Aufstieg der Zeitgeschichte markiert nur einen Trend in vielen Ländern, er ist keineswegs ubiquitär oder unumkehrbar, wie die Rückwendung Russlands nach gut 70 Jahren offizieller revolutionszentrierter Zeitgeschichte zur älteren zaristischen Vergangenheit zeigt. Ein anderes Beispiel bietet die anhaltende nostalgische Verklärung der islamischen Blütezeit vor dem Sturz des Kalifats in Bagdad 1258 in den islamischen Ländern. In den meisten Ländern Europas und Asiens sind jedoch die dramatischen Krisen des 19. und 20. Jahrhunderts ins Zentrum nationalhistorischer Aufmerksamkeit gerückt.

Schließlich wirkte sich drittens in allen Ländern der Erde die wachsende oder anhaltende Abhängigkeit der eigenen Nationen von politisch-militärischen Großmächten oder weltwirtschaftlichen Verflechtungen und Markttendenzen aus. Die meisten neuen Nationalstaaten der Dritten Welt mussten sehr rasch nach ihrer Unabhängigkeit und vielfach in höchst dramatischer Weise erleben, wie abhängig ihre Wirtschaftsstrukturen vom Weltmarkt blieben und wie stark auch ihre politische Abhängigkeit von den westlichen oder sozialistischen Staaten war. Gleichzeitig entwickelten sich zahlreiche Bürgerkriege zu länderübergreifenden Regionalkonflikten, die nicht vor den Grenzen der Nationalstaaten halt machten. Auch in diesem Fall erwies sich die politische Einheit des Nationalstaats als porös und wenig widerstandsfähig gegenüber äußerem Druck. Nationalgeschichtsschreibung steht am Beginn des 21. Jahrhunderts überall vor der Herausforderung, den internationalen Verflechtungen gerecht zu werden, welche die Gegenwartserfahrungen bestimmen.

Viertens wandelte sich die wissenschaftliche Historiographie der Nationen und des Nationalstaats in den letzten drei Jahrzehnten unter dem Einfluss der neuen Richtungen der Sozial- oder Kulturgeschichte. Ergänzend zu den Großerzählungen nationaler Vergangenheit lieferten Historiker nun immer mehr Studien über die kulturellen, sozialen und politischen Grundlagen des Nationalismus, fragten nach der «Erfindung» der eigenen Nation, stellen damit aber zugleich auch die «Tyrannei des Nationalen» (G. Noiriel) infrage. Zum Beharren auf den fachlichen Mindeststandards auch im Dienst an der Nation trat vermehrt die intellektuelle Distanz gegenüber diesem politischen Kollektiv und seinen Anforderungen.

1. Der Aufstieg der demokratischen Nationalgeschichte «von unten»

In den Beziehungen zwischen den Historikerfeldern und ihrem nationalen Umfeld markierte der Politisierungsschub der späten 60er Jahre keinen Strukturbruch: Ganz im Gegenteil ist zu beobachten, dass die Forschungen zu zentralen Fragen der nationalen Vergangenheit kräftige Impulse erhielten durch den Geist kritischer Revision etablierter Gewissheiten und eines bis dahin vielfach unhinterfragten Konsenses.

Dabei gewannen demokratisch-egalitären Tendenzen in der Nationalgeschichtsschreibung großen Auftrieb. In der Bundesrepublik konnte sich erstmals eine demokratisch orientierte, herrschaftskritische Deutung als Mehrheitsströmung etablieren. Ähnliches lässt sich auch in anderen Ländern mit einer ausgeprägt elitär-etatistischen bzw. nationalkonservativen Tradition der Nationalhistoriographie (Spanien, Portugal) beobachten. International bediente sich diese nationaldemokratisch-egalitäre Grundtendenz des marxistischen Idioms oder nahm sozialgeschichtliche bzw. sozialwissenschaftliche Konzepte auf. Dies ist ganz deutlich zu sehen in den afrikanischen Ländern, in denen in den 70er Jahren die Gründergeneration der Berufshistoriker wegen der elitären Züge ihrer Nationalgeschichtsschreibung kritisiert wurde. In Tansania etwa, das in den 70er Jahren zu einem wichtigen Zentrum marxistischer Geschichtsforschung wurde, strebten die vor allem an der Universität Dar es Salaam tätigen Historiker an, mit ihren Studien zum antikolonialen Widerstand, insbesondere zum Maji Maji-Aufstand von 1905/07 gegen die deutschen Kolonialherren, der jungen Nation mit den Worten von T. Ranger eine «nützliche Vergangenheit» [*Eckert* 2002, 97] zu schaffen.

Thematisch erweiterte diese nationaldemokratische Strömung das Repertoire der Nationalgeschichte gewaltig: die Sozialgeschichte erschloss nun die vielfältige Welt der «kleinen Leute», ihre Befunde wurden in umfassendere Geschichten der Nation einbezogen. Wir werden sehen, dass dabei ganz unterschiedliche Lösungen entwickelt wurden. Grundsätzlich ist jedoch festzustellen, dass sich weltweit in den 60er und 70er Jahren diese sozialgeschichtlich erweiterte egalitär-demokratische Perspektive großer Popularität erfreute. Sie mobilisierte lokale Geschichtsvereine (z.B. die Geschichtswerkstättenbewegungen in Europa), hielt ihren Einzug in die erneuerten Curricula der Schulen und bestimmte in vielen Ländern das Geschichtsbild einer Lehrergeneration, die in den Jahren des sozialhistorischen Aufbruchs und der Politisierung studiert hatte. Auffällig sind jedenfalls die internationalen Parallelentwicklungen, welche diese Konjunktur hervorgerufen hat. Das Interesse für eine Nationalgeschichte «von unten» bewegte nicht nur Historiker, Schullehrer und Laien in Tansania, die sich für Aufstände und antikolonialen Widerstand interessierten, sondern das gleiche lässt sich auch in Großbritannien in der history-workshop-Bewegung, in der Bundesrepublik oder in Schweden beobachten.

Gleichzeitig veränderte sich in dieser Zeit auch die Museums- und Ausstellungslandschaft vieler demokratischer Länder tiefgreifend. Der Alltag wurde neu entdeckt, ältere volkskundliche Sammlungen entstaubt, die Objekte neu arrangiert und in die politische Geschichte der Nation eingebettet. Am klarsten lässt sich dieser Prozess in den kleinen, demokratisch-egalitär geprägten Nationen Skandinaviens beobachten. Die hier breit rezipierte Sozialgeschichte ging ein enges Bündnis mit den verschiedenen Initiativen zur Bewahrung und Tradierung der Spuren ländlicher Kultur oder industrie- bzw. technikgeschichtlicher Denkmäler ein.

Die unterschiedlichen Strömungen einer kritischen Sozial-, Politik- und Kulturgeschichte haben vor allem die herrschaftszentrierten Nationalgeschichten älteren Typs delegitimiert. Der Blick von «unten» hat den Nationalstaat früherer Epochen und seine Vorgänger auch deutlicher als vor 1968 in seiner problematischen Rolle – als «Unterdrücker» und als «Herrschaftsinstrument» – entdeckt. Erst die Einbeziehung der Bevölkerungsmehrheiten, ihres Leidens und ihres Glücks, schließlich ihre Partizipation an der Nation konnte eine gegenwartstaugliche Nationalgeschichte beflügeln: Der Titel eines sozialhistorischen «Klassikers» markiert treffend den Perspektivwechsel: Statt den «Sonnenkönig» in den Mittelpunkt zu rücken, schrieb der französische Agrarhistoriker Pierre Goubert ein Buch über Ludwig XIV. und 20 Millionen Franzosen (*Goubert*).

Kurz gesagt: die Umbrüche und Umbauten um 1970 bedrohten keineswegs die enge Verbindung zwischen Geschichtswissenschaft und nationaler Geschichtskultur, sie lösten im Gegenteil fachinterne und öffentliche Debatten über Deutungsalternativen der Nationalgeschichte aus, stießen Revisionen und Umdeutungen etablierter Interpretationsmuster an oder sorgten für deren Erfolg. In der Bundesrepublik kam es zur langanhaltenden Debatte um die Sonderwegs-These, also Deutschlands Abweichung vom westlichen Pfad der Modernisierung, verstanden als Gleichklang von Industrialisierung, Rationalisierung und Demokratisierung. In Frankreich wurde die Diskussion um die Deutung der Französischen Revolution – primär politische Zäsur oder primär bürgerliche Revolution – erneut mit aller Heftigkeit, aber auf viel breiterer sozialhistorischer Forschungsgrundlage geführt. Vor allem die Ambitionen der Sozialhistoriker fanden ein weites Betätigungsfeld angesichts der demokratischen Revisionen nationaler Geschichtsbilder.

2. Brüche und Konflikte in den nationalen Geschichtskulturen seit den 80er Jahren

Dieses Bild hat seit den 80er Jahren Risse bekommen. Die Ursachen waren ganz unterschiedlich, externe wie interne Faktoren veränderten die Produktionsbedingungen für die Nationalgeschichtsschreibung. Dabei kann man grob drei unterschiedliche Situationen unterscheiden:

Der Zusammenbruch der sozialistischen Regime in Osteuropa und in der Sowjetunion riss die erstarrte offizielle Nationalhistoriographie mit sich. Die nationalkommunistischen Geschichtsdeutungen verloren mit ihrem amtlichen Rückhalt auch jede Verankerung in der sich neu konstituierenden politischen Öffentlichkeit der postsozialistischen Gesellschaften. Vor allem die manipulative Kontrolle der nationalen Zeitgeschichte hatte die Glaubwürdigkeit der offiziellen marxistischen Geschichtsschreibung erschüttert. Die Perestroika in der Sowjetunion zwischen 1985 und 1987, schließlich die osteuropäischen Revolutionen von 1989/90 lösten in allen Ländern zunächst eine Revision der Zeitgeschichtsschreibung aus [*Rousso*]. Die Aufdeckung von Staatsverbrechen der kommunistischen Ära, die Rehabilitation der Opfer und die Publikation bislang geheim gehaltener Dokumente standen dabei zunächst im Mittelpunkt der medialen und politischen Tagesinteressen [*Geyer*]. Doch wurde diese Phase zeitgeschichtlicher Vergangenheitsbewältigung bald schon abgelöst: das Interesse der Öffentlichkeit richtete sich in den meisten Nachfolgestaaten auf die großen Ereignisse der eigenen Nationalgeschichte; dies um so mehr, wenn es sich um Neugründungen handelte, deren Grenzen und Zusammenhalt historisch problematisch bzw. unklar erscheinen mussten wie etwa in der Ukraine oder Weißrussland [*Lindner*, 400–479]. Überall in Osteuropa und in den Nachfolgestaaten der Sowjetunion lässt sich die Rückkehr älterer Erklärungsmuster der nationalen Geschichte beobachten. In der russischen Konföderation verband sich eine nostalgische Verklärung vorrevolutionärer Zeiten – Jutta Scherrer spricht von einer kompensatorischen «Sehnsucht nach Geschichte» [*Scherrer*, 165] – mit einer Wiederaufnahme der klassischen Geschichtsbilder des großrussischen Nationalismus des 19. und frühen 20. Jahrhunderts. Orthodoxe Kirche, ein starker Staat unter tatkräftiger autokratischer Leitung, schließlich die Idealisierung früherer Gemeinschaftsbindungen im Volk knüpften nahtlos an die romantischen Geschichtsbilder des 19. Jahrhunderts an. Die Geschichtswissenschaft spielte in diesem Prozess der Umdeutung der Vergangenheit und der Neuerfindung nationaler Traditionen eine untergeordnete Rolle. Berufshistoriker sahen sich angesichts der prekären materiellen Lage häufig gezwungen, anderen Tätigkeiten nachzugehen bzw. sich den neuen publizistischen und parteipolitischen Interessen anzudienen. Nationale Geschichtskultur und Geschichtswissenschaft rückten weit auseinander; die Angebote national-historischer Sinnstiftung bedienten sich anderer Ausdrucksformen und waren angesichts des Ansehensverlustes der regimetreuen Geschichtswissenschaft auch nicht darauf angewiesen, sich der Unterstützung der Wissenschaft zu vergewissern.

Die politische Instrumentalisierung nationaler Geschichtsmythen war dort besonders stark, wo ethnische Konflikte ausbrachen und die Existenz der Staaten infrage stellten. Im ehemaligen Jugoslawien ließen kroatische und serbische Gelehrte und Publizisten die nationalchauvinistischen Geschichtsbilder aufleben und beriefen sich wie in der Vergangenheit auf die Existenz alter Reiche und eine frühe Besiedlung, um Vertreibungen und Grenzverschiebungen zu rechtfertigen [*Höpken*]. Vielfach lebten in dieser Situation völkisch-nationalistische Traditionen der Zwischenkriegszeit wieder auf. Dies ist besonders deutlich in Serbien oder Rumänien zu beobachten. Generell lässt sich ein Nebeneinander liberaler bzw. nationaldemokratischer und konservativ-völkischer Tendenzen von Ungarn über Polen bis nach Russland beobachten [Marès]. Dabei übernahmen Amateurhistoriker – Journalisten, Publizisten oder Geschichtsphilosophen – meist die Führerschaft, die osteuropäische Geschichtswissenschaft verlor enorm an Bedeutung, die materiellen Arbeitsbedingungen verschlechterten sich erheblich, der Anschluss an die internationale Geschichtswissenschaft gelang vor allem dort, wo bereits zahlreiche Kontakte in der marxistischen Ära geknüpft worden waren wie etwa in Polen oder Ungarn.

Eine andere Konstellation bildete sich in den postkolonialen Staaten Afrikas und Asiens heraus. Hier ging der kurze Sommer nationalpolitischer Einigkeit und enger Kooperation zwischen der Geschichtswissenschaft und den politischen Eliten zu Ende, welche ihre Länder in die Unabhängigkeit geführt hatten. Es eskalierten die internen Konflikte – insbesondere entlang der religiösen oder ethnischen Gegensätze, die gerade von den Kolonialmächten verfestigt und zugespitzt, zuweilen erst erfunden worden waren. Wiederum bietet sich das Beispiel Nigeria an: Dort hat sich die nationalhistorische Schule von Ibadan nicht der internen Kritik an ihrer elitär minoritären Ausrichtung an der westlich-christlich gebildeten Elite der Yoruba entziehen können, gleichzeitig sah sie sich konfrontiert mit dem Aufstieg und der Gegenbewegung einer islamischen Historiographie im Norden des Landes, die sich ganz bewusst auf die Traditionen der islamischen Geschichtsschreibung stützt [*Kaese*, 388–411]. Unter dem doppelten Druck materieller Schwierigkeiten der Hochschulen und wachsender ethnischer Konflikte innerhalb des Landes löste sich die professionelle Historiographie in Nigeria dann im Verlauf der 80er Jahre faktisch auf. Das Bündnis zwischen den politischen Eliten der afrikanischen Staaten und den Berufshistorikern ihrer Länder war kurzfristiger und oberflächlicher, als es der Boom der 60er und 70er Jahre erwarten ließ. Die institutionellen Grundlagen des Faches wurden vernachlässigt, Hochschulen, Archive und Bibliotheken gerieten in massive finanzielle Schwierigkeiten, der Geschichtsunterricht in den Schulen wurde vielfach zum bloßen Wahlfach: Anwendungsorientiertes, gegenwartsbezogenes Wissen hatte deutlich Vorrang. Unter diesen Bedingungen kam es zur Abwanderung vieler Historiker in die Forschungszentren der Ersten Welt, die nationalhistoriographischen Schulen begannen einen bis heute anhaltenden Überlebenskampf unter schwersten materiellen Bedingungen. Es etablierte sich stattdessen auf den Trümmern dieser nach westlichem Muster geschaffenen nationalen Geschichtskultur eine lokal bzw. regional orientierte Geschichtsschreibung, welche sich um die Vergangenheit einzelner Ethnien bzw. Städte oder Regionen kümmerte, aber nur noch lose mit der professionellen Historikerwelt im In- und Ausland in Verbindung stand [*Harneit-Sievers*].

Diesen Verschiebungen in den politischen Kulturen afrikanischer Staaten korrespondierte die Wiederentdeckung der Ethnizität und die Umstellung ethnischer Geschichtsschreibung von Formen traditioneller kollektiver Erinnerung auf die etablierten (schriftlichen) Formen und Verfahren wissenschaftlicher Geschichtsschreibung. Gleichzeitig ist zu beobachten, dass die an amerikanischen und europäischen Hochschulen forschenden und lehrenden jüngeren Vertreter der afrikanischen Geschichte sich in kritischer Perspektive dem politisch virulenten, explosiven Phänomen ethnischer Gruppenbildung zugewandt haben. So lassen sich in diesem Fall eine kritische Richtung und eine identitätsstiftend-affirmative Richtung neuerer Forschungen zur Vergangenheit heutiger ethnischer Gemeinschaften feststellen. Während die einen die Erzeugung ethnischer Kategorisierungen in der Zeit der Kolonialherrschaft herausarbeiten, bemühen sich die anderen Studien, die Kontinuität lokaler bzw. regionaler Gruppen über die Kolonialzeit hinweg in ferne, zum Teil nur noch mythisch belegte Vergangenheiten zu beweisen. Diese Spaltung erweist sich in vielen Fällen auch als Resultat der unterschiedlichen sozialen und kulturellen Bedingungen beider Formen historiographischer Produktion. Während die universitäre Historiker-Diaspora im ersten Fall auf den Machtmissbrauch der nationalstaatlichen Eliten Afrikas reagiert und sich kritisch mit den blutigen Folgen gegenwärtiger Ethnisierungsprozesse auseinandersetzt, wird die zweite Richtung vor allem von lokalen Intellektuellen getragen, die für ihre eigene ethnische

Gruppe in legitimatorischer Absicht deren Geschichtsdarstellung betreiben.

Ähnliche Prozesse lassen sich drittens überall dort verfolgen, wo wir es mit multiethnischen Gesellschaften in früheren weißen Siedlerkolonien zu tun haben. Zur Durchsetzung eines multikulturellen Selbstverständnisses in solchen Gesellschaften (USA, Kanada, Australien, Neuseeland) in den Jahrzehnten nach 1965 gehörte auch die Etablierung neuer Formen ethnisch zentrierter Geschichtsforschung (Black Studies usw.), die nur noch schwach in einen nationalhistorischen Rahmen integriert sind, denn bis dahin hatte sich die Nationalgeschichtsschreibung ganz wie im europäischen Fall aufs engste mit der professionellen Historikerschaft verbunden und war einseitig auf die Vergangenheit der weißen Einwanderer und Siedler ausgerichtet gewesen. In der Regel hatten dabei nationaldemokratische Geschichtsbilder dominiert, so dass hier die Sozialgeschichte der 60er und 70er Jahre weniger spektakuläre Umdeutungen als bestenfalls Retuschen und Erweiterungen nationalhistorischer Deutungsmuster und Repräsentationen bewirkt hatte. Stattdessen geriet in diesen Ländern die nationalgeschichtliche Synthese unter dreifachen Druck: innerfachlich kritisierten linke Sozial-, dann jedoch vor allem postmodern orientierte Kulturhistoriker die nationalhistorischen Großerzählungen der Vergangenheit und setzten an ihre Stelle die Geschichten einzelner Gruppen und communities. Dieser Trend zur Fragmentierung verband sich mit dem politischen Kampf unterdrückter bzw. marginalisierter Gruppen um Anerkennung ihrer Bürgerrechte und Berücksichtigung ihres Platzes in der nationalen Geschichte. Afroamerikaner, Aborigines, Maori oder Indianer waren bis dahin aus den Nationalgeschichten der Siedlerstaaten weitgehend ausgeblendet worden. Drittens belebten konservative Kräfte in diesen Ländern nationale Mythen ohne Rücksicht auf geschichtswissenschaftliche Plausibilität und Legitimität. Der US-amerikanische Kult historischer Singularität verband sich wieder stärker als in der Vergangenheit mit religiösen Deutungen der «Auserwähltheit». Ganz ähnlich wie in den postsozialistischen Ländern wurde damit auch in den USA nach 1980 die Verbindung zwischen nationaler Geschichtskultur und Geschichtswissenschaft prekärer als vor 1970. Für die USA hat dies Peter Novick als dramatischen Umbruch von einem politisch liberalen, methodisch offenen Konsensmodell der 50er Jahre, das um die Besonderheiten und den Ausnahmecharakter der amerikanischen Nationalgeschichte kreiste, zu einem fragmentierten Nebeneinander unterschiedlicher Geschichten einzelner Gruppen seit den 70er Jahren beschrieben [*Novick*, 563–629].

Solche zentrifugalen Tendenzen sind in den europäischen Geschichtsfeldern oder in Japan bzw. China viel schwächer ausgeprägt – hier hat sich stärker das Selbstverständnis innerhalb der universitären Geschichtswissenschaft gehalten, als (kritische) Instanz innerhalb einer nationalen Geschichtskultur zu wirken.

3. Positionswechsel und Perspektivwechsel in der Geschichtswissenschaft

Wir haben eingangs bereits darauf hingewiesen, dass die Weiterführung der Nationalgeschichte keineswegs spannungsfrei verläuft. Fachintern haben sich die Voraussetzungen für die Nationalhistoriographie erheblich verändert, in vieler Hinsicht eindeutig verschlechtert. Zu erinnern ist zum einen an den Trend zu weiterer Spezialisierung und fachinterner Fragmentierung. In großen Ländern ist die nationalhistorische Synthese zu einer Aufgabe geworden, welche die Kompetenzen und Arbeitskraft eines Einzelnen schlicht zu überfordern droht. Dementsprechend ist der Zuschnitt der entsprechenden Bücher bescheidener geworden: Allein kürzere Zeitspannen und ausgewählte Themen versprechen angesichts der Informationsfülle und Deutungskontroversen Erfolg.

Ein Zweites kam jedoch noch hinzu: Ein Teil der Kultur- und Sozialhistoriker kehrte bewusst der Nationalgeschichte den Rücken und kritisierte scharf deren geschichtsphilosophischen Fundamente. Vor allem postmoderne und feministische Kritiker erteilten dem traditionellen Auftrag nationaler Sinnstiftung eine entschiedene Absage. Zweifellos handelt es sich dabei um eine kleine Minderheit, ihre Argumente haben jedoch das Lager der Skeptiker und Agnostiker größer werden lassen, welche das Feld nationalhistoriographischer Synthesen lieber räumen oder aber in ironischer Brechung ihrerseits zum Gegenstand ideen- bzw. wissenschaftsgeschichtlicher Forschung erheben. Die Erforschung der Nationalgeschichten vor allem des 19. Jahrhunderts ist zu einem florierenden Feld der neuen Ideen- und Kulturgeschichte geworden. Die neue Kulturgeschichte hat sich mit Emphase der Erforschung kollektiver Erinnerung und des kulturellen Gedächtnisses zugewandt.

Drittens ist zu beobachten, dass sich ein Teil der Historikerschaft an andere außeruniversitäre Gruppen bzw. communities bindet als an die Nation. Vor allem dort, wo die Universitäten selbst viel stärker von unterschiedlichen Kräften innerhalb der Gesellschaft abhängig sind wie etwa in den USA, haben die verschiedenen politisch organisierten communities auch ihre eigenen Historikernetzwerke hervorgebracht.

4. Neue Richtungen der Nationalgeschichte

Angesichts dieser vielfältigen Entwicklungen ist es nicht verwunderlich, dass die historiographische Produktion selbst bunter geworden ist. Zum einen kehrten die sinnstiftenden Geschichtsklitterungen und Mythen zurück, welche die Anfänge der gegenwärtigen Nationalstaaten zurückprojizieren in möglichst weit zurückreichende, heroisierte Landnahmen, Staatenbildungen oder Reichsgründungen. Vielfach verbindet sich dieser Grundgedanke wieder mit nationalromantischen Deutungsmustern des 19. Jahrhunderts, die im Staatsvolk quasi die endogene Wirkkraft aller Formveränderungen von Nation und Staat im Laufe der Geschichte sahen. Häufig entstammen die Adaptationen älterer nationalistischer Deutungsmuster der Feder von Journalisten oder Amateurhistorikern. Daneben schrieben Berufshistoriker weiterhin konventionelle Nationalhistoriographien, welche sich auf die großen politischen Ereignisse konzentrierten und das Bild vom Auf und Ab des Nationalstaats und seiner Vorläufer bzw. vom Werden der Nation entwerfen.

Ein anderes Grundproblem der neueren Nationalgeschichtsschreibung von Berufshistorikern betrifft die Einbettung der nationalen Ereignissequenzen oder Strukturmerkmale in den weltgeschichtlichen Zusammenhang. Fortschrittsmodelle, in der evolutionären Variante einer liberalen Modernisierungstheorie, vor allem jedoch in der orthodox marxistischen Variante eines universalhistorischen Stadienmodells waren nach 1960 zunächst ein attraktives Angebot, um die Nationalgeschichte der neuen Nationalstaaten bzw. der neuen Demokratien zum einen gegenüber dem Westen aufzuwerten und zum andern, um intern die Gegenwart als Realisierung blockierter Entwicklungsmöglichkeiten zu rechtfertigen. Dieses progressistische Grundmuster lässt sich sowohl bei chinesischen wie japanischen oder indischen Marxisten finden.

Liberale und konservative Historiker orientierten sich eher an der westlichen Modernisierungstheorie, aber auch in dieser Variante war der Platz der eigenen Geschichte im Gesamtschema klar, bei allen Kontroversen im Einzelnen.

Die Kritik an den großen eurozentrischen Fortschrittsmodellen hat nach 1960 auch die Nationalgeschichten erreicht: Bereits die neo-marxistischen Neuansätze der 60er und 70er Jahre problematisierten die älteren entwicklungstheoretischen Denkmodelle. Mit der Vorstellung unterschiedlicher Zeitmaße und der Gleichzeitigkeit traditioneller und moderner Strukturen entstand gerade in den westlichen Zentren ein markant fortschrittsskeptischer Grundzug in der Geschichtsforschung. Erfasst wurden davon vor allem der 68er Flügel früherer Neuer Linker sowie die neu hinzu kommenden postmodernen Positionen eines radikalen Kulturrelativismus.

Damit wurde gerade in den Ländern mit anderen Traditionen der historischen Sinnstiftung und der Geschichtskultur eine Neubewertung von Epochen, politischen und sozialen Strukturen eingeleitet, die auf eine Aufwertung älterer indigener Entwicklungen und Konzepte hinausläuft. In Japan wurde die Tokugawa-Zeit (1600–1868) der relativen Schließung und der binnenzentrierten Entwicklung als Alternative zum westlichen Pfad kolonialer Expansion und kapitalistischer Industrialisierung neu entdeckt, in den islamischen Ländern wurde die Vorbildlichkeit der mittelalterlichen Gesellschaften des Islams hervorgekehrt und damit implizit die zeitgeschichtliche Entwicklungstendenz der islamischen Staaten unter westlichem Einfluss kritisiert. Offenkundig hat sich das intellektuelle Bezugssystem der Nationalgeschichte verschoben: Der Wettlauf um das Ankommen in einer normativ überhöhten Moderne, die gleichzeitig als Annäherung an die westlichen Standards in Marktwirtschaft, Zivilgesellschaft und Demokratie interpretiert wird, sieht sich herausgefordert durch post-koloniale Zeitmodelle, welche die Eigenzeitlichkeit der jeweiligen Kulturen und Zivilisationen wieder entdecken. Die Sonderwege jeder Nation lassen sich nicht mehr auf einer einheitlichen Evolutionsachse einordnen. Es ist zu früh, um zu ermessen, wie tragfähig diese intellektuellen Einsprüche gegen das dominante lineare Zeitmodell westlicher Herkunft am Beginn des 21. Jahrhunderts wirklich sind.

5. Darstellungsformen der professionellen Nationalhistoriographie

Angesichts dieser höchst gegensätzlichen Entwicklungstendenzen und widerstreitenden Richtungen sah sich die geschichtswissenschaftliche Nationalgeschichtsschreibung zu sehr komplexen und arbeitsaufwendigen Lösungen gezwungen, wenn sie das Problem einer Nationalgeschichtsschreibung auf hohem intellektuellen Niveau bewältigen wollte. So sind sehr unterschiedliche Entwürfe nationalgeschichtlicher Synthesen auf der Basis der neuen sozial- und kulturhistorischen Konzepte und Wissensbestände entstanden. Aus der Fülle des Angebots lassen sich drei Modelle idealtypisch herausdestillieren.

1. Nationalgeschichte als politische Gesellschaftsgeschichte der modernen Nation

Bei diesem Modell handelt es sich um ein Mischprodukt marxistischer, weberianischer und strukturfunktionalistischer Ansätze. Es rückt den Begriff Gesellschaft in den Mittelpunkt der historischen Analyse nationaler Geschichte, fasst ihn dabei aber konkret als Ausprägung des Sozialen in den Grenzen und unter dem Einfluss des Nationalstaats. Diese Nationalgeschichten beschäftigen sich mit sozialen Klassen, politischen Parteien und wirtschaftlichen Interessenverbänden, fragen nach den wirtschaftlichen und sozialen Hintergründen, Ursachen und Folgen politischer Großereignisse wie Revolutionen, Kriegen und Regimewechseln. Der zeitliche Horizont dieses Ansatzes umfasst je nach nationaler Ausprägung in mehr oder weniger dichter Bearbeitung die gesamte Neuzeit, kaum die mittelalterliche Geschichte. Diese Entwürfe einer nationalzentrierten Gesellschaftsgeschichte konzentrieren sich faktisch auf den Zeitraum 1750/1800 bis zur jüngsten Vergangenheit. Es handelt sich damit um eindeutig zeithistorisch ausgerichtete Synthesen. Die Nation ist in dieser Deutung erst ein Produkt der Moderne, ihre Rückprojektion in ältere Epochen wird als Teil älterer nationalgeschichtlicher Deutungsmuster kritisiert.

In der Bundesrepublik repräsentieren die großen Synthesen von Hans-Ulrich Wehler und von Thomas Nipperdey zum 19. und frühen 20. Jahrhundert diesen Typus in mustergültiger Weise. Zum einen integrieren beide Werke die Ergebnisse von mehr als 20 Jahren intensiver Forschung auf den Spuren einer solchen makrohistorisch ausgerichteten politischen Gesellschaftsgeschichte in eine Gesamtdeutung der deutschen Nationalgeschichte seit dem 18. Jahrhundert, zum anderen verknüpfen sie darstellerisch den Bericht der großen Ereignisse und politisch-sozialen Kontroversen mit der Analyse von Strukturen, Lagen und anonymem sozialen bzw. kulturellen Wandel (*Wehler, Nipperdey*).

2. *Nationalgeschichte als Strukturgeschichte langer Dauer*
Ganz anders sind einige Historiker der *Annales*-Strömung verfahren, als sie sich dem Problem der Nationalgeschichte zugewandt haben. Beispiele für ihre Lösungen liegen für Italien und für Frankreich vor. Die von Corrado Vivanti und Ruggiero Romano herausgegebene «Storia d'Italia» des Verlages Einaudi betonte die strukturellen, quasi immobilen Konstanten, welche die Genese des modernen Italiens bestimmt haben (*Vivanti*). Der Darstellung des italienischen Nationalstaats seit 1860 gehen mehrere Bände voran, welche die «Grundstrukturen» in Politik, Kultur, Wirtschaft und Gesellschaft thematisieren. Diese Analyse der Effekte langer Dauer war zugleich auch ein Beitrag zu den Diskussionen um die ungelösten Spannungen und Ungleichgewichte des italienischen Nationalstaats: Entsprechend große Aufmerksamkeit wurde der eher statischen Agrarwirtschaft zu Lasten des vielfach beschworenen Glanzes städtischen Handels und Gewerbes geschenkt. Die Autoren betonen den Gegensatz zwischen der Kultur der Eliten und der breiten ländlichen Bevölkerungsmehrheit. In diesem experimentellen Gesamtwerk ergänzten Einflüsse und Ideen der englischen Marxisten die Inspirationen der *Annales*-Historiographie. Geo-historisch kann dieser Ansatz genannt werden, weil er dem Gegensatz von Zentren und Peripherien innerhalb der italienischen Halbinsel und den raumgebundenen Strukturen und Langzeiteffekten große Beachtung schenkt. Dieses Modell ist dann auch in Frankreich selbst erprobt worden, und Fernand Braudel hat in seinem Spätwerk Frankreich als ein Ensemble mehrerer sich überlagernder, aber zunächst einmal unabhängig voneinander zu analysierender dauerhafter Strukturen dargestellt. Die Nationalgeschichte entsteht aus der Überlagerung dieser Strukturen auf dem Territorium des Nationalstaats (*Braudel 1989*).

3. *Nationalgeschichte als Kulturgeschichte der nationalen Tradition*

Als dritter Typus entstand ein dezidiert kulturgeschichtlicher Ansatz: Er versteht die Entstehung der Nationen primär als Umwandlung einer symbolischen Ordnung, eines politisch-kulturellen Wunschbildes in eine politisch-soziale Ordnung. «Invention of Tradition» und «Imagined Communities» hießen die beiden Schlüsseltexte dieser Richtung (*Hobsbawm/Ranger, Anderson*). Die Erforschung der Gestaltung, Verbreitung und dann institutionellen Verankerung leitender Kategorien nationalstaatlicher Ordnung, die emotionale Besetzung nationaler Symbole und die Genese nationalstaatlicher Institutionen als komplexe sozialkulturelle Prozesse stehen dabei eindeutig im Mittelpunkt.

Zwar hatte die nationalzentrierte Geschichtsforschung auch früherer Zeiten sich für die Ideengeschichte des Nationalismus und für die Verfassungs- und Verwaltungsgeschichte der Staatsgebilde interessiert. Aber gerade die großen Klassiker dieser früheren Phase sind bis auf wenige Ausnahmen von einer markanten Staatsfrömmigkeit sowie apriorischen Parteinahme für die Figur des Nationalstaats erfüllt. Die anhaltenden Kontroversen um die Englische oder Französische Revolution, die amerikanische Unabhängigkeit und Verfassung sind beredtes Beispiel für diese Art eines Streits auf der Basis unreflektierten Einverständnisses über die kulturelle Bedeutung nationaler Identitäten via Geschichte. Gerade die neue Kulturgeschichte des Nationalismus hat diesen Konsens durchbrochen und einer Historiographie der Nationsbildung und der nationalen Leidenschaften den Weg geebnet, die quasi von außen, wie ein «Fremder» an die Symbole und Leidenschaften dieser politischen Kultur herantritt.

Einen sozialhistorischen Klassiker dieser neuartigen Sozial- und Kulturgeschichte des Nationalen haben wir bereits in Eugen Webers Peasants into Frenchmen kennengelernt (*Weber*). Pierre Nora hat in dem von ihm herausgegebenen Werk *Lieux de mémoire* so etwas wie ein Inventar nationaler Schlüsselbegriffe, Erinnerungsorte und Institutionen angelegt (*Nora*). Es versucht das Ensemble der nationalen Geschichtskultur Frankreichs in Form eines Puzzles aus Einzelstücken zusammenzulegen. Noras Buch hat ein überwältigendes Echo gefunden; inzwischen sind italienische, deutsche und afrikanische Nachfolgeprojekte entstanden, welche das Muster kopiert und sich ebenfalls die Aufgabe gestellt haben, die Spezifika der nationalen Erinnerungskultur zur Darstellung zu bringen.

Eine solche Kulturgeschichte nationaler Identitätsmuster hat aber auch andere Wege eingeschlagen: Dazuzurechnen sind Untersuchungen zu Schlüsselbegriffen der politisch-sozialen Sprache der modernen Nationen. Wieder einen anderen Weg hat Linda Colley eingeschlagen, wenn sie die Rolle von Feindbildern und kriegerischen Auseinandersetzungen für die Ausprägung nationaler Identitätsmuster für England im 18. und frühen 19. Jahrhundert analysiert (*Colley*).

6. Zwei Beispiele

***Ruggiero Romano, Corrado Vivanti (Hg.)**, Storia d'Italia, 6 Bde in 10 Teilbänden, Turin 1972–1976.*

Das Gemeinschaftswerk Storia d'Italia des Verlages Einaudi ist bereits kurz erwähnt worden, als die geohistorischen Ansätze vorgestellt wurden. Die Herausgeber Romano und Vivanti haben zahlreiche international bekannte Spezialisten (u. a. C. Ginzburg, St. Woolf, F. Venturi und F. Braudel) für dieses «Experiment» einer primär strukturgeschichtlichen Nationalgeschichte gewonnen. In diesem Werk ergänzen sich Einflüsse und Ideen der verschiedensten zeitgenössischen Strömungen der Sozial- und Kulturgeschichte von den englischen Marxisten bis zu den Inspirationen der *Annales*-Historiographie.

Die Gliederung der Bände verdeutlicht die Gesamtarchitektur des Projekts: der erste Band ist ausschließlich den prägenden Strukturen in der Geschichte der italienischen Halbinsel seit der Antike gewidmet. Hier geht es um den Wandel der Kulturlandschaften und Wirtschaftsräume, um Formen des Rechts und der Herrschaft, um Religion, Magie, Sprache und Kunst. Der zweite Band behandelt in zwei Teilbänden auf insgesamt 2248 Seiten den Zeitraum vom Ende des römischen Imperiums bis 1700. Gleichrangig werden hier die Prozesse der Staatsbildung, die religiöse Geschichte sowie die Entwicklungen in Wirtschaft, Kunst, Literatur und Wissenschaft dargestellt. Darstellungen der Beziehungsgeschichte Italiens mit seinen nahen und fernen Nachbarregionen beschließen diesen Teil.

Der 3. Band widmet sich dem Zeitraum 1700–1860, also der Phase vor der Gründung des italienischen Nationalstaats, und folgt dabei – aber ohne den Religionsschwerpunkt – dem gleichen Schema wie der 2. Band. Die sich anschließende Geschichte des italienischen Nationalstaats seit 1860 im folgenden Band thematisiert ausführlich die Verzahnungen der politischen Ereignisgeschichte mit den sozialen und ideellen Grundkonflikten der Epoche, sie rückt aber im Gesamtwerk ganz deutlich in eine nachrangige Position. Dies wird auch durch die beiden abschließenden Bände des Gesamtwerks verdeutlicht. Der 5. Band behandelt ausführlich in zwei Teilbänden die unterschiedlichen Dokumente für eine solche Gesamtgeschichte Italiens seit der Spätantike. Hier werden insbesondere traditionell eher vernachlässigte Quellen präsentiert: voran die große Welt materieller und ideeller Überreste wie Münzen und Gewichte, Kataster, archäologische Funde, Landschaftsformen und Stadtbilder, Musik und Malerei. Schließlich werden im abschließenden «Atlas»-Band die Karten und Bilder der italienischen Halbinsel von den frühesten Zeugnissen bis zu aktuellen kartographischen Darstellungen statistischer Tabellen analysiert und dokumentiert.

Diese Strukturgeschichte ist also auf der einen Seite als der Versuch zu lesen, Ansätze und Ergebnisse der neueren Sozial- und Kulturgeschichte zu einem Gesamtbild, einer Gesamtgeschichte Italiens zusammenzufügen.

Diese ausführliche und ausgesprochen vielfältige Präsentation einer Strukturgeschichte Italiens war zugleich auch ein Beitrag der beteiligten Historiker zu den zeitgenössischen Diskussionen um die ungelösten Spannungen und Ungleichgewichte des italienischen Nationalstaats der Gegenwart: der Gegensatz zwischen Nord und Süd, die Schwäche des italienischen Staats und die Besonderheiten des italienischen Kapitalismus. Entsprechend große Aufmerksamkeit widmeten die Planer und Herausgeber der eher statischen Agrarwirtschaft zu Lasten des vielfach beschworenen Glanzes städtischen Handels und Gewerbes, entsprechend stark betonten die Autoren den Gegensatz zwischen der Kultur der Eliten und der breiten ländlichen Bevölkerungsmehrheit in der italienischen Geschichte.

Literatur: *Eine Auswahl von Beiträgen des 1. Bandes sind auf Deutsch erschienen: Eva Maek-Gérard (Hg.): Die Gleichzeitigkeit des Ungleichzeitigen. Studien zur Geschichte Italiens, Frankfurt/M. 1980. Zur Rezeption siehe dort: Eva Maek-Gérard, Einleitung, in: ebd., S. 2–21.*

Simon Schama, The Embarrassment of Riches, New York 1987 (dt. Überfluss und schöner Schein. Zur Kultur der Niederlande im goldenen Zeitalter, München 1988).

Dem dritten Typus ist das zweite Beispiel zuzuordnen: Schamas breite kulturgeschichtliche Schilderung der niederländischen Gesellschaft zwischen 1550 und 1750 stellt sich die Aufgabe, die «Eigentümlichkeiten der Holländer» (Schama, 15) zu dem Zeitpunkt zu erfassen, als sie ein kollektives Bewusstsein ihrer Besonderheiten und ihrer Zusammengehörigkeit im Zuge ihres politischen Unabhängigkeitskampfes gegen Spanien entwickelten. Die Elemente und Formen dieses Vergemeinschaftungsprozesses sucht Schama in nahezu allen Bereichen des zeitgenössischen Lebens: von politischen Traktaten über religiöses Schrifttum und Malerei bis zu Volksliedern und Alltagsepisoden. Die Darstellung lässt sich von sozialwissenschaftlichen Klassikern wie Weber oder Durkheim inspirieren, bietet dem Leser jedoch vor allem eine quellennahe, anschauliche Beschreibung.

Der erste Teil ist den geographisch-politischen Grundlagen gewidmet. Hier schildert Schama, wie seit der Mitte des 16. Jahrhunderts die Niederlande Gestalt gewinnen, das Land im Kampf gegen die Naturgewalten wie gegen den spanischen Feind Identität gewann und kartographisch, historisch und politisch beschreibbar wurde.

Der zweite Teil umkreist in drei Kapiteln das Spannungsverhältnis zwischen religiöser Strenge und diesseitsgewandter, gewinnorientierter wie machthungriger Aneignung der Welt als Spezifikum der niederländischen Kultur. Freihandel und Kolonialmonopole, republikanische Friedenspolitik und militärische Selbstbehauptung, Luxus und Sparsamkeit sind Gegensatzpaare, an denen Schama die inneren Widersprüche und dabei wiederum die Eigenheiten des niederländischen Habitus verdeutlicht. Der dritte Teil steht dem großen Rahmenthema scheinbar am fernsten: Er untersucht den Privatraum der Familie und dort insbesondere die Welt der Kinder. Aber Familienleben und Kindererziehung wiederum eröffnen den Blick auf die Geschlechterordnung, welche der niederländischen Nationsbildung zugrunde lag. Hohe Sauberkeitsstandards und Tugendkataloge einerseits, sexuelle Freizügigkeit und Duldung der «Laster» andererseits markierten die Moralbalancen der Niederlande, während die Entdeckung der Kinder und ihrer eigenen Welt als Spezifikum der zeitgenössischen niederländischen Kunst hervorgehoben wird.

Schamas Buch beschäftigt sich mit der «Erfindung einer nationalen Tradition», aber anders als die Mehrzahl kultur- bzw. ideengeschichtlicher Studien beschränkt er seine Untersuchung nicht auf die enge Welt des politisch Erzeugten, Manipulierten oder intentional Geschaffenen. Es betont die Elastizität dieser nationalen Ordnung, deren staatlich-herrschaftliche Komponente eher zweitrangig war, deren Wertemuster und Handlungsgewohnheiten jedoch viel effektiver Zusammenhalt und Kooperation sicherstellten. Schamas Studie bietet dementsprechend ein historiographisches Modell für die kulturgeschichtliche Analyse von primär gesellschaftlich geprägten, auf Inklusion und Partizipation beruhenden Formen der Nationsbildung.

Literatur: *J. L. Price, Rez. in: American Historical Review 94 (1989), 158 f.; J. Adams, Rez. in: Contemporary sociology 17 (1988), 760 f.; J. M. Möller, Rez. in: Ein Büchertagebuch. Buchbesprechungen aus der Frankfurter Allg. Zeitung, Frankfurt/M. 1989, 488–491.*

XV
Geschichtswissenschaft am Beginn des 21. Jahrhunderts

Dieser Überblick hat einen besonderen Akzent auf die Internationalisierung der Geschichtswissenschaft gelegt. Er hat immer wieder Gemeinsamkeiten zwischen den Historikerfeldern verschiedener Länder und Kontinente betont, die Ausbreitung und Adaptation des westlichen Modells der Geschichtsforschung als einen Basisprozess der Fachentwicklung im 20. Jahrhundert aufgefasst. Ein Aspekt dieser Entwicklung war die weltweite Durchsetzung der nationalstaatlichen Organisationsform des Wissenschaftsbetriebs. Wir haben zu zeigen versucht, wie sich daraus eine Reihe von Grundspannungen verstehen lassen, welche die Fachentwicklung in den meisten Ländern geprägt haben: Überall bleiben Fachhistoriker eingebunden in die kollektiven Konflikte über die Deutung der Nation, ihrer politischen Ordnung und ihrer Vergangenheit. Nationale Geschichtsschreibung oder historische Detailforschung im Interpretationsrahmen nationalgeschichtlicher Großerzählungen dominierten auch am Ende des 20. Jahrhunderts den Berufsalltag des Faches. Dennoch haben sich einige auffällige Verschiebungen ergeben, welche zu größerer Internationalität und Autonomie der Geschichtswissenschaft geführt haben.

1. Das langsame Ende des Eurozentrismus

Die meisten intellektuellen Impulse, die meisten Werke und Wissenschaftler, welche in den voranstehenden Seiten genannt worden sind, stammen aus den Zentren der geschichtswissenschaftlichen Forschung in Europa, Nordamerika und Japan. Quantitativ wie qualitativ spiegelt sich auch am Ende des 20. Jahrhunderts im Wissenschaftsbetrieb des Faches der große Gegensatz zwischen den reichen Ländern der Ersten Welt und den armen Ländern der Dritten Welt. Die Historikerfelder der ehemals sozialistischen Staaten befinden sich noch in einer Phase der intellektuellen und institutionellen Umstrukturierung, welche mit großen materiellen Schwierigkeiten und konzeptionellen Neuorientierungen verbunden ist. In Afrika sowie in Teilen Südasiens und der islamischen Staaten ist die Lage des Faches prekärer als am Beginn der Dekolonisation, die Krise des westlichen Importmodells Nationalstaat hat auch die universitäre Geschichte erfasst, welche sich zu einer wichtigen Legitimationsinstanz der neuen Ordnungen und ihrer Eliten entwickelt hatte. In Lateinamerika haben vor allem die wirtschaftlichen Kriseneerscheinungen die Entwicklung der universitären Geschichtskultur behindert. Der international vergleichende Blick auf die institutionelle Lage der Historikerfelder nach dem Ende des großes Booms der Jahrzehnte zwischen 1950 und 1970 bzw. 1960 und 1980 fällt also sehr unterschiedlich aus: Denn in den westlichen Zentren hat sich das Fach als ausgesprochen krisenfest erwiesen, eine anhaltende öffentliche Nachfrage nach ihren Arbeitsergebnissen hat die Abhängigkeit von akademischen Zyklen erheblich abgemildert.

Trotz institutioneller Schwierigkeiten lässt sich ein internationaler Trend weg vom Eurozentrismus beobachten. Typisch für diesen Trend scheint mir insbesondere, dass gerade auch die Geschichtsforschung Asiens, Afrikas und Lateinamerikas in wachsendem Maße untereinander Verbindungen knüpft. So ist das Interesse an den indischen *subaltern studies* gerade in den benachbarten asiatischen, aber auch in afrikanischen Ländern gewachsen. Die französische Übersetzung ausgewählter Texte durch frankophone Historiker Senegals zeigt, dass die Vernetzungswege nicht mehr in jedem Fall über die Metropolen laufen. Die Debatte über neue Perspektiven einer Geschichtsschreibung jenseits der etablierten Dreiteilung der Welt wird vor allem von Historikern Lateinamerikas, Asiens und Afrikas geführt [*Dirlik/Bahl/Gran*]. Deutlich sind die Ansätze zu einer Umorientierung der Vergleichsperspektiven hin auf andere Zeiträume, etwa die asiatische Geschichte mit ihren vier hochkulturellen Zentren und zahlreichen Berührungszonen und einer vielfältigen und komplexen Geschichte der Transfers und Kulturkontakte. Bei einer solchen neuen geohistorischen Zentrierung von Fragestellungen rückt die europäische Entwicklung an den Rand einer eurasischen Gesamtentwicklung, alle Fragen nach Sonderwegen, wechselseitigen Beeinflussungen und Wahrnehmungen werden neu gestellt.

Die Geschichtsforschung zu Europa, den «neu-europäischen» Ländern USA, Neuseeland, Australien oder Lateinamerika hat begonnen, sich in grenzüberschreitende Bezüge zu stellen, nach den Beziehungen zu anderen Regionen und Zivilisationen zu fragen. Ein klassisches neues Forschungsfeld ist die boomende Kulturgeschichte der europäischen Expansion.

Mit den theoretischen Impulsen der neuen Kulturgeschichte hat sich im Schatten der Debatten um den Kulturrelativismus auch eine wachsende Sensibilisierung für die Bedingungen und Möglichkeiten des transkulturellen Vergleichs ergeben. Der «Partialvergleich» ist zu einem seit den 80er Jahren immer häufiger benutzten Verfahren geworden, das es erlaubt, empirisch gesättigte, archivgestützte Forschung mit den weiten Fragehorizonten einer historischen Soziologie bzw. einer global history zu verbinden [*Osterhammel*, 11–45].

2. Internationalisierung im Zeichen prekärer Autonomie

Ein zweiter Trend hat sich seit den großen institutionellen Umbauten im Wachstumsboom deutlich verstärkt: Die nationalen Historikerfelder sind stärker miteinander vernetzt worden, wissenschaftliche Kommunikation über Staatsgrenzen hinweg hat an Bedeutung gewonnen.

Nach dem Ende des Booms der einzelnen Historikerfelder, der zunächst einmal rein quantitativ die Binnenzentrierung verstärkte, hat sich der Trend zum grenzüberschreitenden Verkehr von Ideen und Personen, der bereits für die führenden Fachjournale und die großen Ideenrichtungen seit 1945 zu beobachten war, auch quantitativ stärker zur Geltung gebracht: Studienaufenthalte von Geschichtsstudenten und Forschern, kleine, aber wachsende Minderheiten ausländischer Dozenten in den Historikerfeldern und die Etablierung einer wachsenden Zahl international vertriebener Fachjournale sind hier zu nennen.

Zweifellos hat die Verbreitung des Englischen als der Lingua franca der akademischen Welt zu dieser Internationalisierung beigetragen. Sie ermöglicht in der Regel die Durchführung internationaler Fachkonferenzen für die vielen neu entstandenen Spezialgebiete, welche sich in den letzten 30 Jahren institutionell verselbständigt haben und zum Teil engere Kontakte über die Landesgrenzen hinweg als innerhalb des eigenen Historikerfeldes pflegen. Spezialisierung und Internationalisierung sind vielfach Hand in Hand gegangen. Insbesondere die kleineren Historikerfelder haben nur auf diesem Weg den Anschluss an die internationale Forschung halten können.

Zur Internationalisierung gehört auch die weltweite Zirkulation von Konzepten, Modellen und Klassikern. Die Ökumene der Historiker wird am Beginn des 21. Jahrhunderts weniger durch die diplomatische Ebene der großen Weltkongresse repräsentiert [*Erdmann*], sondern vollzieht sich in der weltweiten Debatte. Auch das Ende der großen Theorien und Paradigmen in den 80er Jahren leitete keine Rückkehr zu nationalzentrierten oder bloß regionalen Diskussionszusammenhängen ein, gerade revisionistische Autoren aus dem marxistischen Denkhorizont wie Gramsci, Thompson und Wallerstein oder poststrukturalistische Theoretiker wie Foucault oder Said haben internationale Verbreitung gefunden. Einige Klassiker der Geschichtswissenschaft des 20. Jahrhunderts, voran die französischen *Annales*-Historiker wie Marc Bloch und Fernand Braudel sind erst in den letzten beiden Jahrzehnten zu internationalen Klassikern geworden, die rund um den Globus von Historikern gelesen werden. Das Fach verfügt jedenfalls gegenwärtig über eine ganz neu zusammengestellte Bibliothek internationaler Referenzwerke, welche die Kommunikation über Sprach- und Kulturgrenzen hinweg erleichtern.

Die Internationalisierung wird auch durch den Typus machtferner, wissenschaftszentrierter Geschichtsschreibung und Forschung gestärkt. Ein nennenswerter Teil der professionellen Historikerschaft hat sich aus den Selbstbindungen an nationale und ideologische Aufgaben und Prioritäten gelöst und versteht sich stattdessen als Vertreter einer internationalen Wissenschaft. Der Kreis derer, die ihrerseits vorrangig für Historiker egal welcher Herkunft und Rasse schreiben, ist nach dem Boom ungleich größer als in den sechs Jahrzehnten zuvor. Die Welt der politisch und ideologisch kontrollierten Geschichtsschreibung ist am Ende des 20. Jahrhunderts kleiner geworden, ohne dass der Idealtypus der autonomen Geschichtswissenschaft bereits zum Normalfall geworden wäre. Auch in den institutionell abgesicherten Historikerfeldern haben sich ganz ähnlich wie in den übrigen Disziplinen der etablierten Wissenschaftssysteme die institutionellen und personellen Vernetzungen mit den Mediensystemen und den politischen

Institutionen des jeweiligen Nationalstaats weiterentwickelt und vertieft.

3. Die Überschreitung des Nationalen – neue Identitätsmuster und kollektive Bezugspunkte

Die Geschichtswissenschaft reagiert an vielen Orten der Welt quasi seismographisch auf die Verschiebungen der Machtbalancen, denen die Nationen und Nationalstaaten in den letzten zwei Jahrzehnten ausgesetzt sind. Die Vielfalt der widerstreitenden Tendenzen verbietet klare Prognosen und einfache Trendbeschreibungen. Abschließend soll deshalb nur auf einige Tendenzen im Verhältnis zwischen Nationalstaat, Geschichtswissenschaft und Geschichtskultur hingewiesen werden, denen strukturbildende Kraft in der Zukunft zukommen könnte.

Zum einen entwickelte sich ein breiteres Interesse an historischen Vergleichen und Transfergeschichten. Die Grenzen der Nationen, aber auch der Kulturen sind, wie uns der Blick in die Weltgeschichte gelehrt hat, durchlässiger geworden. Eindeutig rücken dabei internationale bzw. transnationale Menschengruppen, Vergemeinschaftungsformen, Strukturen oder Prozesse in den Mittelpunkt, die bislang aus nationalzentrierter Perspektive als marginal galten. Ganz offensichtlich wächst die Aufmerksamkeit einer jüngeren Generation von Historikern in dem Maße, wie sie sich selbst in weiter gespannten, grenzüberschreitenden professionellen Netzwerken verorten und beruflich platzieren.

Die global history wird genauso belächelt wie die ältere Universalgeschichte, dennoch ist dieser Zweig keine bloße Mode geblieben, denn neben umweltgeschichtlichen Themen wird vor allem die kulturvergleichende und beziehungshistorische Dimension dieses Ansatzes immer relevanter. Die Vitalität solcher transnationaler Themen und Forschungsfelder ist auch daran zu erkennen, dass sich neben den Experten zunehmend auch das Publikum für solche übergreifenden Fragestellungen interessiert: Dies ist besonders dort zu beobachten, wo es sich um Schlüsselthemen der Nationalgeschichte handelt. Zwei Themenkomplexe haben dabei in den letzten zwei Jahrzehnten des 20. Jahrhunderts universalgeschichtliche bzw. transnationale Bedeutung gewonnen: Zum einen hat die Erforschung der Sklaverei einen weiteren Schritt hin zur vergleichenden Geschichte gemacht. Sie ist zu einem internationalen

Forschungszusammenhang zusammengewachsen, der in der Breite seiner Forschungsansätze und der Vielfalt der Fragestellungen zweifellos singulär ist, aber exemplarisch für den Prozess stehen kann, welcher auch in anderen Feldern erkennbar ist [*Drescher/Engermann*]. Unter dem Eindruck einer internationalen Ächtung des Rassismus und im Zeichen der Dekolonisation ist die Sklaverei zu einem zentralen Element in der Geschichtskultur der unterschiedlichsten Nationen und Regionen der Erde geworden [*Osterhammel 2000*].

Eine ähnliche Entwicklungsdynamik hin zu universalhistorischer Relevanz hat in den letzten Jahrzehnten des 20. Jahrhunderts die Holocaust-Forschung ausgezeichnet. Während sie lange Zeit fast ausschließlich in Händen amerikanischer und jüdisch-israelischer Historiker lag und sich die deutsche Zeitgeschichtsforschung erst relativ spät diesem Thema zugewandt hat, ist die historische und sozialwissenschaftliche Erforschung des NS-Mordprogramms an den europäischen Juden zu einer breiten internationalen Unternehmung geworden, deren Träger vor allem Historiker in den USA, der Bundesrepublik und Israel sind, die aber inzwischen eine breite Unterstützung in den anderen europäischen Historikerfeldern gefunden hat. Auch diese internationale Forschung ist eng mit der Internationalisierung der kollektiven Erinnerung an den Holocaust verbunden. Der Völkermord der Nationalsozialisten ist zu einer Chiffre für den Rückfall in eine unmenschliche Barbarei in der Geschichte des 20. Jahrhunderts geworden. Auch wenn damit seine konkreten Umrisse verschwimmen und der leichtfertige Gebrauch des Begriffs Holocaust in der politisch-kulturellen Öffentlichkeit gerade die Historiker dieses Verbrechens immer wieder verzweifeln lässt, so ist doch festzuhalten, dass ein internationales Forschungsfeld entstanden ist, welches zum einen nach den Bedingungen und der historischen Dynamik von Genoziden fragt und zum andern dieses Staatsverbrechen in den Zusammenhang totalitärer Herrschaftspraktiken im 20. Jahrhundert stellt.

Bibliographie

Weiterführende und ergänzende Literaturhinweise zu den einzelnen Kapiteln und zu einzelnen Ländern/Regionen siehe http://www.uni-trier.de/uni/fb3/geschichte/raphael/geschichtswissenschaft.pdf oder http://www.raphael.beck.de

a) Werke

Albertini, Luigi, Le origini della guerra del 1914, Turin 1942/43 (The Origins of the War of 1914, Oxford 1967).

Anderson, Benedict: Imagined Communities, London 1983 (dt. Die Erfindung der Nation. Frankfurt/M. 1988).

Baron, Hans, The Crisis of the Early Italian Renaissance: Civic Humanism and Republican Life in an Age of Classicism and Tyranny, 2 Bde., Princeton, N.J. 1955.

Beard, Charles, An Economic Interpretation of the American Constitution, New York 1913 (dt. Eine ökonomische Interpretation der amerikanischen Verfassung, Frankfurt/M. 1974).

Becker, Carl Lotus, Declaration of Independence. A Study in the History of Political Ideas, New York 1958.

Bendix, Reinhard, Kings or People. Power and Mandate to Rule, Berkeley 1978 (dt. Könige oder Volk, Frankfurt/M. 1980).

Berdahl, Robert M. u.a., Klassen und Kultur. Sozialanthropologische Perspektiven in der Geschichtsschreibung, Frankfurt/M. 1982.

Berend, Ivan T./György Ránki, Economic Development in East-Central Europe in the 19th and 20th Centuries, New York 1974.

Bernheim, Ernst, Lehrbuch der historischen Methode, Leipzig 1889.

Blackburn, Robin, The Making of New World Slavery: From the Baroque to the modern, 1492–1800, London 1997.

Bloch, Marc, Für eine vergleichende Geschichtsbetrachtung der europäischen Gesellschaften (1927), in: Matthias Middell/Steffen Sammler (Hgg.), Alles Gewordene hat Geschichte. Die Schule der Annales in ihren Texten 1929–1992, Leipzig 1994, 121–167.

Bloch, Marc, Les rois thaumaturges, Paris 1924 (dt. Die wundertätigen Könige, München 1998).

Bloch, Marc, La société féodale, Paris 1939, 1940 (dt. Die Feudalgesellschaft, Frankfurt/M. 1982).

Bourdieu, Pierre, Esquisse d'une théorie de la pratique, Genf 1972 (dt. Entwurf zu einer Theorie der Praxis, Frankfurt/M. 1972).

Bourdieu, Pierre, Le sens pratique, Paris 1976/80 (dt. Sozialer Sinn. Kritik der theoretischen Vernunft, Frankfurt/M. 1976/1987).

Braudel, Fernand, La méditerranée et le monde méditerranéen à l'époque de Philippe II., 2 Bde., 2. Aufl., Paris 1966 (dt. Das Mittelmeer und die mediterrane Welt in der Epoche Philipps II., 3 Bde., Frankfurt/M. 1990).

Braudel, Fernand, La grammaire des civilisations, Paris 1963 (A History of Civilizations, London 1994).

Braudel, Fernand, Ecrits sur l'histoire, 2 Bde., Paris 1969, 1990 (dt. Schriften zur Geschichte 1, Gesellschaften und Zeitstrukturen, Stuttgart 1992; Schriften zur Geschichte 2, Menschen und Zeitalter, Stuttgart 1993).

Braudel, Fernand, Sozialgeschichte des 15.–18. Jahrhunderts, 3 Bde., München 1986 (Civilisation matérielle, économie et capitalisme XVe–XVIIIe siècle, 3 Bde., Paris 1979).

Braudel, Fernand, L'identité de la France, 2 Bde., Paris 1986 (dt. Frankreich, 3 Bde., Stuttgart 1989–1991).

British documents on the Origins of the War 1898–1914.

Brown, Peter R., The Body and Society: Men, Women and Sexual Renunciation in Early Christianity, New York 1988 (dt. Die Keuschheit der Engel. Sexuelle Entsagung, Askese und Körperlichkeit am Anfang des Christentums, München 1991).

Brunner, Otto, Land und Herrschaft, Baden bei Wien/Leipzig 1939.

Brunner, Otto/Conze, Werner/Koselleck, Reinhart (Hgg.), Geschichtliche Grundbegriffe. Historisches Lexikon zur politisch-sozialen Sprache in Deutschland, 8 Bde., Stuttgart 1972–1997.

Chartier, Roger, Les origines culturelles de la Révolution française, Paris 1991 (dt. Die kulturellen Ursprünge der Französischen Revolution, Berlin 1995).

Chaudhuri, Kirti N., Asia before Europe, Cambridge 1990.

Corbin, Pierre, Le miasme et la jonquille: l'odorat et l'imaginaire social XVIIIe–XIXe siècles, Paris 1982 (dt. Pesthauch und Blütenduft. Eine Geschichte des Geruchs, Berlin 1984).

Corbin, Alain, Les cloches de la terre, Paris 1994 (dt. Die Sprache der Glocken, Frankfurt/M. 1995).

Crosby, Alfred W., Ecological Imperialism: The Biological Expansion of Europe, 900–1900, Cambridge 1986 (dt. Die Früchte des weißen Mannes. Ökologischer Imperialismus 900–1900, Frankfurt/M./New York 1991).

Darnton, Robert, The Literary Underground of the Old Regime, Cambridge 1982 (dt. Literaten im Untergrund, München 1985).

Davis, Natalie Zemon, Society and Culture in Early Modern France, Stanford 1975 (teilw. dt. Humanismus, Narrenherrschaft und die Riten der Gewalt, Frankfurt/M. 1987).

Die große Politik der europäischen Kabinette 1871–1914. Sammlung der Diplomatischen Akten des Auswärtigen Amtes, Bde. 1–6 (Die Bismarck Zeit 1871–1890) hg. v. Lepsius, J./Mendelsohn-Bartoldy/Thimme, F., 3. Aufl., Berlin 1926.

Documents Diplomatiques Français 1871–1914, hg. v. Commission de Publications des Documents Relatifs aux Origines de la Guerre de 1914, Paris 1929–1959.

Duby, Georges, Le dimanche de Bouvines: 27 juillet 1214, Paris 1973 (dt. Der Sonntag von Bouvines 27. Juli 1214, Berlin 1988).

Durkheim, Emile/Mauss, Marcel, Über einige primitive Formen von Klassifikation, in: Durkheim, E., Schriften zur Soziologie der Erkenntnis, Frankfurt/M. 1987, 169–256.

Eisenstadt, Shmuel N., The Political Systems of Empires, New York 1963.

Elias, Norbert, Der Prozess der Zivilisation, 2 Bde., Basel 1939, 1940.

Fay, Sidney B., The Origins of the First World War, New York 1928 (dt. Der Ursprung des Weltkrieges, 2 Bde., Berlin 1930).

Febvre, Lucien, Combats pour l'Histoire, Paris 1953 (dt. Das Gewissen des Historikers, Berlin 1988).

Febvre, Lucien, La terre et l'évolution humaine. Introduction géographique à l'histoire, Paris 1970 (1. Aufl. 1922).

Febvre, Lucien, Le problème de l'incroyance au 16e siècle, Paris 1942.

Fischer, Fritz, Griff nach der Weltmacht, Düsseldorf 1961.

Foucault, Michel, Surveiller et punir. La naissance de la prison, Paris 1975 (dt. Überwachen und Strafen. Die Geburt des Gefängnisses, Frankfurt/M. 1977).

Foucault, Michel, Histoire de la folie à l'âge classique: folie et déraison, Paris 1961 (dt. Wahnsinn und Gesellschaft, Frankfurt/M. 1969).

Foucault, Michel, L'ordre du discours, Paris 1972 (dt. Die Ordnung des Diskurses, Frankfurt/M. 1991).

Fueter, Eduard, Geschichte der neueren Historiographie, München 1911.

Geertz, Clifford, The Interpretation of Cultures: Selected essays, New York 1973 (dt. Dichte Beschreibung. Beiträge zum Verstehen kultureller Systeme, Frankfurt/M. 1983).

Genovese, Eugene D., Roll, Jordan, Roll: The World the Slaves Made, New York 1974.

Ginzburg, Carlo, Il formaggio e i vermi. Turin 1976 (dt. Der Käse und die Würmer. Die Welt eines Müllers um 1600, Frankfurt/M. 1979).

Goldstone, Jack A., Revolution and Rebellion in the Early Modern Word, Berkeley/Los Angeles/London 1991.

Goldsworthy, David (Hg.), British Documents on the End of Empire, London 1994 ff.

Goubert, Pierre, Louis Quatorze et vingt millions de Français, Paris 1966 (dt. Ludwig XIV. und zwanzig Millionen Franzosen. Berlin 1973).

Gramsci, Antonio, Quaderni del carcere, 4 Bde., Turin 1975 (dt. Gefängnishefte, Hamburg 1991 ff.).
Hart, A. B. (Hg.), The American Nation History. From original Sources by associated scholars, New York 1906–1908.
Hintze, Otto, Gesammelte Abhandlungen. Staat und Verfassung, Bd. 1, Leipzig 1941.
Hobsbawm, Eric J., Primitive Rebels: Studies in Archaic Forms of Social Movement in the 19th and 20th Centuries, New York 1959 (Sozialrebellen: archaische Sozialbewegungen im 19. und 20. Jahrhundert, Gießen 1979).
Hobsbawm, Eric/Ranger, Terence (Hgg.): The Invention of Tradition, Cambridge 1983.
Hughes, H. Stuart, Consciousness and Society. The Reorientation of European Social Thought 1890–1930, New York 1958.
Huizinga, Johan, Herfstij der middeleuwen. Studien over levens- en gedachten -vormen der verstiende en oijf tiende eeuw in Frankrijk ein de Nederlanden, Haarlem 1919 (dt. Herbst des Mittelalters, München 1919).
Hunt, Lynn, Politics, culture and class in the French Revolution, Berkeley 1984 (dt. Symbole der Macht, Macht der Symbole. Die Französische Revolution und der Entwurf einer politischen Kultur, Frankfurt/M. 1989).
Jaurès, Jean, Histoire socialiste de la Révolution française, 8 Bde., Paris 1922–24.
Jenkins, Keith (Hg.), The postmodern history reader, London 1997.
Kantorowicz, Ernst, The King's two Bodies: A study in medieval political theology, Princeton, N. J. 1957 (dt. Die zwei Körper des Königs. Eine Studie zur politischen Theologie des Mittelalters, München 1990).
Kehr, Eckart, Der Primat der Innenpolitik, hrsg. von H.-U. Wehler, 2. Aufl., Berlin 1970.
Kennan, George Frost, American Diplomacy 1900–1950, Chicago 1951.
Kennedy, Paul, The Rise and Fall of the Great Powers, New York 1987 (dt. Aufstieg und Fall der großen Mächte, Frankfurt/M. 1989).
Kissinger, Henry, A World restored: Metternich, Castlereagh and the Problems of Peace 1812–22, Boston u. a. 1957 (dt. Großmacht Diplomatie. Von der Staatskunst Castlereaghs und Metternichs, Düsseldorf 1962).
Klein, Herbert S., The Atlantic Slave Trade, Cambridge 1999.
Kristeller, Paul Oskar, Renaissance Thought. The Classic, Scholastic and Humanist Strains, New York/London 1961.
Labrousse, Ernest, La crise de l'économie française à la fin de l'Ancien régime et au début de la Révolution, 2. Aufl. Paris 1990 (Paris 1944).
Lamprecht, Karl G., Deutsche Geschichte, 12 Bde., 3 Ergbde., Leipzig 1891–1909.

Langer, William L., The Diplomacy of Imperialism 1890–1902, 2. Aufl. New York 1968.

Langlois, Charles Victor/Seignobos, Charles, Introduction aux études historiques, Paris 1898.

Lavisse, Ernest (Hg.), Histoire de France, depuis les origines jusqu'à la Révolution, Paris 1903–1911.

Lefebvre, Georges, Les paysans du Nord pendant la Révolution Française, Paris 1924.

Le Roy Ladurie, Emmanuel, Montaillou, village occitan de 1294 à 1324, Paris 1975 (dt. Montaillou. Ein Dorf vor dem Inquisitor 1294–1324, Frankfurt/M./Wien/Berlin 1983).

Levi, Giovanni, L'eredità immateriale. Carriera di un esorcista nel Piemonte del Seicento, Turin 1985 (dt. Das immaterielle Erbe. Eine bäuerliche Welt an der Schwelle zur Moderne, Berlin 1986).

Lovejoy, Arthur, Reflections on the History of Ideas, in: Journal of the History of Ideas 1 (1940), 3–23.

Lovejoy, Paul E., Transformations in Slavery: A history of Slavery in Africa, Cambridge 2. Auflage 2000.

Mannheim, Karl, Wissenssoziologie. Auswahl aus dem Werk, Berlin/Neuwied 1964.

Mathiez, Albert, La vie chère et le mouvement social sous la terreur, Paris 1927.

McNeill, William H., The Rise of the West: a history of the human community, Chicago 1963.

Meinecke, Friedrich, Die Idee der Staatsräson, Berlin 1924.

Miller, Perry, The Puritans, 2 Bde., New York 1963.

Mintz, Sidney Wilfred, Sweetness and Power: the place of sugar in modern history, New York 1985 (dt. Die süße Macht. Kulturgeschichte des Zuckers, Frankfurt/M. 1992).

Moore, Barrington, Social Origins of Dictatorship and Democracy. Lord and Peasant in the Making of the Modern World, Boston 1966 (dt. Soziale Ursprünge von Diktatur und Demokratie, Frankfurt/M. 1969).

Namier, Lewis, The Structure of Politics at the Accession of George III., London 1929.

Niethammer, Lutz, Lebensgeschichte und Sozialkultur im Ruhrgebiet 1930 bis 1960. 3 Bde., Berlin 1983, 1985.

Nipperdey, Thomas, Deutsche Geschichte 1800–1918, 3 Bde., München 1983–1992.

Nora, Pierre u. a. (Hg.), Les lieux de mémoire, 3 Bde., Paris 1984–1986.

Osterhammel, Jürgen, China und die Weltgesellschaft vom 18. Jahrhundert bis in unsere Zeit, München 1989.

Parker, Geoffrey, The Military Revolution: Military Innovation and the Rise of the West, 1500–1800, Cambridge/New York 1988.

Passerini, Luisa, Torino operaia e facismo, Roma 1984 (Fascism in popular memory: The cultural experience, Cambridge 1987).
Pocock, John G. A., The Machiavellian Moment: Florentine Political Thought and the Atlantic Republican Tradition, Princeton 1975.
Polanyi, Karl, The Great Transformation, New York 1944 (dt. The great transformation, Frankfurt/M. 1990).
Radkau, Joachim, Natur und Macht. Eine Weltgeschichte der Umwelt, München 2000.
Renouvin, Pierre, Les origines immédiates de la guerre, Paris 1925.
Renouvin, Pierre, La crise européenne et la grande guerre. Paris 1934.
Renouvin, Pierre/Duroselle, Jean-Baptiste, Introduction à l'histoire des relations internationales, 3. Aufl. Paris 1970.
Ringer, Fritz K., The Decline of the German Mandarins: the German academic community, 1890–1933, Cambridge, Mass. 1969 (dt. Die Gelehrten. Der Niedergang der deutschen Mandarine 1890–1933, Stuttgart 1983).
Robinson, James, H./Beard, Charles A., Development of modern Europe, Boston 1907/08.
Robinson, Ronald/Gallagher, John in Zusammenarbeit mit Denny, Alice, Africa and the Victorians. The Official Mind of Imperialism, Basingstoke, London 1961.
Romano, Ruggiero/Vivanti, Corrado (Hg.), Storia d'Italia, 6 Bde. in 10 Teilbde., Torino 1972–78 (Bd. 1 teilw. dt. Maek-Gérard, Eva (Hg.), Die Gleichzeitigkeit des Ungleichzeitigen. Studien zur Geschichte Italiens, Frankfurt/M. 1980).
Rostovtzeff, Michael I., Social and Economic History of the Roman Empire. Oxford 1926 (dt. Gesellschaft und Wirtschaft im römischen Kaiserreich, 2 Bde., Leipzig 1929).
Sahlins, Marshall, Culture and Practical Reason, Chicago 1976 (dt. Kultur und praktische Vernunft, Frankfurt/M. 1981).
Said, Edward, Orientalism, New York 1978 (dt. Orientalismus, Frankfurt/M. 1995).
Skinner, Quentin, The Foundations of Modern Political Thought, 2 Bde., Cambridge 1978.
Skocpol, Theda, States and Social Revolutions: A Comparative Analysis of France, Russia and China, Cambridge 1979.
Sombart, Werner, Der moderne Kapitalismus, München 1917, 1927.
Spengler, Oswald, Untergang des Abendlandes, Wien/Leipzig 1918.
Stone, Lawrence, The Crisis of the Aristocracy 1558–1641, Oxford 1965.
Sweezy, Paul u. a., The Transition from Feudalism to Capitalism: a symposium, London 1954 (dt. Der Übergang vom Feudalismus zum Kapitalismus, Frankfurt/M. 1984).
Syme, Ronald, The Roman Revolution, London 1939 (dt. Die römische Revolution, Stuttgart 1957).

Szücs, Jenö, Nemzet és türténelem, Budapest 1974 (dt. Nation und Geschichte, Köln 1981).
Taylor, Alan J. P., The Origins of the Second World War, London 1961 (dt. Die Ursprünge des Zweiten Weltkrieges, Gütersloh 1962).
Thomas, Keith, Religion and The Decline of Magic, New York 1971.
Thompson, Edward P., The Poverty of Theory and Other Essays, London 1978 (dt. Das Elend der Theorie. Zur Produktion geschichtlicher Erfahrung, Frankfurt/M./New York 1980).
Thompson, Edward P., The Making of the English Working Class, London 1963 (dt. Die Entstehung der englischen Arbeiterklasse, Frankfurt/M. 1987).
Thompson, Paul, The Edwardians: The Remaking of British Society, London 1975.
Toynbee, Arnold Joseph, A Study of History, 12 Bde., 1934–1961.
van Onselen, Charles, The Seed is Mine. The Life of Kas Maine, A South African sharecropper 1894–1985, New York 1996.
Venturi, Franco, Il populismo russo, 3 Bde., Torino 1972, 1979.
Veyne, Paul, Le pain et le cirque: sociologie historique d'un pluralisme politique, Paris 1976 (dt. Brot und Spiele, Frankfurt/M. 1988).
Vovelle, Michel, Piété baroque et déchristianisation en Provence au XVIIIe siècle, Paris 1973.
Wallerstein, Immanuel, The Modern World System, 3 Bde., San Diego u. a. 1974, 1981, 1988 (dt. Das moderne Weltsystem, 2 Bde., Frankfurt/M. 1986, Wien 1998).
Weber, Max, Die protestantische Ethik und der «Geist» des Kapitalismus, hrsg. u. eingel. von Klaus Lichtblau, Weinheim 1996.
Weber, Max, Gesammelte Aufsätze zur Religionssoziologie, 3 Bde., Tübingen 1988 (1920).
Weber, Max, Wirtschaft und Gesellschaft: Grundriß der verstehenden Soziologie, 5. Aufl. Tübingen 1972 (1922).
Wehler, Hans-Ulrich, Geschichte als historische Sozialwissenschaft, Frankfurt/M. 1973.
Wehler, Hans-Ulrich, Deutsche Gesellschaftsgeschichte, 4 Bde., München 1987–2003.
Zwahr, Hartmut, Zur Konstituierung des Proletariats als Klasse, Berlin 1978.

b) Sekundärliteratur

Abrams, Philip, Historical Sociology, Ithaca/New York 1982.
Ade Ajayi, Jacob Festus, National History in the Context of Decolonisation. The Nigerian Example, in: Lönnroth (Hg.), *Conceptions of National History,* 65–78.

Allegra, Lucio/Torre, Angelo, La nascita della storia sociale in Francia dalla Commune alle «Annales», Torino 1977.
Bédarida, François (Hg.), L'Histoire et le métier d'historien en France 1945–1995, Paris 1995.
Bentley, Jerry H., Shapes of World History in 20th Century Scholarship, Washington D.C. 1996.
Berger, Stefan, Geschichte von der Nation. Einige vergleichende Thesen zur deutschen, englischen, französischen und italienischen Nationalgeschichtsschreibung seit 1800, in: Conrad (Hg.), *Die Nation schreiben,* 49–77.
Berger, Stefan/Donovan, Mark/Passmore, Kevin (Hgg.), Writing National Histories. Western Europe since 1800, London, New York 1999.
Beyrau, Dietrich, Intelligenz und Dissens. Die russischen Bildungsschichten in der Sowjetunion 1917 bis 1985, Göttingen 1993.
Björk, Ragnar, Conceptions of National History. An Analytical and Historiographical Discussion, in: Lönnroth/Molin (Hg.), *Conceptions of National History*, (1994), 5–14.
Boia, Lucian (Hg.), Great Historians of the modern Age. An International Dictionary, New York 1991.
Boyd, Kelly (Hg.), Encyclopedia of Historians and Historical Writing, 2 Bde., London, Chicago 1999.
Breisach, Ernst A., American progressive history. An experiment in modernization, Chicago 1993.
Brody, David, Labor History in the 1970 s: Toward a History of the American Worker, in: Kammen (Hg.), *The Past Before us*, (1980), 252–269.
Bruch, Rüdiger vom, Müller, Rainer A. (Hg.): Historiker-Lexikon, München 1991.
Bryant, Christopher, Positivism in Social Theory and Research, Basingstoke 1985.
Burke, Peter, Offene Geschichte. Die Schule der «Annales», Berlin 1991 (The French Historical Revolution. The Annales School 1929–1989, Cambridge 1990).
Cannon, John (Hg.), The Blackwell Dictionary of Historians, Oxford 1988.
Carbonell, Charles-Olivier/Livet, Georges (Hg.), Au berceau des Annales. Actes du Colloque de Strasbourg (11–13 octobre 1979), Toulouse 1983.
Charle, Christophe, Être historien en France: une nouvelle profession? in: Bédarida, (Hg.), *L'Histoire*, (1995), 21–44.
Chatterjee, Patha, The Nation and its Fragments, Princeton N.J. 1993.
Chickering, Roger, Karl Lamprecht. A German Academic Life (1856–1915), New Jersey 1993.
Conrad, Christoph/Kessel, Martina (Hgg.), Geschichte schreiben in der Postmoderne. Beiträge zur aktuellen Diskussion, Stuttgart 1994.

Conrad, Christoph/Conrad, Sebastian (Hgg.), Die Nation schreiben. Geschichtswissenschaft im internationalen Vergleich, Göttingen 2002.

Conrad, Sebastian, Auf der Suche nach der verlorenen Nation. Geschichtsschreibung in Westdeutschland und Japan 1945–1960, Göttingen 1999.

Conze, Eckart, «Moderne Politikgeschichte». Aporien einer Kontroverse, in: Müller, Guido (Hg.), Deutschland und der Westen, Stuttgart 1998, 19–30.

Corbin, Alain: «La revue historique. Analyse de contenu d'une publication rivale des Annales», in: Carbonell (Hg.), *Au berceau*, (1983), 105–137.

Costello, Paul, World Historians and their goals: Twentieth-Century Answers to Modernism, De Kalb, Ill. 1993.

Daniel, Ute, Kompendium Kulturgeschichte. Theorie, Praxis, Schlüsselwörter, Frankfurt/M. 2001.

Darnton, Robert, in: Kammen (Hg.), *The Past Before us*, (1980), 327–354.

Davis, Natalie Zemon, Censorship, Silence and Resistance: The Annales during the German Occupation of France, in: Litteraraia Pragensia 1 (1991), 12–22.

de Baets, Antoon, Censorship of Historical Thought: A World Guide 1945–2000, Westport, London 2002.

Dipper, Christof, Die «Geschichtlichen Grundbegriffe» Von der Begriffsgeschichte zur Theorie der Historischen Zeiten, in: Historische Zeitschrift 270 (2000), 281–308.

Dirlik, Arif, Revolution and History. The Origins of Marxist Historiography in China, Berkeley 1978.

Dirlik, Arif/Bahl, Vinay/Gran, Peter (Hgg.), History after the Three Worlds. Post-Eurocentric Historiographies, Lanham, Oxford 2000.

Drescher, Seymour, Engermann, Stuart L. (Hgg.), A Historical Guide to World Slavery, New York 1998.

Dumoulin, Olivier: Profession historien 1919–1939. Un métier en crise? Thèse de 3 e cycle. E.H.E.S.S., Paris 1983.

Eckert, Andreas, Nationalgeschichtsschreibung und koloniales Erbe. Historiographie in Afrika in vergleichender Perspektive, in: Conrad (Hg.), *Die Nation schreiben*, (2002), 78–111.

Eckert, Andreas, Historiker, »nation building« und die Rehabilitierung der afrikanischen Vergangenheit. Aspekte der Geschichtsschreibung in Afrika nach 1945, in: Küttler (Hg.), *Geschichtsdiskurs*, Bd. 5, (1999), 162–187.

Eibach, Joachim/Lottes, Günther (Hgg.), Kompass der Geschichtswissenschaft. Ein Handbuch, Göttingen 2002.

Eley, Geoff: «Some Recent Tendencies in Social History», in: Iggers (Hg.), *International Handbook*, (1979), 55–71.

Enteen, George M., The Soviet scholar-bureaucrat: M.N. Pokrovskii and the Society of Marxist Historians, University Park Penn. 1978.

Erdmann, Karl Dietrich, Die Ökumene der Historiker. Geschichte der Internationalen Historikerkongresse und des Comité International des Sciences Historiques, Göttingen 1987.

Fahlbusch, Michael, Wissenschaft im Dienste der nationalsozialistischen Politik? Die «Volksdeutschen Forschungsgemeinschaften» von 1931–1945, Baden-Baden 1999.

Felken, Detlef, Oswald Spengler. Konservativer Denker zwischen Kaiserreich und Diktatur, München 1988.

Fink, Carole, Marc Bloch, A Life in History, Cambridge 1989.

Fleck, Ludvik, Entstehung und Entwicklung einer wissenschaftlichen Tatsache. Einführung in die Lehre vom Denkstil und Denkkollektiv, Frankfurt/M. 1980.

Freitag, Ulrike, Geschichtsschreibung in Syrien 1920–1990, Hamburg 1991.

Freitag, Ulrike, Nationale Selbstvergewisserung und der «Andere»: Arabische Geschichtsschreibung nach 1945, in: Küttler (Hg.), *Geschichtsdiskurs,* Bd. 5, (1999), 142–161.

Friedrich, Cathrin, „... daß die gegenwärtige Lage der historischen Wissenschaften den Fortbestand zweier allgemeiner historischer Zeitschriften als dringend wünschenswert erscheinen läßt." Die Rolle der *Deutschen Zeitschrift für Geschichtswissenschaft/Historischen Vierteljahrsschrift* in der deutschen Geschichtswissenschaft, in: Middell (Hg.), *Historische Zeitschriften* (1999), 93–132.

Gemelli, Giuliana, Fernand Braudel e l'Europa universale, Venedig 1990.

Geyer, Dietrich, Klio in Moskau und die sowjetische Geschichte, Heidelberg 1985.

Goggin, Jacqueline, Challenging Sexual Discrimination in the Historical Profession: Women Historians and the American Historical Association, 1890–1940, in: American Historical Review 97 (1992), 769–802.

Haar, Ingo, Historiker im Nationalsozialismus: Die deutsche Geschichtswissenschaft und der «Volkstumskampf» im Osten, Göttingen 2000.

Hadler, Frank, Drachen und Drachentöter. Das Problem der nationalgeschichtlichen Fixierung in den Historiographien Ostmitteleuropas nach dem Zweiten Weltkrieg, in: Conrad (Hg.), *Die Nation schreiben,* (2002), 137–164.

Harneit-Sievers, Axel (Hg.), A Place in the World. New local Historiographies from Africa and South Asia, London 2002.

Haupt, Heinz-Gerhard/Kocka, Jürgen (Hg.), Geschichte und Vergleich, Frankfurt/M. 1996.

Haupt, Heinz-Gerhard, Comparative History, in: Smelser, Neil J./Baltes, Paul B. (Hgg.), International Encyclopedia of the Social and Behavioral Samces, Amsterdam u. a. 2001, 2397–2403.

Hausen, Karin, Wunder, Heide (Hg.), Frauengeschichte – Geschlechtergeschichte, Frankfurt/M. 1992.

Heilbron, Johan: Les métamorphoses du durkheimisme, 1920–1940, in: Revue française de sociologie 26 (1985), 203–237.

Hein, Laura/Selden, Mark, The Lessons of War, Global Power, and Social Change, in: dies. (Hg.): Censoring History. Citizenship and Memory in Japan, Germany, and the United States, Armonk, NY u. a. 2000, 3–200.

Higham, John, History. Professional Scholarship in America, 2. Aufl., Baltimore 1989.

L'Histoire sociale. Sources et méthodes. Colloque de l'Ecole Normale Supérieure de Saint-Cloud, Paris, La Haye 1967.

Hofstadter, Richard, The Progressive Historians. Turner, Beard, Parrington, New York 1968.

Hoston, Germaine A., Marxism and the Crisis of Development in Prewar Japan, Princeton, N.J. 1986.

Hunt, Lynn (Hg.), The New Cultural History, Berkeley 1989.

Hutton, Patrick H., The History of Mentalities: The New Map of Cultural History, in: History and Theory 20 (1981), 237–259.

Iggers, George G.: Geschichtswissenschaft im 20. Jahrhundert, Göttingen 1993.

Iggers, George G./Parker, Harold T. (Hgg.), International Handbook of Historical Studies, Westport, Conn. 1979.

Iggers, George G./Powell, James M. (Hgg.), Leopold von Ranke and the Shaping of the Historical Discipline, Saracuse 1990.

Jäger, Friedrich/Rüsen, Jörn, Geschichte des Historismus, München 1992.

Jäger, Wolfgang, Historische Forschung und politische Kultur in Deutschland. Die Debatte 1914–1980 über den Ausbruch des Ersten Weltkrieges, Göttingen1984.

Jarausch, Konrad H./Sabrow, Martin (Hgg.), Die historische Meistererzählung. Deutungslinien der deutschen Nationalgeschichte nach 1945, Göttingen 2002.

Jewsiewicki, Bogumil/Newbury, David (Hgg.). African Historiographies. What History for which Africa? Beverly Hills/London 1986.

Kaese, Wolfgang, Akademische Geschichtsschreibung in Nigeria. Historiographische Entwicklung und politisch-soziale Hintergründe, ca. 1955-ca. 1995, Hamburg/Münster 2000.

Kammen, Michael (Hg.), The Past Before us. Contemporary Historical Writing in the United States, Ithaca/London 1980.

Kerber, Linda K., Gender, in: Molho (Hg.), *Imagined Histories*, 41–58.

Kocka, Jürgen (Hg.), Sozialgeschichte im internationalen Überblick, Darmstadt 1989.

Kocka, Jürgen, Deutsche Geschichte vor Hitler. Zur Diskussion über den «deutschen Sonderweg», in: ders., Geschichte und Aufklärung. Aufsätze, Göttingen 1989, 101–113.

Kocka, Jürgen, Sozialgeschichte in Deutschland seit 1945. Aufstieg – Krise – Perspektiven, Bonn 2002.

Koselleck, Reinhart, Volk, Nation, Nationalismus, Masse, in: Geschichtliche Grundbegriffe. Historisches Lexikon zur politisch-sozialen Sprache in Deutschland, hg. von O. Brunner, W. Conze, R. Koselleck, Bd. 7, Stuttgart 1992, 141–151, 380–431.

Kousser, Joseph Morgan, Quantitative Social-Scientific History, in: Kammen (Hg.), *The Past Before us*, (1980), 433–456.

Kracauer, Siegfried, Geschichte – Vor den letzten Dingen, Frankfurt/M. 1973.

Krieger, Leonard, The Autonomy of Intellectual History, in: Iggers (Hg.), *International Handbook*, (1979), 109–126.

Krill, Hans-Heinz, Die Rankerenaissance. Max Lenz und Erich Marcks. Ein Beitrag zum historisch-politischen Denken in Deutschland 1880–1935, Berlin 1962.

Küttler, Wolfgang/Rüsen, Jörn/Schulin, Ernst (Hgg.), Geschichtsdiskurs. Krisenbewusstsein, Katastrophenerfahrung und Innovationen 1880–1945, Bd. 4, Frankfurt/M. 1997.

Küttler, Wolfgang/Rüsen, Jörn/Schulin, Ernst (Hgg.), Geschichtsdiskurs. Globale Konflikte, Erinnerungsarbeit und Neuorientierungen seit 1945, Bd. 5, Frankfurt/M. 1999.

Kuhn, Thomas S., Die Struktur wissenschaftlicher Revolutionen, Frankfurt/M. 1976.

Langewiesche, Dieter, Sozialgeschichte und politische Geschichte, in: Schieder/Sellin (Hgg.), *Sozialgeschichte*, Bd. 1, (1986), 9–32.

Lequin, Yves, Sozialgeschichte à la française. Das Gewicht der Tradition und die Ungewissheiten der Gegenwart, in: Kocka (Hg.), *Sozialgeschichte*, (1989), 163–186.

Lindner, Rainer, Historiker und Herrschaft. Nationsbildung und Geschichtspolitik in Weißrussland im 19. und 20. Jahrhundert, München 1999.

Lingelbach, Gabriele, Die *American Historical Review*. Gründung und Entwicklung einer geschichtswissenschaftlichen Institution, in: Middell (Hg.), *Historische Zeitschriften* (1999), 33–62.

Lingelbach, Gabriele, Klio macht Karriere. Die Institutionalisierung der Geschichtswissenschaft in Frankreich und den USA in der zweiten Hälfte des 19. Jahrhunderts, Göttingen 2002.

Lipp, Carola, Writing History as Political Culture. Social History Versus «Alltagsgeschichte» – A German Debate, in: Storia della storiographia 17 (1990), 61–94.

Lönnroth, Erik/Molin, Karl/Björk, Ragnar (Hgg.), Conceptions of National History, Berlin/New York 1994.

Lorenz, Chris, Konstruktion der Vergangenheit. Eine Einführung in die Geschichtstheorie, Köln/Weimar/Wien 1997.

Loth, Wilfried/Osterhammel, Jürgen (Hgg.), Internationale Geschichte. Themen – Ergebnisse – Aussichten, München 2000.

Lüdtke, Alf (Hg.), Alltagsgeschichte. Zur Rekonstruktion historischer Erfahrungen und Lebensweisen, Frankfurt/M., New York 1989.

Marès, Antoine (Hg.), Histoire et pouvoir en Europe médiane, Paris 1996.

Markwick, Roger D., Rewriting History in Soviet Russia: The Politics of Revisionist Historiography 1956–1974, New York 2001.

Mazlich, Bruce/Buultjens, Ralph (Hgg.), Conceptualizing Global History, Oxford 1993.

Mazon, Brigitte: Aux origines de l'E. H. E.S. S., le rôle du mécénat américain, Paris 1988.

Medick, Hans/Trepp, Anne-Charlott (Hgg.), Geschlechtergeschichte und Allgemeine Geschichte. Herausforderungen und Perspektiven, Göttingen 1998.

Mehl, Margret, History and the State in 19th Century Japan, London 1998.

Meissner, Jochen, Dependenztheorie und lateinamerikanische Geschichtsschreibung, in: Küttler (Hg.), *Geschichtsdiskurs*, Bd. 5, (1999), 106–141.

Meyer, Frank/Myhre, Jan Eivind (Hgg.), Nordic Historiography in the 20th Century, Oslo 2000.

Middell, Matthias, (Hg.), Historische Zeitschriften im internationalen Vergleich, Leipzig 1999.

Middell, Matthias/Lingelbach, Gabriele u. a. (Hgg.), Historische Institute im internationalen Vergleich, Leipzig 2001.

Middell, Matthias/Gibas, Monika/Stadler, Frank, Sinnstiftung und Systemlegitimation durch historisches Erzählen: Überlegungen zu Funktionsmechanismen von Repräsentationen des Vergangenen, in: Comparativ 10 (2000), 2, 7–35.

Mitterauer, Michael, Historisch-anthropologische Familienforschung. Fragestellungen und Zugangsweisen, Wien/Köln 1990.

Molho, Anthony/Wood, Gordon S. (Hgg.), Imagined Histories. American Historians interpret the Past, Princeton N.J. 1998.

Mommsen, Wolfgang J., Imperialismustheorien, 3. erw. Aufl. Göttingen 1987.

Noiriel, Gérard, Naissance du métier d'historien, in: Genèses 1 (1990), 58–95.

Novick, Peter, That Noble Dream. The ‹Objectivity Question› and the American Historical Profession, Cambridge/New York/Melbourne 1988.

Oberkrome, Willi, Volksgeschichte, Göttingen 1993.

Oliver, Roland, In the Realms of Gold. Pioneering African History, Madison/Wisc. 1997.

Osterhammel, Jürgen, Sklaverei und die Zivilisation des Westens, München 2000.

Osterhammel, Jürgen, Geschichtswissenschaft jenseits des Nationalstaats, Göttingen 2001.

Parish, Peter J., Slavery: History and Historians, New York 1989.

Perrie, Maureen, The Cult of Ivan the Terrible in Stalin's Russia, Basingstoke 2001.

Pomian, Krzysztof, The impact of the Annales School in Eastern Europe, in: Review I, 3/4 (1978), 101–118.

Raphael, Lutz, The Present as Challenge for the Historian. The Contemporary World in the AESC, 1929–1949, in: Storia della storiografia 21 (1992), 25–44.

Raphael, Lutz, Die Erben von Bloch und Febvre, Stuttgart 1994.

Raphael, Lutz, Organisational Frameworks of University Life and Their Impact On Historiographical Practice, in: Torstendahl (Hg.), *History-Making*, (1996), 151–168.

Raphael, Lutz, Die «Neue Geschichte» – Umbrüche und Neue Wege der Geschichtsschreibung in internationaler Perspektive (1880–1940), in: Küttler (Hg.), Geschichtsdiskurs, Bd. 4, (1997), 51–89.

Raphael, Lutz, Nationalzentrierte Sozialgeschichte in programmatischer Absicht: Die Zeitschrift «Geschichte und Gesellschaft. Zeitschrift für Historische Sozialwissenschaft» in den ersten 25 Jahren ihres Bestehens, in: Geschichte und Gesellschaft 25 (1999) 5–37.

Raphael, Lutz, Der Beruf des Historikers seit 1945, in: Cornelißen, Christoph (Hg.), Geschichtswissenschaften. Eine Einführung, Frankfurt/M. 2000, 39–52.

Raphael, Lutz: The Idea and Practic of World Historiography in France: The Annales Legacy, in: Stuchtey, Benedikt/Fuchs, Eckhardt (Hgg.), Writing World History 1800–2000, Oxford 2003, 155–172.

Raulff, Ulrich (Hg.), Mentalitäten-Geschichte, Berlin 1987.

Raulff, Ulrich, Ein Historiker im 20. Jahrhundert: Marc Bloch, Frankfurt/M. 1995.

Revel, Jacques (Hg.), Jeux d'echelles, Paris 1996.

Reinhardt, Volker (Hg.), Hauptwerke der Geschichtsschreibung, Stuttgart 1997.

Riekenberg, Michael, Nationbildung, Sozialer Wandel und Geschichtsbewusstsein am Rio de la Plata, Frankfurt/M. 1995.

Ritter, Gerhard A., Die neuere Sozialgeschichte in der Bundesrepublik, in: Kocka (Hg), *Sozialgeschichte*, (1989), 19–88.

Rose, Michael E.: Gute oder schlechte Zeiten? Die Lage der Sozialgeschichte in Großbritannien, in: Kocka (Hg.), *Sozialgeschichte*, (1989), 187–206.

Ross, Dorothy, The Origins of American Social Science, Cambridge 1991.
Rowe, William T., Modern Chinese Social History, in: Zunz (Hg.), *Reliving the Past*, (1985), 236–296.
Rousso, Henri (Hg.), Stalinisme et nazisme. Histoire et mémoire comparées, Bruxelles 1999.
Rüsen, Jörn, Historische Vernunft. Grundzüge einer Historik I: Die Grundlagen der Geschichtswissenschaft, Göttingen 1983.
Sabrow, Martin, Das Diktat des Konsenses. Geschichtswissenschaft in der DDR 1949–1969, München 2001.
Samuel, Raphael, British Marxist Historians, 1880–1980, in: New Left Review 120 (1980) 21–96.
Sarkar, Sumit, The Many Worlds of Indian History, in: ders., Writing Social History, Oxford 1997, 1–49.
Scherrer, Jutta, »Sehnsucht nach Geschichte« Der Umgang mit der Vergangenheit im postsowjetischen Russland, in: Conrad (Hg.), *Die Nation schreiben*, 165–206.
Schieder, Wolfgang/Sellin, Volker (Hgg.), Sozialgeschichte in Deutschland, 4 Bde., Göttingen 1986.
Schorn-Schütte, Luise, Karl Lamprecht. Kulturgeschichtsschreibung zwischen Wissenschaft und Politik, Göttingen 1984.
Schöttler, Peter (Hg.), Geschichtsschreibung als Legitimationswissenschaft 1918–1945, Frankfurt/M. 1997.
Schöttler, Peter (Hg.), Marc Bloch: Historiker und Widerstandskämpfer, Frankfurt/M./New York 1999.
Schulin, Ernst, Weltkriegserfahrung und Historikerreaktion, in: Küttler (Hg.), *Geschichtsdiskurs*, Bd. 4, (1997), 165–188.
Schulin, Ernst, German «Geistesgeschichte», American «Intellectual History» and French «Historie des mentalités» since 1900. A Comparison, in: History of European Ideas 1 (1981), 195–214.
Schulze, Winfried, Deutsche Geschichtswissenschaft nach 1945, München 1989.
Schwarz, Bill, «The People» in History: The Communist Party Historians' Group, 1946–1956, in: Johnson, R. u. a. (Hgg.), Making Histories: Studies in History-Writing and Politics, London 1982.
Schwentker, Wolfgang, Max Weber in Japan. Eine Untersuchung zur Wirkungsgeschichte 1905–1995, Tübingen 1997.
Seewann, Gerhard, Geschichtswissenschaft und Politik in Ungarn 1950–1980. Die Historiographie zu Mittelalter und Neuzeit, in: Südostforschungen 41 (1982), 261–323.
Shteppa, Konstantin F., Russian Historians and the Soviet State, New Brunswick N. J. 1962.
Simon, Christian, Staat und Geschichtswissenschaften in Deutschland und Frankreich 1871–1914, 2 Bde., Bern 1988.

Skocpol, Theda (Hg.), Vision and Method in Historical Sociology, Cambridge 1984.
Smith, Bonnie G., The Contribution of Women to Modern Historiography in Great Britain, France, and the United States, 1750–1940, in: American Historical Review 89 (1984), 709–732.
Smith, Bonnie G., Gender and the Practices of Scientific History: The Seminar and Archival Research in the Nineteenth Century, in: American Historical Review 100 (1995), 1150–1176.
Smith, Dennis, The Rise of Historical Sociology, Cambridge 1991.
Solin, Pierre, Das Kino – eine Herausforderung für den Historiker, in: Küttler (Hg.), *Geschichtsdiskurs*, Bd. 4 (1997), 276–303.
Solin, Pierre, Fernsehen: ein anderes Verständnis von Geschichte, in: Küttler (Hg.), *Geschichtsdiskurs*, Bd. 5 (1999), 314–333.
Spiegel, Gabrielle, In the Mirror's Eye: The Writing of Medieval History in America, in: Molho, Anthony/Wood, Gordon S. (Hgg.), *Imagined Histories*, Princeton 1998, 238–262.
Stearns, Peter N., Toward a Wider Vision: Trends in Social History, in: Kammen (Hg.), *The Past Before us* (1980), 205–230.
Stearns, Peter N. (Hg.), Encyclopedia of European Social History from 1350–2000, 6 Bde., New York 2001.
Stone, Lawrence, History and the Social Sciences in the Twentieth Century, in: Delzell, Charles F. (Hg.), The Future of History, Nashville, Ten. 1977, 3–42.
Taylor, William B., Between Global Process and Local Knowledge: An Inquiry into Early Latin American Social History 1500–1900, in: Zunz (Hg.), *Reliving the Past* (1985), 115–190.
Torstendahl, Rolf, «Correct» and «Fruitful» as Bases for Historiographical Analysis, in: Torstendahl (Hg.), *History-Making*, (1996), 77–93.
Torstendahl, Rolf (Hg.), An Assessment of 20th Century Historiography. Professionalism, Methodologies, Writings, Stockholm 2000.
Torstendahl, Rolf/Veit-Brause, Irmline (Hgg.), History-Making. The Intellectual and Social Formation of a Discipline, Stockholm 1996.
Vardy, Steven B., Modern Hungarian Historiography, Boulder 1976.
Veit-Brause, Irmline, Paradigms, Schools, Traditions – Conceptualizing Shifts and Changes in the History of Historiography, in: Storia della storiografia 17 (1990), 50–65.
Wandycz, Piotr Stefan, Historiogaphy of the Countries of Eastern Europe: Poland, in: American Historical Review 97 (1992), 1011–1025.
Wang, Qingjia Edward, Inventing China Through History. The May Fourth Approach to Historiography, Albany N.Y., 2001.
Wang, Qingjia Edward, Between Marxism and Nationalism: Chinese Historiography and the Soviet Influence, 1949–1963, Journal of Contemporary China 9 (2000), 23, 95–111.

Weber, Wolfgang, Priester der Klio. Historisch-sozialwissenschaftliche Studien zur Herkunft und Karriere deutscher Historiker und zur Geschichte der Geschichtswissenschaft 1800–1970, Frankfurt/M. u.a. 1984.

Weber, Wolfgang, Universalgeschichte, in: Maurer, Michael (Hg.), Aufriss der Historischen Wissenschaften. Bd. 2, Räume, Stuttgart 2001, 15–97.

Weber, Wolfgang, Universitäten, in: Maurer, Michael (Hg.), Aufriss der Historischen Wissenschaften. Bd. 6, Institutionen, Stuttgart 2002, 15–97.

Wehler, Hans-Ulrich, Modernisierungstheorie und Geschichte, Göttingen 1975.

Winks, Robin W. (Hg.), Historiography, Bd. 5, The Oxford History of the British Empire, Oxford 1999.

Zernack, Klaus, Schwerpunkte und Entwicklungslinien der polnischen Geschichtswissenschaft nach 1945, in: Historische Zeitschrift 5 (1973), 202–323.

Zunz, Olivier (Hg.), Reliving the Past. The Worlds of Social History, Chapel Hill, London 1985.

Personen- und Ortsregister

Geschichtswissenschaft

Friedrich Jaeger/Jörn Rüsen
Geschichte des Historismus
Eine Einführung
1992. III, 239 Seiten. Broschiert

Ulrich Muhlack
Geschichtswissenschaft im Humanismus und in der Aufklärung
Die Vorgeschichte des Historismus
1991. 460 Seiten. Leinen

Paul Nolte/Manfred Hettling/Frank-Michael Kuhlemann/ Hans-Walter Schmuhl (Hrsg.)
Perspektiven der Gesellschaftsgeschichte
2000. VI, 171 Seiten. Broschiert

Martin Sabrow/Ralph Jessen/Klaus Große Kracht (Hrsg.)
Zeitgeschichte als Streitgeschichte
Große Kontroversen seit 1945
2003. Etwa 320 Seiten. Paperback. Beck'sche Reihe Band 1544

Rüdiger vom Bruch/Rainer A. Müller (Hrsg.)
Historikerlexikon
Von der Antike bis zur Gegenwart
2., überarbeitete und erweiterte Auflage. 2002.
IX, 394 Seiten. Paperback. Beck'sche Reihe Band 405

Thomas Mergel/Thomas Welskopp
Geschichte zwischen Kultur und Gesellschaft
Beiträge zur Theoriedebatte
1997. 368 Seiten. Paperback. Beck'sche Reihe Band 1211

Verlag C. H. Beck München

Deutsche Geschichte

Etienne François/Hagen Schulze

Deutsche Erinnerungsorte

Band I–III

2002. 2256 Seiten mit 240 Abbildungen

3 Bände in Kassette. Leinen

Hans-Ulrich Wehler

Deutsche Gesellschaftsgeschichte

Band 1: 1700–1815

Vom Feudalismus des Alten Reiches

bis zur Defensiven Modernisierung der Reformära

3. Auflage. 1996. XII, 676 Seiten. Leinen

Band 2: 1815–1845/49

Von der Reformära bis zur industriellen und politischen

«Deutschen Doppelrevolution»

3. Auflage. 1996. XII, 914 Seiten. Leinen

Band 3: 1849–1914

Von der «Deutschen Doppelrevolution»

bis zum Beginn des Ersten Weltkrieges

1995. XVIII, 1515 Seiten. Leinen

Band 4: 1914–1949

Vom Beginn des Ersten Weltkrieges bis zur

Gründung der beiden deutschen Staaten

2003. XXIV, 1173 Seiten. Leinen

Heinrich August Winkler

Der lange Weg nach Westen

Band 1: Deutsche Geschichte vom Ende des Alten Reiches

bis zum Untergang der Weimarer Republik

4., durchgesehene Auflage. 2002. 652 Seiten. Leinen

Band 2: Deutsche Geschichte vom «Dritten Reich»

bis zur Wiedervereinigung

4., durchgesehene Auflage. 2002. X, 742 Seiten. Leinen

Verlag C.H. Beck München